发展与转化

新时代中华传统美德传承研究

·闫咏梅 著·

Fazhan Yu Zhuanhua
Xinshidai Zhonghua Chuantong Meide Chuancheng Yanjiu

中国社会科学出版社

图书在版编目(CIP)数据

发展与转化：新时代中华传统美德传承研究 / 闫咏梅著. —北京：中国社会科学出版社，2020.10
ISBN 978－7－5203－7457－6

Ⅰ.①发… Ⅱ.①闫… Ⅲ.①品德教育—研究—中国 Ⅳ.①D648

中国版本图书馆CIP数据核字(2020)第208398号

出 版 人	赵剑英
责任编辑	田 文
责任校对	张爱华
责任印制	王 超

出 版	中国社会科学出版社
社 址	北京鼓楼西大街甲158号
邮 编	100720
网 址	http://www.csspw.cn
发 行 部	010－84083685
门 市 部	010－84029450
经 销	新华书店及其他书店

印 刷	北京君升印刷有限公司
装 订	廊坊市广阳区广增装订厂
版 次	2020年10月第1版
印 次	2020年10月第1次印刷

开 本	710×1000 1/16
印 张	20.25
插 页	2
字 数	292千字
定 价	118.00元

凡购买中国社会科学出版社图书，如有质量问题请与本社营销中心联系调换
电话：010－84083683
版权所有　侵权必究

目　　录

绪　论 ··· (1)
　一　选题缘由及意义 ··· (1)
　　　（一）选题缘由 ··· (1)
　　　（二）选题意义 ··· (3)
　二　研究现状 ··· (6)
　　　（一）国内研究现状 ·· (6)
　　　（二）国外研究现状 ······································· (19)
　三　研究重点难点与创新点 ···································· (23)
　　　（一）研究重点难点 ······································· (23)
　　　（二）本书创新点 ·· (24)
　四　研究思路和方法 ·· (26)
　　　（一）研究思路 ·· (26)
　　　（二）研究方法 ·· (27)

第一章　中华传统美德及其时代境遇 ····················· (29)
　第一节　中华传统美德的古代探源 ·························· (29)
　　　一　中华传统美德及其主要特征 ························ (29)
　　　二　中华传统美德的历史演变 ··························· (42)
　　　三　中华传统美德在古代社会的重要性 ··············· (49)
　第二节　近代以来的曲折境遇 ································ (53)
　　　一　20世纪初叶传统美德的境遇 ······················· (54)
　　　二　20世纪中叶传统美德的境遇 ······················· (57)

  三 20 世纪末期传统美德的境遇 …………………… (61)
 第三节 改革开放后的时代反思 ……………………………… (65)
  一 80 年代倡导批判继承"优良道德传统" …………… (66)
  二 90 年代提倡继承"中华民族优秀道德传统" ……… (68)
  三 新世纪提倡继承"中华民族传统美德" …………… (72)
  四 新时代提倡弘扬"中华传统美德" ………………… (74)

第二章 新时代中华传统美德的继承发展 ……………………… (84)
 第一节 中华传统美德继承发展的内在必然性 …………… (84)
  一 文化传统的连续性 ………………………………… (85)
  二 传统文化的民族性 ………………………………… (89)
  三 社会生活的共同性 ………………………………… (94)
 第二节 中华传统美德继承发展的理路 …………………… (99)
  一 继承发展的依据 …………………………………… (99)
  二 继承发展的原则 …………………………………… (110)
  三 继承发展的方法 …………………………………… (118)
 第三节 中华传统美德继承发展的主要德目 ……………… (123)
  一 诚信 ………………………………………………… (124)
  二 自强 ………………………………………………… (131)
  三 贵和 ………………………………………………… (135)
  四 勤俭 ………………………………………………… (139)
  五 廉洁 ………………………………………………… (146)
  六 勇敢 ………………………………………………… (151)

第三章 新时代中华传统美德的现代转化 ……………………… (159)
 第一节 中华传统美德现代转化的必要性 ………………… (159)
  一 克服历史时代局限性的必要 ……………………… (160)
  二 克服主体认知局限性的必要 ……………………… (170)
 第二节 中华传统美德现代转化的理路 …………………… (175)
  一 现代转化的依据 …………………………………… (175)

二　现代转化的原则 …………………………………（181）
　　三　现代转化的方法 …………………………………（188）
第三节　中华传统美德现代转化的主要德目 ……………（199）
　　一　公忠 ………………………………………………（199）
　　二　正义 ………………………………………………（209）
　　三　仁爱 ………………………………………………（214）
　　四　孝慈 ………………………………………………（219）
　　五　明礼 ………………………………………………（225）
　　六　知耻 ………………………………………………（233）

第四章　新时代中华传统美德传承的实践进路 ……………（240）
第一节　加强全体国民的教育引导 ………………………（240）
　　一　注重家庭启蒙教育 ………………………………（240）
　　二　抓好学校主渠道教育 ……………………………（245）
　　三　强化社会风气隐性教育 …………………………（256）
第二节　重视道德共同体中的实践养成 …………………（260）
　　一　实践在传统美德养成中发挥关键作用 …………（260）
　　二　道德共同体是传统美德实践养成的重要场域 …（263）
　　三　遵循个体道德实践养成规律 ……………………（269）
第三节　完善制度和机制保障 ……………………………（273）
　　一　宏观层面的制度保障 ……………………………（274）
　　二　微观层面的机制配合 ……………………………（282）

结　语 ………………………………………………………（291）
　　一　树立对待中华传统美德的正确态度 ……………（291）
　　二　理性认识中华传统美德的功能和地位 …………（294）
　　三　以广阔的视野看待传统美德的继承发展和现代
　　　　转化问题 …………………………………………（297）

参考文献 …………………………………………………（300）

绪　　论

一　选题缘由及意义

（一）选题缘由

道德是人类社会特有的一种社会现象，也是人类的一种生存方式。中华传统美德是中国人民在两千多年生产生活实践中形成的行为准则规范，彰显着中国人的民族性格和精神风貌。中华传统美德博大精深、内容丰富，它既是社会主义道德建设的源头活水，也是人类文明发展的精神遗产。任何国家的现代化过程，都不能抛弃自己的历史、自己的传统，尤其是自己传统文化中仍然具有永恒价值与时代价值的文化精髓。习近平总书记指出："今天，中华民族要继续前进，就必须根据时代条件，继承和弘扬我们的民族精神、我们民族的优秀文化，特别是包含其中的传统美德。"①

中国特色社会主义建设进入新时代意味着我国现代化进程处于新的历史方位，同时意味着经过党与人民大众的共同努力，社会主义物质与精神文明建设取得了重大的飞跃性发展。但我们需要清醒地意识到：在中国特色社会主义事业建设进入新时代的今天，随着全球化、市场化、城市化、信息化的发展进程，文化多元化、价值多元化、道德相对主义的存在和出现使得当今社会人们的思想意识、观念形态、价值体系变得异常复杂。尽管目前我国社会主流价值观是积极向上向善的，但也必须正视一些地方、一些领域不同程度存在的道德失范、

---

① 《习近平谈治国理政》，外文出版社2014年版，第181页。

诚信缺乏、信仰淡化、价值迷失等问题。与古代宗法血缘关系为主的传统农耕社会不同，当今国民的"义利"观、"理欲"观、"公私"观悄然发生了显著的变化，中华传统美德也被作为过去的"传统"而有所忽略。继承和弘扬中华传统美德，发挥前人在几千年的历史长河中积累下来的道德智慧的积极效力，将对改善当前社会风气、助力实现中华民族伟大复兴梦起到重要的推进作用。中国特色社会主义建设进入新时代，一方面继承和弘扬中华传统美德，必将使我们的社会主义道德更易为广大群众所认同、更富民族特色，为培育与践行社会主义核心价值观提供丰厚的道德资源，为中国特色社会主义先进文化建设提供历史底蕴；另一方面，对于生发形成于古代传统社会的中华传统美德，如何挖掘和阐释其新的时代内涵，实现契合"新时代"的现代转化和创新发展，以适应新时代中国特色社会主义的建设实践，符合当前人民大众追求美好生活的利益需求，成为当今理论和实践研究的重要课题。

　　中华民族伟大复兴中国梦的实现，是每个中国人义不容辞的责任，社会主义核心价值观是统一国人思想、凝聚国人磅礴的力量的价值指引。伦理道德与社会主义核心价值观都属于社会主义文化的范畴，具有认同上的一致性。"夯实国内文化建设根基，一个很重要的工作就是从思想道德抓起，从社会风气抓起，从每一个人抓起。"[①]就两者关系而言，伦理道德是社会主义核心价值观的基础，社会主义核心价值观也从深层次上体现着伦理道德的本质属性。习近平总书记说：核心价值观就是一种德，国家的德，社会的德，个人的德。中华传统美德是中国传统道德的精华与灵魂，继承并弘扬中华传统美德，有助于夯实社会主义核心价值观的认同根基，增强培育与践行社会主义核心价值观的实效性，提升国家文化软实力，实现中华民族伟大复兴的中国梦。基于此，本书研究是希望通过对中华传统美德的历史梳理、现代阐释，探讨新时代背景下中华传统美德的继承发展与创造性

---

① 《习近平谈治国理政》，外文出版社2014年版，第160页。

转化的理论和实践问题，找准传统美德与现代文明的结合点，探索其"新时代"的时代价值和意义，为实现我国的民族复兴和文化强国的战略目标提供有益的可操作性参考。

（二）选题意义

本书的选题主要有以下四点意义：

第一，有助于与时俱进地继承弘扬传统美德，充分发挥道德效力。中华传统美德是中华传统道德的精华，是中华文明两千年的丰厚沉淀，是传统文化的核心和灵魂。封建社会两千多年的历史，历经战火与灾难，但仍旧绵延不断，与其发扬和尊崇中华传统美德息息相关。从伦理道德的社会价值层面讲，作为维护封建大一统局势的传统美德，定然带着自身的时代局限性。否定传统，抛弃传统，固然无传统继承可言；但是，如果只讲继承，不讲发展，也无继承可言。如何使中华传统美德适应中国特色社会主义现代化建设的实践，融入社会主义思想道德体系，奠基于社会主义核心价值观的构建，需要我们理性地辨识和分析中华传统美德的合理成分，坚持马克思主义的基本指导思想，坚持古为今用、去粗取精的原则，赋予其新的时代精神和时代内涵，与时俱进地对中华传统美德进行创造性转化和创新性发展。只有扎根于新时代道德生活基础上的道德要求才能得到人民大众的广泛认同和普遍接受，从而自觉内化为自律性的道德规范，有效发挥道德的积极功能和作用。

第二，有助于守护中华民族精神命脉，挺立文化自信。世界上任何一个国家和民族在现代化的进程中，都面临着如何处理"传统"与"现代"的关系问题。历史经验告诉我们，割裂了传统的现代化将面临一个无根的空虚局面，忘记自己从哪里来，将无法理性地确证自己将要到哪里去。中华传统美德是中国人世世代代在生活实践中积淀的伟大人生智慧，承载着中国人对理想生活的追求，彰显着中国人处理人与自然、人与他人、人与自身的独特风采，是中国人无论走多远也割裂不断的精神命脉。对中华传统美德的追寻，是构筑中华民族精神家园的底色，是安顿现代人精神住所的主桥梁，是守护中华民族精神命脉的主渠道。文化的自信不是盲目的、没有理性认知的自我文化傲慢，自信的底气来源于文化的深厚底蕴和文明程度。中华传统美德是传统文化的核心和灵魂，承继中华美德的传统，就是承继中华民族的古老文明，奠基文化自信的基础。文化不仅仅是器物的文化、制度和观念的文化，更是人类行为自身的文化。正如王泽应先生所讲："文化自信源于并依存于伦理精神自信，伦理精神自信支撑和挺立文化自信。古今中外的文化创造与文化发展，都离不开伦理精神自信的动力支持和价值引导。"①

第三，有助于培育践行社会主义核心价值观。2012年党的十八大从国家、社会、个人三个层面正式提出社会主义核心价值观的12个范畴。2013年12月，中共中央办公厅专门印发《关于培育和践行社会主义核心价值观的意见》，对培育和弘扬社会主义核心价值观的重要意义和具体措施进行了论述和阐释，积极培育和弘扬社会主义核心价值观成为我国和我党的重要意识形态工作。培育和践行社会主义核心价值观，是中国特色社会主义的"铸魂工程"。一个国家和民族只有建立起自己的核心价值观，才会有共同的思想和行动，产生强大的凝聚力和向心力，为社会主义现代化事业聚集共同奋斗的磅礴力量。社会主义核心价值观包括国家层面、社会层面和个人层面的价值要求，三者之间相互融合、相互渗透，形成一个有机统一的整体。其中，个人层面的价值观即是对公民的基本道德规范的要求，在社会主义核心价值观整体结构中处于最根基的地位。社会主义核心价值观国家和社会层面价值理想的实现，最终要落实到个人层面的德行。中华民族的传统美德内容丰富、博大精深，一直以来是滋养中国精神的强大力量，传承中华传统美德就是传承中国人的精神命脉，传承中国人的文化基因。弘扬和培育社会主义核心价值观需要从中华传统美德中

---

① 王泽应：《伦理精神自信是文化自信的核心和根本》，《道德与文明》2011年第5期。

汲取丰厚的伦理道德养分，借鉴中华传统美德的培育和修养方法，萃取中国理想道德人格中的魅力因素。

第四，有助于提升国民道德文明素养，实现中华民族伟大复兴中国梦。实现中华民族的伟大复兴是中国人孜孜不倦的追求，一代代中华儿女在实现民族复兴的历程中，贡献着自己的才干、智慧和力量。中华民族的伟大复兴不仅是物质层面的复兴，也涵括着民族文化和民族精神的伟大复兴。历史上，许多伟大的思想家和革命家都把国民道德素养的提高与中华民族的前途命运紧密联系在一起。以儒家伦理道德为核心的中华传统美德正是注重国人整体主义观念的培养，才有在民族危亡之际为祖国抛头颅洒热血的爱国者、奉献者。近代梁启超在民族救亡图存的关键时期，提出"新民说"，主张用新道德代替旧道德，塑造国民新的精神面貌与行为习惯；社会主义革命和建设时期，毛泽东提出"又红又专"的人才培养目标，为革命和建设事业提供人才保障，改变了中国政治、经济、文化都相对落后的旧面貌；改革开放时期，社会主义精神文明建设、"五讲四美三热爱"活动、公民道德建设纲要的实施，"四有"新人目标的提出，都有助于提高人们的道德文明素养，调动人们生产的积极性，实现有中国特色社会主义国家的建设目标；社会主义现代化建设进入新时代，习近平总书记更加重视国民的思想道德建设，强调社会公德、职业道德、家庭美德、个人品德建设，尤其强调加强党员干部的政德修养、打牢青少年的道德根基、加强师德师风建设，为实现民族伟大复兴提供精神支撑和动力源泉。社会主义道德并非无根之木、无源之水。毛泽东曾指出："今天的中国是历史的中国的一个发展；我们是马克思主义的历史主义者，我们不应当割断历史。从孔夫子到孙中山，我们应当给以总结，承继这一份珍贵的遗产。"① 继承和弘扬中华传统美德，正确对待本国和本民族固有的历史和传统，使经过发展和转化的中华传统美德成为新时代社会主义现代化建设的道德支撑，将有助于中华民族伟

---

① 《毛泽东选集》（第2卷），人民出版社1991年版，第534页。

大复兴梦的实现。

二 研究现状

道德的基础是社会生活。随着时代的变迁，道德观念、行为规范以及行为模式必然随之发生变化。由此，以中华传统美德的继承发展为研究视角，对国内外研究成果做以下梳理。

（一）国内研究现状

1. 美德界说

在中国的文化语境中，学者们试图以"道德"为参照对象，从"道德"与"美德"的比较关系中界定、明晰美德概念。就具体内涵的界定，代表性观点如下：

其一，内在规范说。王海明教授从美德与道德的关系范畴出发，界定"美德"概念。"美德与道德，都是一种应该如何的行为规范：道德是外在的规范，是未转化为个体内在心理和道德人格的社会规范；而美德则是内在规范，是已经转化为个体内在心理和道德人格的社会规范。"[①] 同时，他认为美德有两种境界：道德他律与道德自律。当一个人把美德作为追求利益的手段，不是为美德自身而是为利己而追求美德，便是一种美德他律境界；因为美德不断带来快乐和利益，逐渐使得个人日趋爱好美德，为了美德而追求美德、欲求美德，美德由手段转化为目的，便由美德他律升华至美德的自律境界。但无论如何，从发生学的维度考察，美德的自律境界都不会是一个人最初的道德需要，定然历经把美德作为手段的美德他律阶段，美德自律从发生过程讲，建基于美德他律要求之上。[②]

其二，"美"的道德形象说。学者徐少锦从审美视角界定美德：

[①] 王海明、孙英：《美德伦理学》，北京大学出版社2011年版，第273页。
[②] 同上书，第279—280页。

"道德美即善美或美的道德。指能引起人们愉悦情感或美感的道德形象，换言之，就是具有审美价值的道德形象。在本质上，真善美的统一是其前提，但不是善的内容与美德形式的简单联结，而是一种道德美学化和审美道德化的高超境界。"① 显然，学者徐少锦等的独特视角，打破了就道德论美德或就美德论道德的狭隘运思，基于真善美相统一的轨道，紧贴形象文字的特点切入问题的主题，在这一点上相通于亚里士多德的"状态好"的审美意蕴，是中国人研究美德概念的独特运思。

其三，优秀道德品质说。王华认为如果把美德仅看作古今一以贯之的在当代仍发挥着积极影响作用的那些德目，范围似乎过于狭窄，但如果把美德看作是优秀道德品质、精神、气节、情感、礼仪的总和，范围又过于宽泛。对美德下一个比较简单且易于把握的定义是必要的："美德就是美好的道德，它是一定社会的大多数人所推崇并尽力奉行的优秀道德品质的总和。"②

其四，美好德性德行综合说。许建良认为"美德是能给人带来审美愉悦的德行，这些行为不仅是与基本生活紧密相连的最为普遍的生活准则，而且是人的生命原动力的流淌，受到人们普遍的赞美。美德作为优雅的德性，是静态上的关照；在动态的层面，美德是人的道德行为的审美的结晶，两者的整合，才是完整的美德。"③ 基于美德的词语学意义审视，他认为美德之所以美，一是受到人们的普遍赞美，二是大众推崇的、社会最为需要的道德行为。就美德与道德的定位而言，他认为不存在美德高于道德的理由，美德和道德是统一的。唐凯麟认为，美德是对优良的道德行为和高尚的道德品质做出肯定性评价的概念，但认为美德的道德层次和道德价值高于一般道德。"美德"

---

① 徐少锦、温克勤主编：《伦理百科辞典》，中国广播电视出版社1998年版，第1061页。
② 王华：《美德论——传统美德与当代公民道德建设研究》，山东人民出版社2002年版，第99页。
③ 许建良：《析论中华传统美德的本质》，《当代中国价值观研究》2016年第6期。

不仅表示某行为符合道德要求，更表示其道德价值充分体现了一定社会或阶级的道德理想。① 又如栾传大强调美德是一种良好行动。所谓中华民族传统美德既是一种精神，也是一种行动。②

无论把美德本身界定为道德规范、道德形象、道德品质或者道德行为，中国学者大都不乏道德与美德比较的视野。他们大多肯定道德是美德的基础与原因，美德相对于道德具有自律性特征，即是说追求美德不是为着外在的荣誉或利益，而是为着美德的内在利益，为着美德本身而追求美德。吴宓认为道德高于风俗习惯，美德高于道德，美德是一人之本性，众人之所同具；③ 经济学家于光远认为"把现在人们所说的比较高的道德独立出来称之为美德，更合乎逻辑……美德是只允许表彰，只允许鼓励，不应该因为没有达到某种理想的程度就对他进行舆论的谴责"④；"道德是基础的，美德是超越的，或者说美德是提高的"，"美德即是对道德卓越追求"⑤。美德的外延比道德小，美德的本质在于"美"，在于其典范性。⑥ 康宇博士把道德区分为常德、美德、圣德三个层次，认为美德是代表主体的道德理想、在一定意义上具有普遍和永恒价值的德性。⑦ 由此，美德在整个伦理道德体系中便处于较高层次，具有基于现实基础上的理想性特征，在伦理生活中得到比较普遍的认同与遵奉。

2. 关于中华传统美德概说

关于中华传统美德的内涵内容。20世纪80年代，随着我国的改革开放以及对"文化大革命"的拨乱反正、"百家争鸣、百花齐放"文化方针的提出，使得我们有更多的机会和可能进行中外学术与文化

---

① 唐凯麟等编著：《中华传统美德十二讲》，学习出版社2009年版，前言。
② 栾传大：《中华民族传统美德教育简论》，《普教研究》1994年第2期。
③ 吴宓：《文学与人生》，清华大学出版社1993年版，第95—97页。
④ 参见王华《美德论——传统美德与当代公民道德建设研究》，山东人民出版社2002年版，第49页。
⑤ 唐代兴：《道德与美德辨析》，《伦理学研究》2010年第1期。
⑥ 王华：《美德论——传统美德与当代公民道德建设研究》，山东人民出版社2002年版，第101页。
⑦ 康宇：《儒家美德与当代社会》，博士学位论文，黑龙江大学，2007年。

交流。美国学者麦金太尔《追寻美德》一书的出版和译介,在伦理学界引起对"美德"的重新关注和广泛讨论。此一时期,中国学者开始使用"中华传统美德"的概念,并从不同的视角概括中华传统美德的内涵与主旨内容。较有影响的观点如下:

其一,从对传统道德"精华"与"糟粕"两分的基础上,以体现"精华"部分的德目概括传统美德所指。罗国杰先生认为,传统美德由基本美德、职业美德、家庭美德和文明礼仪四部分组成。其中基本美德涉及仁爱、中和、诚信、正义、节制等十八个德目。[①] 王泽应认为"传统美德是传统道德中的精华,是传统道德中那些比较好地反映了人与人之间、人与社会集体之间以及人与天地万物之间关系的本质要求的传统道德原则、规范、范畴和道德品质的总和",其中以自强不息和厚德载物为核心。[②] 肖群忠认为"传统美德是指传统道德中那些以时代标准衡量,在今天仍有价值的合理成分和精华内容。而传统道德一般指我国先哲创造的(以1912年前儒家道德为核心)并在历史长河中为老百姓践行的道德。"[③] 颜毓洁认为传统道德具体可以分为三类:反动性的传统道德、二重性的道德、具有普遍意义的道德。传统美德包括公忠爱国,国而忘家;仁爱无私、助人为乐;诚实守信、诚恳老实;严己宽人、谦虚礼貌;敬重父母、孝慈统一;勤学求索、勤俭节约;刚直、勇敢。[④]

其二,从传统道德历史流变的角度,以具有广泛影响力的"德目"概括传统美德全貌。张锡勤基于历史还原和分析方法,认为中国传统道德是一个多层面的矛盾复合体,精华部分仍是滋养社会主义道德建设的源头活水。他认为孝、忠、友悌、仁、恕、智、勇、诚、信、廉、耻、谦、让、谨慎、勤俭、公正、宽厚、贵和、知报、中

[①] 罗国杰:《中国传统道德:规范卷》,中国人民大学出版社1995年版。
[②] 王泽应:《中华传统美德通论》,《南通大学学报》(社会科学版)2005年第3期。
[③] 肖群忠:《中华传统美德的时代价值》,《天津日报》2015年6月1日。
[④] 颜毓洁:《中华传统美德的内涵及特征》,《松辽学刊》(社会科学版)1996年第3期。

庸、自强等德目，集中反映了中华传统美德的全貌。① 樊浩认为中华传统美德就是"在自觉的或习俗的道德规范中那些为大部分人所接受并奉行的、对民族发展起积极作用的、具有必然性、合理性的"，在现代社会仍然发挥着影响作用的那些德目。② 他从中国传统道德规范体系的历史沿革及其民族性内涵出发，概括出十个具有代表性的条目：仁爱孝悌、谦和好礼、诚信知报、精忠报国、克己奉公、修己慎独、见利思义、勤俭廉正、笃实宽厚、勇毅力行。

其三，基于德行论的思考维度，或侧重德行表现或侧重传统美德自身特性进行分组或分类界定。国家教育委员会组织编写的《中国传统道德》（2012）针对人们物质生产、生活实践的不同领域，侧重人们的德行表现概括了13种：勤劳勇敢、厚德载物；勇于探索、务实求真；胸怀天下、公忠为国；民族和睦、四海一家；酷爱自由、勇于斗争；励精图治、济世安民；廉洁奉公、清正严明；忠于职守、敬业乐业；以教兴国、正风敦俗；家庭和睦、孝慈友恭；以道交友、以友进德；乐群贵和、尊礼重义；德量涵养、躬行践履。③ 陈来先生从古代德性体系总体出发，概括了性情之德（齐、圣、广、渊、宽、肃、明、允）、道德之德（仁、义、勇、让、固、信、礼）、伦理之德（孝、慈、悌、敬、爱、友、忠）、理智之德（智、咨、询、度、诹、谋）。④

其四，基于传统道德具有的思维整体性特点，立足处理人与自身、人与家庭、人与他人、人与社会、人与世界以及人与自然的逻辑顺序，以道德范畴为维度进行分组概括。张立文先生概括六个范畴群：人心德目群（爱、耻、善、毅、诚等）、家庭德目群（孝、悌、慈、敬、俭等）、人际德目群（仁、义、礼、信、恕等）、社会德目

---

① 张锡勤：《中国传统道德举要》，黑龙江教育出版社2009年版。
② 樊浩：《论中华民族的传统美德》，《江苏社会科学》1994年第4期。
③ 国家教育委员会组织编写：《中国传统道德（德行篇）》，中国人民大学出版社2012年版。
④ 陈来：《古代德行伦理与早期儒家伦理学的特点——兼论孔子与亚里士多德伦理学的异同》，《河北学刊》2002年第6期。

群(忠、廉、公、洁、勇等)、世界德目群(和、合、强、美等)、自然德目群(顺、道、和等)。①

其五,从培育中小学生中华传统美德的角度出发,依据中小学德育大纲提出的德育目标,采取正向与逆向探索相结合的方法,提炼出12个德目:立志勤学、爱国爱民、天下为公、孝敬父母、尊敬师长、团结友爱、诚实守信、勤劳节俭、谦虚礼貌、律己宽人、求索攻坚、整洁健身。②

总之,传统美德是一种优秀道德理念、道德规范,还是良好的品质或良好的行动或者规范、德性、品质的综合,不同的学者从不同的角度思考问题,他们之间稍有分歧,强调重点有所不同,但中国学者大都倾向于从道德规范视角以具体德目来表述传统美德的核心内容;虽然关于德目的分类方法、分类依据、表述形式上有所不同,侧重内容也存在差异性,但仁、义、礼、孝、忠、信、和、敬、耻,是学术界所公认的传统美德。

关于中华传统美德的基本特征。中华传统美德在历史演进中呈现出不同于其他道德形态的显著特征,这些特征是中华传统美德的独有伦理属性。王殿卿从传统道德的整体特征进行总结,认为传统美德的本质特征是:以集体为本位;崇高的社会理想和信念是传统美德的灵魂;己所不欲、勿施于人是传统美德规范的核心。③ 张锡勤从与西方道德相比较的视野,总结了三点特征:家族本位主义、较强的政治性、非宗教性。④ 杨秀香从伦理思想角度切入,认为传统美德具有五个特征:"仁者爱人"的人道倾向、家国本位的群体意识、辨人性善恶重精神生活、"为政以德"的德治主义、修身教化达圣贤之道。⑤ 赵炎才从历史学与伦理学相结合的角度,概括了四个方面:理论形态

---

① 张立文:《中华伦理范畴与中华伦理精神的价值合理性》,《齐鲁学刊》2008年第2期。
② 栾传大:《中华民族传统美德教育研究和实践》,《道德与文明》1993年第4期。
③ 王殿卿:《传统道德与社会现代化》,《道德与文明》1993年第5期。
④ 张锡勤:《中国传统道德举要》,黑龙江大学出版社2009年版,第397—401页。
⑤ 杨秀香:《仁义礼智信:伦理思想概说》,辽海出版社2001年版,第12页。

方面为总体适应与具体时代并存；基本架构方面为经典纲常与世俗规范互动；发展模式方面为内涵传承与主体创新统一；价值理念方面为浪漫理想与浓厚致用相结合。① 王华从美德整体性特征出发，认为美德具有典范性、共同性、人民性、传统性、客观性、层次性等特征。②

关于中华传统美德的当代价值。面对全球范围内的现代化问题，如何处理传统与现代化的关系问题就成为一个重要的理论课题。现代化是与传统的完全割裂或剥离，还是在扬弃基础上的批判继承，在此问题上，大多数国家都选择向传统回归，从传统文化和传统道德中萃取现代化的能量。"中国"学者基于不同视角论述了中华传统美德的当代价值。

其一，基于全球化的宏观背景，陈先达认为传统美德的当代价值应从广阔的视角具体分析。向西方国家宣传中国传统美德，有利于改变东西文化交流过程中历来西重东轻的局面；对于东亚儒家文化圈的国家和地区，儒家美德发挥重要的道德教化作用，能应对东亚地区在现代化过程中出现的社会问题、年轻一代的道德问题；在社会主义中国加强精神文明建设的进程中，有利于马克思主义中国化、社会主义先进文化建设、社会主义道德体系建设。③

其二，基于挺立文化自信的视角，王泽应肯定中华传统美德的现代价值。他认为，文化自信的根基与源泉在于伦理精神自信，只有加大力度培育伦理精神自信并以伦理精神自信推进挺立文化自信，才会使政治经济建树和文化建树获得强韧的精神依傍，产生"尊德行而道问学"的妙用。④

其三，基于儒家文化圈现代化的实践经验，王殿卿认为儒家传

---

① 赵炎才：《晚清民初道德观念嬗变研究》，中国社会科学出版社2015年版，第14页。
② 王华：《美德论——传统美德与当代公民道德建设研究》，山东人民出版社2002年版，第120—122页。
③ 陈先达：《中国传统文化的现代价值》，《中国社会科学》1997年第2期。
④ 王泽应：《伦理精神自信是文化自信的核心和根本》，《道德与文明》2011年第5期。

统美德是东方各国实现现代化的精神力量。从东亚各国的实践看，赋予传统美德以现代化的理解和阐释，它不仅没有成为现代科技进步和经济腾飞的桎梏，而且成为促进社会现代化的强大凝聚力和内驱力。①

其四，基于中华传统美德是文化软实力的视角，肖群忠认为传统美德对于国家、民族、社会、个人都有重要时代价值。从国家维度，传统美德是民族复兴的强大动力；从社会维度，传统美德是人际和谐、人民幸福的可靠保证；从个人维度，传统美德是安身立命、养生防病的丰厚滋养。②

其五，基于塑造现代化过程人文精神的视角，樊浩认为中华传统美德是具有浓烈人性气息和人情味的道德观念，体现了人类生活最本来的面貌，具有最稳定、最恒定的价值。在东西方各国面临道德危机、人文精神缺失的当今之世，中华传统美德不仅具有民族意义，而且具有普遍的世界意义。③

其六，基于社会主义核心价值观建设的视角，不少学者概括了中华传统美德对社会主义核心价值观的涵养作用。肖琴认为，一是奠定了社会主义核心价值观的道德基础；二是凝练了社会主义核心价值观的道德规范；三是提供了社会主义核心价值观的践行方法。④ 贾新奇等认为，传统道德的德目可以直接或经改造后进入社会主义核心价值观，为社会主义核心价值观相关德目的展开、细化、可操作化提供现成样板。⑤ 陈桂蓉认为，以中华传统美德为切入点能提升人们对社会主义核心价值观的价值认同感，中华传统美德的经典范本与经验范本

---

① 王殿卿：《传统道德与社会现代化》，《道德与文明》1993年第5期。
② 肖群忠：《中华传统美德的时代价值》，《天津日报》2015年6月1日。
③ 樊浩：《论中华民族的传统美德》，《江苏社会科学》1994年第4期。
④ 肖琴：《中华传统美德对社会主义核心价值观的涵养作用》，《湖湘论坛》2015年第5期。
⑤ 贾新奇、金银润：《中国传统道德与社会主义核心价值观的融会》，《陕西师范大学学报》（哲学社会科学版）2016年第3期。

能为培育践行社会主义核心价值观提供参照和借鉴。①

3. 关于中华传统美德的继承发展

中华传统美德是否具有继承性以及应如何继承的问题，一直以来是学术界关注的焦点。80年代末至90年代以来，道德具有可继承性在学术界业已达成基本共识，对于中华传统美德继承的内容、方法等具体问题，学界能够在传统与现代、东方与西方、内容与形式的多维视角中，以更为客观理性的态度提出诸多启示性观点。就中华传统美德的继承现状与时代境遇，少数学者也进行了调查分析。

第一，中华传统美德的继承内容。从"变"与"不变"的辩证思维出发，有学者认为：与特定社会制度有关，随着制度变化而变化的道德是"可变的道德"；人类社会生存需要的一些基本道德是"不变的道德"。比如，仁爱、正义、守信、礼让、理性、和平、正直、廉洁等，不仅是传统的而且适用于现代乃至未来社会，这些"不变的道德"是可继承的内容。②肖群忠从传统道德本身性质出发，认为修身美德、家族美德、社会及行业道德中的合理因素可以直接为变化了的当代民众生活所继承，而对于封建国家政治伦理却是应该抛弃的。③张博颖从新时代历史方位出发，认为中华传统美德蕴含的道德精神与具有时代价值、民族特色的内容应该加以继承和弘扬。④

第二，中华传统美德的继承方法。在思想观念上肯定中华传统美德继承必要性的同时，需要回答如何继承的方法问题。一是从学术研究的基本方法出发。张岂之认为，无论包括中华传统美德在内的中国传统文化，还是西方文化，都不可能是纯之又纯的文化形态，因此坚持"取其精华、去其糟粕"的继承原则是必要的。但同时，要认真细致地区分精华与糟粕，研究它们的依存条件和相互关系，在恰当取

---

① 陈桂蓉：《重视和挖掘我国优秀的传统道德资源》，《学习月刊》2015年第5期。
② 陈来：《传统道德文化与现代化》，《群言》1995年第7期。
③ 肖群忠：《传统道德资源与现代日常生活》，《甘肃社会科学》2004年第4期。
④ 张博颖：《关于继承和发展中华传统美德的思考》，《毛泽东邓小平理论研究》2017年第9期。

舍的基础上进行继承与创新①；二是从建设有中国特色社会主义事业的需要出发。罗国杰认为，继承中华传统美德要以历史唯物主义为指导，坚持综合创新和古为今用原则，对经过选择而吸收的道德遗产，根据社会主义社会中处理人与人之间关系的道德原则，根据当前社会进步的需求和广大人民群众的利益，根据社会主义精神文明建设需要，予以加工和改造。②肖群忠认为，要弄清楚传统美德中有什么，今天我们需要什么？然后根据今天缺乏的需要去继承传统美德中有且至今有合理性的东西③；三是从传统道德与时代精神相结合的维度出发。唐凯麟认为，传统美德的继承应能够适应现代"工业—市场—信息"的道德文化要求，赋予其以现代意义。从实践层面而言，培育和造就社会主义新生文化主体，是实现传统美德批判继承和超越创新辩证统一的重要前提④；四是从传统美德自身结构出发。朱贻庭指出，文化生命的基本结构是"形神统一"。传承中华传统美德，一要发掘蕴含其中的"古今通理"，即道德文化的"神"；二要考虑其"形"，重视对承载传统美德的载体保护。⑤

第三，中华传统美德的传承现状。关于中华传统美德传承的现状研究目前仍处于起步阶段，与大量的理论层面的定性研究相比较基于田野调查的定量分析可谓十分匮乏，但为数不多的调查研究仍能反映出传统美德在当今时代传承的基本状况。北京联合大学张晓昀针对大学生对传统美德认同和践行状况进行了调查研究，结果显示：面临道德选择时，当代大学生能够对仁爱、和谐、孝亲、诚信等传统美德给予充分肯定和认同，同时当代大学生平等意识和独立主体意识明显增强，对于涉及公私利益关系的传统美德认同度相对较低，呈现出务实

---

① 张岂之：《科学地对待传统文化》，《探索与争鸣》1995年第11期。
② 罗国杰：《批判继承中国古代优秀传统道德，建设有中国特色社会主义精神文明》，《高校理论战线》1996年第1期。
③ 肖群忠：《传统道德资源与现代日常生活》，《甘肃社会科学》2004年第4期。
④ 唐凯麟：《批判地继承中国传统伦理道德文化：中国现代伦理学发展的一个基本条件》，《伦理学研究》2010年第7期。
⑤ 朱贻庭：《文化生命结构与传统道德继承》，《道德与文明》2012年第4期。

理性的态度。① 李建华教授对忠、孝、和、礼、义、仁、恕、廉、耻、智、节、谦、诚 13 项中华传统美德在全国范围内的认知、践行及公众评价状况进行了调查分析。公众认为，传统美德中孝、诚、和、廉最为重要，孝与和的实际践行效果最好，但"廉"在当前社会践行状况最差。此外，调查反映出一些被公众认为是弱势的社会群体（比如，学生群体、农民工群体、女性群体）正在成为我国传统美德践行的榜样。② 王淑芹对首都大学生诚信道德（学习诚信、考试诚信、求职诚信、贷款诚信、情感诚信、交往诚信、消费诚信）状况进行了实证性调查分析，反映出作为传统美德中重要一项的"诚信"在当前大学生中的传承状况。③ 康宇博士以儒家传统美德的诚、仁、义、忠、信等 25 个道德范畴为考查点进行实证调查。结果显示，行仁重义、勤俭节约、孝悌等仍受推崇，"五常"仍是人们恪守的基本道德规范，诚信观与传统社会不同，表现出与自身利益的密切相关联性；诚、忠、谦、廉耻、忠恕受到市场经济冲击，处于自身发展的两难困境之中，催生其现代转型。④

4. 中华传统美德现代转化的思路

中华传统美德无疑具有重要的现代价值，但如何批判性继承，需要确定转化的标准、路径以及依据的原则，否则所谓转化只能是抽象笼统的空谈。从处理好全球化与民族性以及传统与现代之间的关系、应对传统美德现代转化面临的时代挑战出发，学界形成四种具有代表性的观点。

第一，以马克思历史唯物主义理论为指导的"结合论"。这种观点认为，中华传统美德只有坚持以马克思历史唯物主义为指导，坚持同社会主义道德要求相结合，才能实现现代性转化，发挥道德功效。

---

① 张晓昀：《大学生对传统美德认同和践行状况的调查研究》，《北京教育·德育》2016 年第 12 期。

② 李建华：《当代中国民众对道德文化传统理念践行状况评价的实证分析报告》，《道德与文明》2011 年第 3 期。

③ 卢少求等：《首都大学生诚信道德状况调查》，《青年研究》2008 年第 1 期。

④ 康宇：《儒家美德与当代社会》，博士学位论文，黑龙江大学，2007 年，第 129 页。

罗国杰指出："中华民族的优良道德传统，也只有同我国的革命传统相结合，同社会主义道德的要求相结合，才能具有时代意义"①，才能融入中国特色社会主义道德总体系。

第二，以契合现代民主社会要求为目的的"适应论"。这种观点认为，以儒家道德为核心的中华传统美德只适应中国传统社会的生活需要，现代社会生活中传统美德的转化应以契合现代民主生活为客观必然性依据。例如，万俊人认为儒家伦理道德要开掘新的道德文化资源，以现代公共理性方式消解传统伦理中的局限性、狭隘性和阶级性，与现代民主社会的结构性或制度化要求相适应。②

第三，适应社会现代化发展需要的"改造论"。这种观点认为，在社会现代化过程中，传统美德应被赋予新的现代化理解，把具有普遍意义的传统道德内容灌注新时代内涵，使其得到再造和发展。例如，王殿卿认为传统美德现代化是促进社会现代化的内驱力和凝聚力③；李建华等认为，任何道德遗产都带有时代印记，对待传统道德不能直接地、原封不动地挪用，应根据历史条件、社会利益、时下道德建设需要进行必要的改造创新后才能被吸收④；王易等认为，实现中华传统美德创造性转化要根据当前社会现实发展的需要，遵循现代化原则，在内容、价值、方式等方面进行充实、更新与改造，使之成为现代社会的道德。⑤

第四，建立在主体现实责任基础上的"创新论"。这种观点指出，任何文化主体都不能摆脱传统的存在，人们总是处于"传统的掌心"中，与其纠缠于在形而上学思辨中永远难以说清的传统，不如面对传统存在的客观事实，在实践上进行关于传统美德现代转化的努力。传

---

① 罗国杰：《对传统伦理道德的批判继承问题的思考》，《高校理论战线》1994年第2期。
② 万俊人：《儒家伦理传统的现代转化向度》，《社会科学家》1999年第4期。
③ 王殿卿：《传统道德与社会现代化》，《道德与文明》1993年第5期。
④ 李建华、冯丕红：《论道德继承》，《伦理学研究》2011年第4期。
⑤ 王易、黄刚：《探求中华传统美德的创造性转化》，《思想理论教育导刊》2015年第5期。

统本身并不具有保守性和封闭性，保守封闭的是接受和利用传统的主体。实现传统美德创造转化，关键是树立主体现实责任意识，培养主体创造精神、创造性品质，创造一种能发挥传统美德积极功能的文化生态，最大限度限制其消极效果产生。①

以上四种学术观点从历史大背景与社会发展大势的宏观角度对中华传统美德现代转化进行研究探索。除以上具有代表性的观点外，一些学者也从自身学术视野出发，提出中华传统美德现代转化的创新性观点。王杰从传统文化主体价值维度出发，强调中华传统美德现代转化应该契合人的全面，肯定人的主体意识和主体价值意识②；王秀阁认为，中华传统美德现代转化应有整体性视野，坚持历史、现实和未来三个维度；刘孜勤认为，传统美德现代转化首先应当对其核心理念和具体德目的历史流变进行梳理，同时以社会主义核心价值观为转化标准；赵士辉强调，传统美德现代转化应注重恩德与耻教的现代价值；郭卫华主张，应立足中国现代道德建设实践，从中国情理精神和理性精神相比较出发进行转化创新。李杨通博士认为，中华传统美德现代转化应回归"平凡的道德观"。③

对于中华传统美德的研究除了以上所述整体性研究之外，也有关于某项中华传统美德（如：忠、孝、仁、廉、俭、诚信、和合、知耻等）的专题性研究。④ 此类学术论文聚焦于传统美德微观研究，注重通过具体细致的个案分析探索中华传统美德当代继承与发展，为本书写作提供了思路和借鉴。

---

① 樊浩：《传统文化功能与主体的现实责任——以希尔斯的理论为参照》，《孔子研究》2001年第1期。
② 王杰：《传统文化中的主体价值及其现代转换》，《中共中央党校学报》2006年第3期。
③ 郭卫华：《"中华传统美德的现代转换与创新"学术研讨会综述》，《理论与现代化》2015年第3期。
④ 如肖群忠《传统孝道德传承、弘扬与超越》，陈瑛《"忠"德新说》，郭齐勇《仁义与现代人的精神世界》，刘万民《清廉：传统政治美德及当代政治建设》，唐凯麟《诚信：做人的自我诠释》，罗国杰《论勤俭和自强》，虞崇胜《和而不同：和谐社会政治文明的精髓》，吴潜涛《论耻感的基本含义、本质属性及其主要特征》等。

（二）国外研究现状

国外学界针对中华传统美德的研究成果十分稀少，但对"美德"概念的使用和研究，最早可以追溯到古希腊时期，发展到现代美德伦理学，"美德"更是一个广被讨论的重要概念。

1. 关于美德的界定

第一，古典德性伦理的德性说。在古希腊，苏格拉底提出"美德即知识"的道德命题，强调理性在美德中的重要作用；柏拉图在《理想国》中基于"灵魂三分法"理论，认为正义城邦的建立需要哲学家、护卫、生产者各司其职，相应提出"智慧、勇敢、节制、正义"四种基本德性；亚里士多德则是第一个较完整地论述美德理论的哲学家，他将人的德性分为理智德性与伦理德性。"德性"是一个广泛的概念，任何事物都有自身的德性，马有马的德性，杯子有杯子的德性，人有人的德性。德性从静态静观意味着事物所处的状态好，从动态考察意味着功能发挥得好。每一种事物在整体客观世界构成中的地位、功能和属性的不同，决定了每一种事物都有它独特的德性，马的好的德性绝不等同于人的好的德性。人的独特性在于人自身具备理性，会思考，因此人的好的德性便是把人会思考的功能发挥到极致，过一种沉思的生活，但这是几近神性的生活，对大多现实的人而言，应该追求在分有神性的基础上，过一种有德性的第二好的生活。美德便是一种德性，是一种避免"过"与"不及"的中道。在柏拉图提出四元德基础上，他丰富和拓展了德性范畴，例举了勇敢、节制、慷慨、大方、大度、友善、诚实、羞耻等具体美德德目。[①]

第二，现代美德伦理视域中的优秀品质说。麦金太尔认为美德是为着追求实践活动的内在利益而获得的一种优秀品质。美德是"一种

---

① Aristotle, *The Nicomachean Ethics*, translated by J. E. C. Welldon. New York: Prometheus Books, 1987.

获得性的人类品质，对它的拥有与践行使得我们能够获得那些内在于实践的利益"①。他强调这种实践活动"意指任何融贯的、复杂的并且是社会性地确立起来的、协作性的人类活动形式"，通过它"人们获取优秀的能力以及人们对于所涉及的目的与利益的观念都得到了系统的扩展。"② 美德的养成离不开实践活动，且这样的实践活动具有融贯性、复杂性和社会性，任何个体孤立的、片断性的、简单活动都不应被称为实践。良好品质的养成，一定在具有公共性的集体活动中才能发生。就美德与道德的关系而言，麦金太尔认为美德是道德的原因。

东西比较而论，西方伦理学和中国伦理学视域中的"美德"概念在话语范式表述上存在中西文化的差异性。亚里士多德的"美德"概念或说"德性"概念与中国的"德性"相比，外延涵盖得更为广泛，它泛指所有事物的卓越品性，而中国的德性概念只使用于人自身，且主要指向人的优秀道德品质；西方文化中的"美德"是与"恶德"相对立、相区分的一个概念范畴，但中国文化中"美德"概念的界定更多见于与"道德"的比较和分别，强调美德高于道德。无论西方还是中国，关于"美德"内涵，都强调它是与一个人感情相关的、一贯的、稳定的行为特性，表现为一个人优良的道德品性。关于美德养成，都强调实践活动的重要性，强调道德共同体对个人美德形成的熏陶与濡化作用。

2. 关于中华传统美德的研究

国外研究鲜有以"中华传统美德"为议题进行专门研究的。他们的研究大多从生活文化角度，以在中国多年的生活体验为基础，观察中国人日常生活与处事之道，结合中国传统文化以及儒家伦理思想分析中国人的精神气质和性格特性，反映出中华传统美德在中国人思想

---

① Alasdair MacIntyre, *After Virtue: A Study of Moral Thoery*, London: University of Nortre Dame Press, 1981: 178.

② Ibid., 1981: 175.

观念、价值取向、心理结构、行为特性方面的文化烙印。① 较为直接反映中国传统美德题材的著作有英国人亚瑟·亨·史密斯的《中国人的性格》。他以具体事例作为充足论证，映射出中国人所特有的传统美德（例如勤俭持家、勤劳刻苦、讲究礼貌、能忍且韧、仁爱、孝悌等）。他认为，只要中国人能够意识到自身的品性缺陷，弘扬自身美德优势，肯定会有一个光明的未来。他警示中国人最缺乏的是真诚品质。"当中国人的道德意识中，真诚的品质重新恢复其应有的地位时，那么中国人将会（在不久的将来）获得因他们的无比勤劳所带来的全部补偿。"② 英国人罗素撰写的《中国问题》以深刻的历史感和全球意识来看待中国种种问题，对中国人性格、文化、教育等进行了深入分析，虽有偏颇之处，但也从另一个侧面肯定了中国道德文化在现代化进程中的重要价值。他认为如果中国的现代化一味屈从西方文明和西方模式将是人类文明史的悲哀。"中国的问题不仅是政治独立的问题，文化独立在某种程度上也同样重要"。"寻求政治独立本身并不是最终的目的，而是实现中国的传统美德和西方的技艺结合的一条途径。如果达不到这个目的，那么，政治上的独立也没有什么太大的价值。"③ 日本著作《三只眼睛看中国》，三个作者以三种眼光来观察中国。内山完造从生活文化视角观察研究普通平常的中国人，看到了他们奇特不凡的伦理美德。渡边秀方本着学者做学问的严谨，基于同日本及西方相比较的视野对中国民族特性优缺点进行分析。极右的军国主义分子原惣兵卫对整个中国民族持全面否定的态度，在他看来，中国人无所谓美德和生存价值支柱可言，已是一个没有前途和希望的

---

① 影响较广的著作有《马可·波罗游记》《曼德维尔游记》、马克斯·韦伯的《儒教与道教》、李明的《中国现状新志》、安逊的《世界旅行记》、杜赫德的《中华帝国通志》等不胜枚举。

② ［英］亚瑟·亨·史密斯：《中国人的性格》，乐爱国、张华玉译，学苑出版社1998年版，第19页。

③ ［英］罗素：《中国问题》，秦悦译，学林出版社1996年版，第191页。

民族。① 由此反映出，基于不同意图或目的看待中国传统文化与传统美德，难免主观偏颇与支离碎片化。比如，国外大多从《孝经》中了解孝德，事实上中国"孝"之内涵与精神实质及道德实践，要比文本经典所记载与言说的复杂得多，远远不是一部《孝经》可以完整体现与反映的。

20世纪80年代之后，国外出现一批著名的汉学家，他们以比较视野研究中国传统文化以及儒家文化、儒家伦理，渗透着对中华传统美德的看法和认识。他们的著作②涵盖面极广，皆包含着内在比较思维，以自身文化的外部视野解读中华传统经典、中国人物、中国思维、中国现象等，为整体性认知中华传统美德提供了广阔视野。近几年也有学者从东西文化不同语境出发，比较总结儒家美德的独特性。例如，大卫·王认为，实现儒家美德的过程通常发生在与他人的关系中，且一个人通过这种方式获得最充分的人格。③ 这种认识无疑是深刻的，为理解中华传统美德在传统社会的重要性提供了确证。

3. 总体评述

中华传统美德作为中华民族传统文化的核心内容，是中国人的精神标识与性格特征的体现。作为重要的研究课题，中国学界形成了不少有价值的相关研究成果，但也存在一些不足之处。

第一，对中华传统美德的内涵和主旨内容，研究不够系统深入。中华传统美德博大精深，不同历史时期根据具体的时代背景，党和国家具体的战略任务和战略目标的不同，道德建设的内容反映出明显的时代变迁性特征。不同时期社会主义道德建设的重点任务不同，所倡导的中华传统美德表现出时代差异性，同时内涵也随之发生流变。但以往研究中，关于不同历史时期中华传统美德包含的具体内容与内涵

---

① ［日］内山完造、渡边秀方、原惣兵卫：《三只眼睛看中国》，肖孟、林力译编，中国社会出版社1997年版。

② 例如，美国学者列文森的《儒教中国及其现代命运》，狄白瑞的《儒家的困境》，史华兹的《古代中国的思想世界》，德国鲍吾刚的《中国人的幸福观》，何天爵的《中国人的本色》，日本学者沟口雄三、小岛毅主编的《中国的思维世界》等。

③ Chinese Ethics. ［EB/OL］https：//plato.stanford.edu/entries/ethics-chinese/.

发生的流变，缺乏系统完整的历史梳理与总体上的归纳总结。

第二，关于新时代中华传统美德的继承与转化的理论问题，缺乏整体性研究。学术界的研究集中于两个方面：一是根据中央文件、重要会议精神、中央领导人的讲话，分析论证新时代背景下继承与弘扬中华传统美德的重要性，同时强调创造性转化和创新性发展的必要性；二是论证中华传统美德作为中华民族宝贵的道德资源对社会主义核心价值观建设的滋养作用。但对哪些传统美德可以直接继承构成社会主义道德的重要组成部分，融入社会主义核心价值观；哪些由于时代的局限性，与现代价值体系同中有异，需要重新解释、重新界定，实现创造性转化，以往的研究显得零碎与表层化，缺乏精微细致的分类、筛选和分析。关于继承与转化的具体步骤、方法路径，学界的讨论比较宏大、分散，理论建构不够系统完整，缺少全面深入的专题研究。

第三，具体到新时代传统美德的发展与转化，当前研究存在学理性不足、时代性不强、视野不够开阔等局限性。中华传统美德如何在"新时代"背景下传承创新，尤其关涉到具体德目如何转化，学术界鲜有系统论述。大多研究成果笼统、零散，停留在动员式宣传层面，未能进一步作深层次学理分析和论证；有些研究虽然不乏深入细致，但并不切近"新时代"主题，缺乏新时代道德生活指导意义。

总之，作为新时代中华传统美德的继承发展和现代转化问题，仍有充足的学术研究空间，完整系统、深入细致且扣紧时代主题的专题性研究，成为当务之急。本研究旨在竭力弥补以往研究的空白与不足之处。

三 研究重点难点与创新点

（一）研究重点难点

1. 研究重点

中华传统美德本身的复杂性，需要我们进行更为细化的分类，才能更好地传承弘扬。首先，中华传统美德在新时代的继承发展问题。任何民族的现代化都无法割断自己的历史文化传统，但继承传统并不是简单"挪用"与"移植"。新时代背景下，自强、诚信、廉洁、勤俭、知耻、贵和等传统美德，既要重点继承，又需要根据新时代的实践要求进行补充、拓展和完善。其次，中华传统美德的现代转化。中华传统美德整体上属于传统伦理和封建主义价值体系，对于公忠、正义、仁爱、孝慈、明礼、知耻这些与新时代价值体系有冲突的传统美德就需要认真分析，剔除其具有阶级与时代局限性的因素，萃取其体现人民性、科学性、公正性的精华，依循新理路进行创造性转化，使其在新时代焕发出新活力。

2. 研究难点

首先，新时代需继承与转化的中华传统美德的提炼和筛选。中华传统美德内容丰富、德目繁多，甄选出反映新时代要求的中华传统美德并进行较为精确的分类就成为本书的一个难点。其次，探索新时代中华传统美德的现代转化问题。新时代是中国特色社会主义建设的新历史方位，中华传统美德如何契合新时代价值理念和实践要求进行现代转化，转化的思路、依据、原则方法、具体路径是一项开创性的研究。

（二）本书创新点

其一，研究视角的创新。源远流长的中华传统文化博大精深、影响深远。如何正确地看待以及运用中华优秀传统文化服务于社会主义现代化建设，一直以来是学术界较为关注的问题。传统文化是一个内涵丰富、涵盖范围极广的概念，选取中华传统美德为切入点，探讨其在新时代的传承发展和现代转化，一方面使得研究范围集中缩小，研究内容得以充分展开、深入；另一方面，2017年10月，党的十九大作出了中国特色社会主义进入"新时代"的重大判断，以此为研究背景，某种意义上讲是开创性的奠基工作。

其二，研究内容的创新。总的来说，提出把中华传统美德的继承发展和现代转化作为整体进行深入系统研究的具体框架和思路。本书内容紧扣中华传统美德，以中华传统美德概念界定为逻辑起点，梳理它的历史演变脉络与历史境遇，以反思和确立对待中华传统美德的正确态度；从理论阐述到实践进路，紧扣中华传统美德继承发展和现代转化的主线，在体系完整的基础上突出重点，在具备理论性的同时增强现实意义。首先，"中华传统美德"概念的逐渐明晰过程，以及不同时期所主要倡导的传统美德，学术界鲜有针对性研究成果。以翔实的文献材料为基础，以不同时期社会主义精神文明建设的重点任务为背景，进行历史溯源和归纳总结，弥补以往研究零星、粗略的不足之处，力图在前人研究成果基础上有所突破。其次，新时代需要继承发展和现代转化的传统美德，已有研究缺乏系统完整的分析提炼和更为细致的归纳分类，本书紧扣新时代主题背景，进行了筛选分类，并进一步对如何发展转化做了更深入、更系统地阐释说明。最后，如何传承弘扬中华传统美德，不止步于"应如何"的理论阐述，同时从"怎样做"的实践维度进行探讨。坚持理论和实践相结合，使研究更具现实指导意义。

其三，观点上的创新。首先，对于"中华传统美德"的定义，突出美德具有的心灵自由状态的审美特征，为德育与美育相结合的教育方法提供了理论依据。其次，对于如何继承转化中华传统美德，以往研究集中于从宏观层面的价值方向、基本原则、总体方针等方面进行探讨，微观层面方法机制建构不被学界重视。本书尝试把宏观"面"与微观"点"相结合，提出了中华传统美德继承转化的整体思路以及具体原则与方法。最后，对于传统美德具体条目的现代转化，已有研究不够细致深入。从分析德目的"质料"与"形式"入手，在保留质料合理性基础上转化其形式的特殊规定性，提出一些新观点。

当然本书还有若干不足。新时代中华传统美德的继承发展和现代转化是一个十分重要的选题，但也是一个宏大且困难的选题，它需要研究者具备扎实的理论功底、深厚的人文知识储备，尤其是中国哲学、伦理学、思想史方面的知识积累，本人在这方面的不足使得研究不够完善。再者，有关中华传统美德的许多问题并没有形成定论，新时代发展与转化的研究成果较少，再加上篇幅和能力所限，研究没能更好地深化、展开，多有遗憾。此外，中华传统美德是中国传统道德的精华，是抽象的、一般性的、共性的东西，论述中两者不能完全剥离、泾渭分明地使用。这些暂且克服不了的困难和不足之处，留待日后解决。

四 研究思路和方法

（一）研究思路

本书基于"概念界定—历史梳理—重点分析—实践路径—总结反思"的研究思路，力图对"中华传统美德在新时代的继承与转化"这一重大课题做出尝试性探寻。

本书共分为三部分。第一部分为绪论，包括选题意义、国内外研究现状、研究思路与研究方法等；第二部分为正文四章，重点研究了中华传统美德继承发展与现代转化的必然性、理论方法、具体道德条目的继承发展和现代转化，最后由理论回到实践，探讨传承中华传统美德的实践路径；第三部分为"结语"，做了简单回顾以及补充性说明。

第一章界定了中华传统美德概念，并对中华传统美德的历史演变进行了简要梳理。首先，对中华传统美德的内涵、特征、形成发展过程进行了分析研究。接着，对中华传统美德的历史境遇进行了梳理总结，主要以近代以来遭遇批判的境遇与改革开放后的反思弘扬为对照，揭示不同时期传统美德的不同命运。近代以来，中华传统美德在新文化运动、"文化大革命"、西化思潮中受到三次强烈冲击，没有得到很好的继承。20世纪八九十年代、新世纪初、新时代四个不同时期，国家和党中央领导人、思想界、学界、民间都大力倡导继承弘扬中华传统美德。

第二章探讨了新时代中华传统美德的继承发展。由于文化传统具有连续性、传统文化具有民族性、道德生活具有共同性的特征，使得新时代中华传统美德的继承发展成为一种必然。在科学分类的基础上，筛选出自强、贵和、廉洁、诚信、勤俭、知耻为新时代需重点继承并发展的德目。以习近平总书记提出的"两创"为总依据，以"厘清关系中继承"、"辨识内容中发展"为原则，因循"筛选—分类—阐发"的方法机制，对每项传统美德条目的继承发展进行探讨和阐释。

第三章探讨了新时代中华传统美德的现代转化。由于客观方面历史时代的局限、主观方面文化主体的局限，使得新时代中华传统美德的现代转化成为必要。经过分析甄别，筛选公忠、仁爱、正义、孝慈、明礼、勇敢为新时代重点需要转化的传统美德。以习近平总书记提出的"两创"为总方针，坚持马克思主义的道德观与社会主义的道德观，因循"立场理解—甄别筛选—分析扬弃—还原转化"的方法机制，对每项传统美德条目的现代转化进行挖掘和阐发。

第四章提出了新时代弘扬中华传统美德的实践路径。如何在实践中传承中华传统美德，是完成继承转化的关键性一步。遵循传统美德养成规律，从注重全体国民的教育引导、实践共同体中的实践养成、制度的保障支持方面提出了可行性路径。

结语部分提出了对待中华传统美德的正确态度，在继承中谨防复古论，在批判中谨防虚无论。立足中华传统美德，弘扬中华传统文化，坚定文化自信，建设社会主义文化强国。

（二）研究方法

其一，文献研究方法。掌握大量翔实的第一手资料，深刻精准地理解前人的理论著述，这是展开深入研究的前提基础性工作。一方面，系统研读传统文化原典及相关学术研究成果，客观概括中华传统美德的内容内涵、把握发展脉络，廓清认识、正本清源。另一方面，系统研究经典作家文献、党的几代领导集体的著作和党的其他重要文献，尤其是十八大以来习近平总书记重要著作和党的重要文献，掌握新时代的价值理念和目标任务，探寻中华传统美德发展转化的规范内容、方法机制、实践要求等。

其二，比较研究方法。对于中华传统美德的理解，仅凭平面化的解读远达不到透析其全貌的结果。通过历时性的纵向比较，掌握中华传统美德内在生成逻辑，总结其发展变化的规律性；通过共时性的横向比较，一方面利于对中华传统美德进行细致分类、区别对待，另一方面便于掌握中华传统美德的优长，展现中华传统美德的民族性和世界性。中华传统美德的继承发展和现代转化，既要研究本来、了解现在，又要借鉴外来、顺应未来。通过比较研究，探索在相同背景条件下的继承发展，在不同背景条件下的创新转化。

其三，逻辑与历史统一的方法。既从中华传统美德的历史演变、历史境遇进行系统梳理和分析，又注重从逻辑体系上揭示中华传统美德的内涵特征、功能地位、创新发展；坚持史论结合，以论为主，从历史、理论、实践、价值相统一的维度，立体化揭示中华传统美德的整体价值和意义。

其四，跨学科研究方法。任何一门学科的研究视角都会有局限性，如果从另外一种学科视角看，也就是从"他者"视角理性冷静地旁观，有助于更全面地认识把握所研究的问题。将伦理学、历史学、教育学等不同学科理论融入本书的研究过程之中，以伦理学知识为理论支撑，历史梳理作宏观架构，思想政治教育为研究旨归，拓展了理论研究领域，提高了研究成果的应用价值。

第一章　中华传统美德及其时代境遇

中华传统美德形成于中国古代传统社会，是维护古代社会秩序的主要凭借。但历史长河之中，中华传统美德传承发展的命运却是坎坷的。可以说，中国现代化的历程与对反传统的道德批判具有不可分割的关系。但随着西方现代化带来物质文明高度发展的同时，各种社会弊端、社会问题也随之突显。国人开始重新思考和审视自己的"传统"，认识到中国的现代化建设不能割裂自己的历史、自己的传统，更不能丢弃自己的传统美德。尤其到了新时代，以习近平同志为核心的党中央高度重视传统文化的时代价值，大力倡导弘扬中华传统美德。实现创新发展和现代转化的传统美德，不仅不会是现代化的障碍，而且能够为中华民族伟大复兴提供精神力量、道德支撑和文化养分。

第一节　中华传统美德的古代探源

"传统美德"是指在古代传统社会发挥重要作用，并流传、沿袭至今仍旧具有时代价值的伦理道德。探讨中华传统美德的继承和转化，首先需界定中华传统美德的概念，并回溯传统美德的生发与历史演变过程。

一　中华传统美德及其主要特征

"中华传统美德"是在历史发展过程中逐渐确定的一个表述。对中华传统美德概念的界定，学者也是见仁见智。从关联性概念出发，在分析比较中能更为清晰把握其基本内涵。

(一) 中华传统美德概念界定

中华传统美德属于道德的范畴，是中国传统道德的精华部分。对"中华传统美德"概念的厘定，需从"道德"、"美德"以及"中国传统道德"概念的诠释开始。

1. "美德"概念及其与"道德"的关联。"美德"的说法，我国先秦早已有之。《荀子》中有言："其为人宽，好自用，以慎。此三者，其美德已。"(《荀子·尧问》) 20世纪80年代，在伦理学或德育辞典中有专门对"美德"概念的界定。80年代初期，苏联的伊·谢·康主编的《伦理学辞典》中界定："美德是一种道德意识概念，它是对个人（或者集团、阶级、社会）固有的良好的稳定的道德品质所作的概念说明，它指出了这些品质的道德价值。美德的对立面是恶德的概念。"① 这个说法为我国学术界对"美德"概念的理解把握奠定了基础，此后学界以美德与恶德对立达成一种共识。② "美德"是与"恶德"相对立的概念，它们之间的区分可谓泾渭分明，无须学术界在理论上做更多说明，但在日常甚或学术研究中，把"美德"与"道德"替代、交叉、混淆使用，却是司空见惯的事情。由此，"美德"与"道德"两者之间的关系问题、区分问题成为学术界的研究议题。

---

① [苏] 伊·谢·康主编：《伦理学辞典》，王荫庭等译，甘肃人民出版社1983年版，第87页。

② 例如，20世纪80年代，高清海主编的《精神文明辞典》中定义："美德"是"一种道德意识概念。是一定社会的人们所理想的道德品质的总称。与美德相对立的是恶德，即危及社会和他人的不良的品德"。李燕杰等主编《德育辞典》中"美德"被定义为"个人（或者集团、阶层、阶级、社会）稳定的、良好的、一贯的道德品质"。90年代，徐少锦和温克勤主编的《伦理百科辞典》中定义："美德""与'恶德'相对应，是评价具有积极、'至善'意义的人的行为的伦理学概念，指高尚和优良的道德品质。"21世纪初，朱贻庭在《伦理学大辞典》中界定："美德"是"对良好的道德行为和道德品质的肯定性评价"。他认为在道德品质多层次的复杂结构之中，良好的道德品质即"美德"，不良的道德品质即"恶德"。

道德品质划分为"美德"和"恶德"是一种对立性的二分法，但从道德品质的等义考察，分为美德、道德、恶德三种层次与境界或许更为合理，这样方便解决人们在概念界定和认识中存在的歧义。若仅仅简单地把道德品质或说品德区分为"美德"和"恶德"两个层次，显然"美德"还存在境界高低之分，即除了先进的、崇高的道德品质，也包含着一般的道德品质。为了避免美德的庸俗化与人为提高道德的一般标准，从整体考虑我们可以将道德品质或品德划分为三个层级。以排队上车为案例。能够按先来先上、后来后上的原则，井然有序排队上车者是道德的；后来却先上者是恶德的表现；先来后上者则是美德品质的表现。① 追溯历史可以发现，我国早在春秋时期就存在"美德"与"道德"相区分的意识。"春秋时代的德目既是美德、德行之目，而它们的否定形式'非一'也是评判、制约社会行为的规范准则。"② "非一"即是道德上禁止的，个体能够做到"不为"，便是一种"道德"境界；但社会道德上提倡的，以肯定形式存在、实践起来有相对难度的，人们通过自我克制努力"有为"，便体现为一种"美德"境界。例如，"大公无私"、"见义勇为"等，作为先进性道德要求，积极践履过程意味着比一般道德行为要付诸更大努力、更多牺牲，具备更多的道德勇气，表现为一种强烈的道德自觉和自律。对于一个在不得已情况下，"被动"排队买票的人来说，他的此时行为是道德的；但对于一个时时处处都主动自愿排队买票的人，则反映着他（她）一贯地、稳定性的优良品质，乃是一种美德。例如，红灯停绿灯行的交通规则，道德主体即使在没有车辆通过的情况下，仍然遵守交通规则停顿等候便表现为一种美德。美德是一种稳定性的品德，是长期的道德行为实践中养成的道德品质。道德评价一个

---

① 也有学者认为先来先上、后来后上的情况下没有道德伦理发生。在日常语境中，当我们谴责后来先上者行为不道德而提醒或要求他（她）"讲道德"的时候，绝对不是要求他（她）先来后上，而仅是要求他（她）遵守先来先上、后来后上的规则。应当肯定不插队、不抢先的道德价值，这也是何怀宏老师提出"底线伦理"的意义。

② 陈来：《古代德行伦理与早期儒家伦理学的特点》，《河北学刊》2002年第6期。

人的行为，美德却侧重于评价一个人的品质。

"美德"与"道德"关系的讨论中，较为普遍认同的观点，仍然肯定"美德"高于"道德"。"道德"属于对人们一般性的、基本的要求，美德的要求则境界更高。例如，通常出于习惯，我们说"公民道德"和"家庭美德"。"公民道德"是指对某国公民提出的具有普遍性、底线性的道德要求，一般不表述为"公民美德"。"家庭美德"指向私德，是个体修养范畴，相比公民道德具有较弱的规范强制性，主要依靠自觉自律，因此，"家庭美德"的说法较为妥当。但因美德与道德之间边界较模糊，区分变得困难且有时没有必要。除了针对性的专题研究，很多场合甚至学术论文中，道德与美德常被混同使用不做严格区分。

2. 关于美德主体概念的理解。美德的核心是人的问题，没有人也就没有美德，任何美德理论都离不开人。但在不同文化语境中，由于对人的理解存在差异，从而对美德主体概念的理解便有所不同。古希腊乃至整个西方伦理中美德主体都是作为独立的实体存在的"个人"概念。亚里士多德的美德概念是最为经典的概念，他说："人的德性就是使得一个人好又使得他出色地完成他的活动的品质。"[1] 美德（德性）指向某个具体的个人，是他圆满完成个人特殊角色的实践活动而展现的卓越品质。例如，哲学家、护卫、生产者在城邦中是不同的社会角色，他们从事不同的社会实践活动，需对应拥有不同的美德（德性）。哲学家的美德是智慧，护卫者的美德是勇敢，生产者的美德是节制。但在中国语境中的美德主体，却不是具体的具备独立实体价值的个人，而是非人格化的"人伦"。个人要在多层次、多维度的人伦关系中才能得到确认，个人的道德性要展现在人伦关系中，失去人伦关系中介和宗法礼仪秩序，个人美德便无从言说。人只是君主、父亲、丈夫、臣子、儿子、妻子，除此之外，什么都不是。美德

---

[1] ［古希腊］亚里士多德：《尼各马可伦理学》，廖申白译注，商务印书馆2003年版，第45页。

价值在于关系所蕴含的伦理意义，而不在于人的个体存在的目的性价值完成或个体现实利益的满足。"自然化的人伦观念突显了血缘地位，使之成为一切人际关系和人的社会关系的'基始'和原型。"① 正是基于对美德主体的概念视差，决定了中国语境中美德的独特性。例如，家族血缘伦理在儒家美德体系中处于优先主导地位，其主要德目均属人伦关系协调型的美德，尤其突出"和"的伦理价值，不主张伸张或淡漠个人权益等。

3. "中国传统道德"概念释义。中国人所言"道德"，从古至今具有非常丰富的内涵。马克思主义伦理学认为，"道德是以善恶评价为形式，依靠社会舆论、传统习俗和内心信念用以调节人际关系的心理意识、原则规划、行为活动的总和。即包括道德意识、道德规范和道德实践。社会意识形态之一。"② 一般而言，道德可分为主观和客观两方面的内容。客观方面，指一定社会对其成员的要求，包括道德原则、道德规范、道德理想等。主观方面，指个人的道德意识和道德实践，包括道德信念、道德情感、道德行为和道德品质等。如果从道德评价的维度去理解，"道德"指好的品德和行为；但从规范意义上去理解，道德是人们以实践活动为根据的某种约束性规定。既然规范是人为的制定，道德规范就有优良与恶劣的性质区分。美德属于道德规范中的优良或说精华部分，恶德属于道德规范中的恶劣或说糟粕部分。基于对"道德"概念的理解和把握，中国传统道德就是在中国传统社会所提倡并被人们广泛认同和践履的行为规范（内含着一定的道德原则和道德理想）。整体来说，中国传统道德一般指以儒家道德为核心的封建社会道德体系。人们对这些规范的内化、践履就体现为一种德行，德行又体现着一个人稳定的道德品质，即品德、品性。

4. "中华传统美德"概念厘定。关于中华传统美德的界定，一是关涉到中华传统美德所包含的内容；二是中华传统美德的时间界定；

---

① 万俊人：《现代性的伦理话语》，黑龙江人民出版社2002年版，第225页。
② 朱贻庭主编：《伦理学大辞典》，上海辞书出版社2011年版，第14页。

三是中华传统美德"美"在何处。栾传大认为"所谓中华民族传统美德，就是中华民族优秀道德品质、优良民族精神、崇高民族气节、高尚民族情感、良好民族礼仪的总和。"① 张同基认为"所谓'传统美德'，是对古往今来被普遍认同为合理的道德规范和行为准则以及优秀的道德品行和美好的道德风范的总称。"② 这样的定义涵盖了中华传统美德的丰富内容，但过于完备，就会使得重点不够突出。实际上，优良的民族精神、崇高民族气节、高尚民族情感、美好的道德风范都要通过优秀的道德品质得以体现，因此，中华传统美德从主观方面主要是指"优秀的道德品质"。谁的道德品质呢？"中华传统美德"可以意指个人具有的道德品质，亦可指向群体的品质，是指群体内所有个人共同具有的道德品质。

首先，从内容维度讲，中华传统美德包括道德规范和道德品质。中国与西方美德主体的概念视差，使得中国语境中的"美德"除了可以指个人的道德品质之外，还可以意指社会的道德规范及其理论。正是在此意义上，我们使用"中华传统美德"的概念。中国的学者大多从美德与道德的关系、中华传统美德和中国传统道德的关系比较中分别界定"美德"、"中华传统美德"的概念。以"美德"与"道德"相比较而界定"美德"概念，是从内容方面肯定"美德"属于道德范畴，包含道德规范和道德品质主客观两个方面。从客观方面讲，中华传统美德主要指一种道德规范。规范说到底由人来制定，而人总是处于具体的时代背景中，受制于具体的政治、经济、文化制度，从属于不同的利益集团，具有一定的阶级和价值立场，时代、阶级以及人认识本身的局限性，使得历史上的道德规范难免存在优良和恶劣之分，或说精华与糟粕之分。从客观方面讲，中华传统美德是优良的道德规范，属于中国传统道德中的合理因素和精华部分；从主观方面讲，中华传

---

① 栾传大：《中华民族传统美德教育研究与实践》，《道德与文明》1993年第4期。
② 张同基：《对弘扬民族传统美德的理论思考》，《宁夏社会科学》2002年第4期。

统美德主要指一种优良的道德品质，是中华儿女表现出来的稳定的、一贯的道德品行。

"中华传统美德"内容的现代表达方式或用两个字或用四个字。中华传统美德，一是在德目范畴的意义上使用，指道德规范；二是指道德主体在道德行为中表现出来的稳定的道德品质，即德性。作为"德目"或道德规范，"如用两个字来表示，比较简明有力"。① 道德规范不仅是要宣传提倡的，而且要民众积极实践的，因此，其表达应该简明扼要、通俗易懂，易记才能易行。如社会主义核心价值观作为基本道德规范的表述，每项都使用两个字的表述形式。"中华传统美德"意指道德个体的德性时，通常我们用四个字的表述形式，既符合现代人的表述习惯，具有时代气息，同时又凸显中国语言的特色和魅力，显现其自身的节律性和美感，增益美德之美感。例如，作为道德规范，我们使用"公忠"两个字表示；"公忠"的规范内化为道德主体的自我道德要求，并外化为稳定的、一贯性的道德行为，也就具备了"公忠爱国"或"精忠报国"之德性。在这四个字的表述结构中，"公忠"或"精忠"体现的是道德主体的行为方式，"爱国"或"报国"则是他们的一种道德境界、道德精神或性格特点的体现。

其次，从时间维度讲，中华传统美德指中国古代传统社会形成的传统美德。部分学者②认为"从时间上看，中华传统美德应该包括古代、近代以及新民主主义革命和社会主义革命时期的革命道德传统。"③ 肖群忠认为中华传统美德的时间节点是 1912 年之前。④ 基于革命道德传统是对传统道德的继承和发扬，中华传统美德是指中国传统道德中的精华内容，本书主要从中国古代传统美德的意义上进行研

---

① 张岱年：《试论新时代的道德规范建设》，《道德与文明》1992 年第 3 期。
② 罗国杰、王易、张博颖等学者皆持此种观点。
③ 张博颖：《关于继承和发展中华传统美德的思考》，《毛泽东邓小平理论研究》2017 年第 9 期。
④ 肖群忠：《中华传统美德的时代价值》，《天津日报》2015 年 6 月 1 日。

究，是指以中国传统文化为背景的历史形态的传统美德。① 中华传统美德中的"传统"从时间维度是指古代，所以就历史时期来说，应该指鸦片战争之前。传统文化对应传统道德，其精华部分属于中华传统美德；革命文化对应革命道德；社会主义先进文化对应社会主义道德。如此，在概念上人们不容易混淆。

"中华传统美德"是一个历史范畴。不同时代，中华民族倡导认同的传统美德有共同之处，也存在各自特殊规定性。首先，不同时代价值标准不同，中华传统美德意指的规范与品质内容就不同。例如，"三从四德"因有利于封建宗法等级社会的政治统治，曾经是传统社会广为提倡、妇女广为践行的传统美德，但当以自由平等的现代价值观、道德观去评判，"三从四德"则属于传统道德中的糟粕，属于恶德。忠君、守贞节也是如此。其次，中华传统美德是一个动态的开放性概念。每个时代的生产生活实践不同，主要倡导的传统美德内容不同。这个时代倡导的传统美德，此后可能被弱化或淡化；而不被这个时代着重推崇的却可能此后被发掘弘扬，中华传统美德始终在动态发展中。但无论如何，这些美德都能从传统伦理资源中找到其源头。例如，公忠爱国的源头在"忠"，孝老爱亲的源头在"孝"，团结友善的源头在"仁爱"等。正是在这个意义上，作为一种优良道德传统的延续，我们称之为中华传统美德。

中华传统美德是一种具有人文力的善美文化。先秦孔子强调"美"与"善"的统一，把"尽善尽美"作为艺术的价值评判标准。"子谓《韶》，尽美矣，又尽善也；谓《武》，尽美矣，未尽善也。"（《论语·八佾》）孔子认为从政者需要具备五种美德。"尊五美、摒四恶，斯可以从政矣。君子惠而不费，劳而不怨，欲而不贪，泰而不骄，威而不猛。"（《论语·尧曰》）孔子所言"五美"是一种"无过"与"无不及"的中庸之德，是内在精神美和外在形体美的和谐

---

① 张同基在《对弘扬民族传统美德的理论思考》一文中认为中华民族传统美德包括两种形态，以中国传统文化为背景的历史形态的传统美德和以近现代中国社会大变革为背景的革命传统美德。

统一。孟子继承孔子思想，把"善""美"相联系，进一步把人格精神视为审美对象，认为能带来审美快感。"齐人无以仁义与王言者，岂以仁义为不美也？"（《孟子·公孙丑下》）一方面，"仁义之美"是指个人内在道德精神能够表现于外在形体。"君子所性，仁义礼智根于心，其生色也，睟然见于面，盎于背，施于四体，四体不言而喻。"（《孟子·尽心上》）有仁义道德之人，自我身心愉悦和美，其面、背、四体皆自然散发着一种坦荡泰然之美。孟子言"充实之谓美"（《孟子·尽心下》），汉代赵岐注："充实善信，使之不虚，是为美人，美德之人也。"（《孟子注疏》）孟子将个体人格分为善、信、美、大、圣、神六等，美德之人需有仁义道德内在品质的充盈，同时表现散发于外在形式，产生真正美感。孟子美善内在一致的观点，对后代学者也产生了颇大影响。北宋张载明确提出，"充内形外之谓美"。（《张子正蒙·中正》），美是内在善的外在表现形式，是内在之质与外在之行的相统一。儒家荀子对"美善"一致观念也有所解释阐发。他提出"夫玉者，君子比德焉。"（《荀子·法行》），以自然对象之美比喻象征君子之美德。玉色柔润、纹理有序的自然属性象征着君子仁义智勇等美德。他进一步阐释善美内在关系，提出"美善相乐"①的观点。美与善互相促进融合，可谓相得益彰。总之，美德以何"美"？根源在于其内在价值性。"美"是无任何外在功利性的，只求内在"得道"。"美""德"合用，突出"德"之崇高、神圣与纯粹，解构了"德"的功利性，强化了德之内蕴中的"得道"、弱化了"得到"。

综上所述，中华传统美德是中华民族在历史发展中形成的、传承至今仍然具有生命力的传统道德中的精华部分和合理内容，是经由现代人的选择，通过扬弃和借鉴而生产、重构的传统道德。就其主要内容而言，是优良道德规范和优秀道德品质的总和；从时间上看，中华

---

① 《荀子·乐论》："乐行而志清，礼修而行成，耳聪目明，血气和平，移风易俗，天下皆宁，美善相乐。"

传统美德指我国先哲创造的传统道德，以1840年前儒家道德为核心，是古代社会调整人与人、人与社会集体以及人与天地万物之间关系的道德理论和道德规范。其特殊性质在于，中华传统美德既是一种行为规范，同时又蕴含着一种道德精神、人伦原理、人生智慧以及人文力，表现为一种具有民族特色的善美文化。

（二）中华传统美德的主要特征

中华传统美德是一个复合型的概念，"中华"是从方位维度指其民族性；"传统"是从时间维度指其由古传承至今，古代传统社会是其根基，现代社会是其继续发挥作用的领域；美德是主要从性质维度指其合理性、科学性、民主性、人民性。具体来说，中华传统美德有以下主要特征。

其一，民族性。民族性是一个民族区别于别的民族的鲜明标志。不同民族的地理环境、文化传统、生产生活方式的不同，使得传统美德自然各具特色。首先，中国是一个内陆国家，四面环山形成天然的屏障，使得它的环境相对封闭，与外域的文化交流相对稀少，保持了独特的文化样态，显现出中华传统美德鲜明的民族特色。其次，中国古代是农耕文明，不同于古希腊的商业文明。传统农业社会，人主要靠天吃饭，掌握和遵循四时运行规律是人能够得以生存的前提条件，由此形成"天人合一"、"天人合德"的思想，主张人同自然的和谐相处。同时由于劳动产品的来之不易，自古中国人便把勤俭视为重要的传统美德。辛勤劳动、自力更生、俭朴节约是中国人最为广泛践行的美德。亚瑟·亨·史密斯19世纪70年代来到中国，在中国居住长达五十年之久，他印象最深刻的就是中国人的节俭。"对西方人来说，中国人节俭的做法确实很难苟同，但是，我们不得不承认这些做法完全是出于纯朴的天性。"[①] 至于中国人的勤劳，他更是从长度、广度和厚度三个维度加以考察和确证，视其为中国人的独特精神标识；再

---

① ［美］亚瑟·亨·史密斯：《中国人的性格》，乐爱国、张华玉译，学苑出版社1998年版，第9页。

次，重视家庭血缘关系，这一点不同于古希腊重视公共生活中的公民关系。中国传统农业社会的劳作形式经常以家庭为基本单位，家庭成员之间的交流互动成为日常中最频繁的事情。同时，家庭也是中国人重要的生活场域，满足家庭成员情感支持和慰藉的需要、物质消费的需要、生活互助的需要，重视家庭伦理关系的观念必定反映在道德自身要求的方面，"孝慈友悌"成为中华传统美德的重要内容。传统农业社会中，文字使用的局限性、人们文化水平的有限性，在长期实践活动中积累起来的经验就是最为宝贵的"知识"要素，从根本上制约着经济生产的效率和效益。先祖们在劳作过程中获得的生产经验，需要在父子之间代代相传承，从而维系着整个社会的经济生产。基于这样的现实基础，"尊老敬长"、"谦恭礼让"成为中华传统美德的重要内容，反映出不同于其他民族的中国特色。勤劳、节俭、尊老敬长、谦恭礼让等美德具有明显的民族特色，而作为伦理学之父的古希腊亚里士多德在《尼各马可伦理学》中讨论了众多关键德目，这些具有中国特色的德目却很少或说几乎没有出现。

其二，传统性。如果说民族性是区别中西美德的标志，那么传统是区别古今美德的标志，"传统"即是非现代性的。传统社会是小农经济社会，自给自足是其主要的特征，农业劳动是其主要生产方式。现代社会已经进入工业时代、信息时代，人们的生产生活方式发生了巨大改变；传统社会是封建专制社会，存在森严的等级制度，任何一个人都以身份贵贱、地位高低、财富多寡等不同被区别对待。而现代社会是主张身份平等、主张个人权利的现代民主社会；传统社会是家族本位主义，而现代社会是社会本位，既主张个人自由、权力和利益，同时提倡集体利益优先的集体主义道德原则；传统社会倾向于对"义"优先性的强调，在现代社会转变为"义利并重"的价值观和道德观；传统社会倾向于重"理"轻"欲"的理欲观，在现代社会转变为物质文明和精神文明同等重要的价值观。中华传统美德的传统性从连续性、传承性角度看，体现为它蕴含着独特的基本精神。概括来说，表现在五个方面：家族本位主义，重视集体主义；提倡仁爱，重视人伦关系；追求道德理想，提升道德境界；重视道德修养，完善道德人格；重视道德践履，体现知行合一。

其三，典范性。"《论语》中大量的语句都体现着比基本'道德'要求更高的人生理想，包含着'超道德'（超义务）的性质。超道德的语式是肯定性、倡导性的语式，但其境界已经超越'道德'的基本要求。"① 孔子关注的并非人的行为的最起码的准则和道德义务，而是士君子的人生理想，美好的人生活动，值得倡导的人生态度。"超道德"即是"美德"。美德的典范性使得它成为理想人格的主要品质。孔子言："君子之德风，小人之德草，草上之风必偃。"（《论语·颜渊》）君子之德是具有超道德性的美德，是精英道德的表现，只有为数很少的部分社会成员才能做到。"《论语》宣讲的对象是国君、家臣和读书人，所讲的道德也是国君、家臣和读书人应该具备的道德，至于普通百姓及其道德问题只是《论语》中若隐若现的配角而已。"② "德不孤，必有邻"。对于占社会多数人口的芸芸大众而言，可能具有一、两个方面的好的品质，但于士君子而言，他们拥有大部分的美德，这些美德之间又互相促进，使得他们在伦理道德方面表现得相对完美，因而彰显自身的高贵之处。在此种意义上，君子有资格与"贵族"一比贵贱，君子的可贵之处不在等级身份、不在权势物力，而在于他的精神高贵。"关乎人的美德的生活，它折射的是人类的优异性，绝不是'为快乐而求快乐的生活'。"③ 君子成为人们效仿的道德榜样和文化精英，成为引领社会道德风尚的先进人物。

其四，审美性。美德在何种意义上被称为"美"，可能源于在德行中表现出一种"美"的形象，这个形象是落落大方、肃穆庄重、端正可亲的形象；还可能源于德行中表现出一种牺牲性的壮美；还可能源于人们对善的期许，使得善美德观念统一起来，把可赞赏的善的德行称为美的德行。"确证一个东西是不是审美对象的唯一标准是确

---

① 陈来：《古代德行伦理与早期儒家伦理学的特点》，《河北学刊》2002年第6期。
② 贾新奇：《论德治论的传统形态与现代形态》，《天津社会科学》2007年第3期。
③ 戚万学：《道德教育的文化使命》，教育科学出版社2010年版，第264页。

证感。由于美是要靠美感来确证的，因此美感就是确证感；而为美感所确证的美，也就是能够确证人是人的东西。"① 人最早在劳动中，在认识改造世界的实践活动中得到人之为人的确证，因此艺术和审美起源于劳动。马克思说："动物只是按照它所属的那个种的尺度和需要来构造……人也按照美的规律来构造。"② 美是能够确证人是人的东西，而德性恰恰是人区别于动物性的一种确证，由此我们便很容易在德行之中获得喜悦感和美感，他喜悦，源于德行能够满足他确证的需要。陈来先生所言"性情之德"就是"形式性的德性"，追求的不是伦理关系的特殊规范，而更多的是人格、性情的一般完美。③ 这些形式性的德性与伦理或道德之德相结合，就使得德行具有了审美性。中华传统美德作为美德表现出的审美性是内容与形式相统一、感性与理智相平衡，内在与外在相协调的和美状态，符合中国人善美统一的审美传统。

美德的审美性，一方面在于行为者主体在行为中伴随着愉悦感；另一方面在于作为同类旁观者由心理上认同而获得视觉上美感。概言之，中华传统美德审美性，一是从道德规范角度理解，意指中国传统道德的精华部分，从性质上判定，它是美与善的统一；二是从道德主体德行外在表现理解，彰显出行动之美，是美好品质；三是从评价者角度理解，它能带来利益和快乐，因此是受人称赞的。"在中国语境下的美，直接与利益、快乐相联系，这也昭示我们美德的理解必须在这个基本的前提下进行"④。美德并不排斥利益，当然美德带来的利益不是个体的自私自利，而是带给他人与社会利益，带来人类总体利益增长。

其五，高渗性。中华传统美德的高渗性，一是指其渗透范围之广，二是指其影响时间之久远。中华传统美德几乎渗透在人们社会生

---

① 邓晓芒：《中西文化视域中真善美的哲思》，黑龙江人民出版社 2004 年版，第 383 页。
② 《马克思恩格斯文集》（第 1 卷），人民出版社 2009 年版，第 163 页。
③ 陈来：《古代德行伦理与早期儒家伦理学的特点》，《河北学刊》2002 年第 6 期。
④ 许建良：《析论中华传统美德的本质》，《当代中国价值观研究》2016 年第 6 期。

活的方方面面。人们的吃、穿、住、行、用,无一不被纳入"美德"的范畴。《礼记·乐记》有言:"乐者,通伦理也。"美德无处不在,就连艺术音乐也要发挥"文以载道"的"正人心"作用。诗词歌赋、戏曲评书、神话传说、节日礼俗,雕塑壁画、门楣匾额、条幅堂联、古玩字画、谣谚俚俗无不渗透着浓厚的道德意味。甚至,我们会发现在中国男性的名字当中与传统美德相关的字也占据很大的比例,比如:忠、仁、义、勤、勇、信、诚、孝、俭、德、善等,常常广为使用。传统美德以儒家道德为核心,而儒学的影响范围不仅局限于传统社会,还远远扩及我们时下的现代社会。邓晓芒自我定义说,"我是批判儒家的儒家"。"我本人其实骨子里奉行的还是儒家的做人原则,这不光是指我在日常生活中待人接物的方式,而且是说就在我大力批判儒家思想的时候,我也是本着儒家精神在尽一个中国传统知识分子的职责。""一个现代学者完全摆脱儒家精神几乎是不可能的。"[①] 传统美德观念已经渗透在中国人的血液中,对良善政治的诉求、对美好家庭的呼唤、尊重人的价值和追求理想人格、崇高德性等等,已经成为我们每个人的向往和期盼。正如印度古诗《沙恭达罗》所言说:黄昏的树影再长也离不开树的根。时代变迁,人们的理想和追求随之变化,但"无论我们今天希望有什么样的美好生活,有一点是肯定的,发源于传统小农社会的儒家伦理是我们不能舍弃的根"。[②]

二 中华传统美德的历史演变

中华传统美德是在中华民族的历史长河中逐渐形成与完善起来的。虽然,中华传统美德是中国传统道德的精华部分,但我们无法把它的历史演变与传统道德的历史演变相剥离,它们在同一过程中形成、完善和发展(只是需要我们能够清晰识别哪些属于中华传统美德)。先秦时期是中华传统美德的形成时期,奠定了大致的轮廓框架;

---

① 邓晓芒:《批判与启蒙》,崇文书局2019年版,第3—4页。
② 崔宜明、朱承:《中国伦理十二讲》,重庆出版社2008年版,第47页。

汉代形成较为完备的道德体系；宋明时期，得到了进一步的发展，但对传统美德的解释也出现了片面化、绝对化的倾向。

（一）先秦时期中华传统美德体系初步形成

中华民族道德文明的肇端源于周代的礼乐文明。在西周时期，孝、礼、仁等已经作为"德"被人们广泛认同并践行。在周代金文以及《尚书·周书》中，孝字已多次出现，说明孝已成为流行的道德观念。礼字虽少见于金文，但周初的宗教祭祀活动中"礼"的仪文已蕴含着道德性的要求。钱穆先生对"礼"的演化作过这样的逻辑推理和说明："中国古代的宗教，很早便为政治意义所融化……宗教上的礼，亦渐变而为政治上的礼"，而"中国古代的政治，也很早便为伦理意义所融化……因此政治上的礼，又渐变而为伦理上的"。[①] 至于仁，《诗经·郑风·叔于田》中有"洵美且仁"，《齐风·卢令》中有"其人美且仁"的表述。虽然这两个仁字的含义与后来的仁的含义有所区别，但"仁"已成为"德"的要求。

春秋时期，除继续发展西周诸种德性之外，"忠"、"信"德目逐步形成并盛行。《礼记》中有言："周人之王教以文，其失薄，救薄之失莫如忠"。（《礼记·表记》）周之后，出于"承衰救弊"的历史需要，客观上要求"忠"德从"孝"之母体中分离出来。由是，忠在春秋时代被视为美德，即："忠，德之正也"（《左传·文公元年》），"忠为令德"（《左传·成公十年》）。再者，《左传》《国语》中已屡次言到"信"，且在道德体系中处于十分重要的地位。他们认为"信，德之固也"（《左传·文公元年》）。《吕氏春秋》中有《贵信》篇，该篇更是将信视为天道："天行不信，不能成岁；地行不信，草木不大。……天地之大，四时之化，而犹不能以信成物，又况乎人事？"这里将信升为天道，目的在于以天行比喻人事，证明信对人而言应是基本的人际交往准则。孔子也强调忠信之德，《论语》有记载："子以四教：文、行、忠、信"（《论语·述而》）。孟子曰：

---

① 钱穆：《中国文化史导论》，商务印书馆1994年版，第72页。

"仁义忠信，乐善不倦"（《孟子·告子上》），盛赞忠信是上天赐予的"天爵"。老子认为"夫礼者，忠信之薄，而乱之首"（《老子·三十八章》），旨在批评当时社会忠信之德的薄弱。

儒家学说的核心是道德，作为儒家学说的创始人，孔子提出丰富而较为全面的道德规范体系和一系列具体德目，仁与礼是其道德理论的核心。孔子有感于他所处的时代是"礼崩乐坏"的时代，决心制礼作乐以恢复周礼。"礼"是中国伦理道德中出现最早的范畴与德目之一，孔子对三代之礼有所损益而继承之，强调"克己复礼为仁"（《论语·颜渊》）。而"仁"是孔子伦理思想的核心范畴，也是孔子根据时代的新需要而进行重点阐发的伦理观念和德目。他援"仁"入"礼"，为礼乐文化提供了内在的生命力和感情基础，使礼由外在的制度和规范而演变为一种内在的德性，即美德。"智、仁、勇"是《中庸》中提出的"三达德"，是对孔子提倡的主要美德范畴的总结和概括。"知、仁、勇，三者，天下之达德也。"（《中庸》）"达德"意指通行天下的德性，具有普遍价值的意蕴，且是很难达到的德性。"子曰：君子道者三，我无能也，仁者不忧，知者不惑，勇者不惧。"（《论语·宪问》）三者之中，仁是核心，是一切道德规范的总原则，是一种"爱人"的基本情感；智是道德知识和道德智慧，有助于仁德的选择和实现；勇是实现仁德的必要勇气，是指向道德实践的道德意志力和道德信念，没有前提性的道德认知和实践过程中道德意志力的坚持，仁德无以保障。"三达德"的说法，表明在孔子思想中，仁作为美德是一种道德实践，它并不仅仅停滞在"爱人"的情感层面、动机层面。"子曰：好学近乎知，力行近乎仁，知耻近乎勇。"（《中庸》）好学、力行和知耻是实现"三达德"、养成三种美德的基本路径。爱人之心仅仅是促进仁行的情感动力源，仁德的养成需要凭借日常的身体力行、躬行实践，把内在的爱心外化为伦理关系。此外，除了突出仁和礼为首要的核心德目，强调忠、信、智、勇，孔子经常提到的德目还包括孝、义、恭、宽、敏、惠等等。

孔子之后，"儒分为八"，被称为"亚圣"的孟子是孔子思想的重要继承者和儒家思想的重要代表人物。孟子以"人性善"立论，提出"四端"和"四德"的德目体系以及"五伦"的道德规范，在孔子之后影响比较大。他认为人性本善，人生下来便存有四心，恻隐之心、羞恶之心、辞让之心、是非之心。"四心"对应着"四善端"：仁、义、礼、智。"恻隐之心，仁之端；羞恶之心，义之端；辞让之心，礼之端也；是非之心，智之端也。"（《孟子·公孙丑上》）由于封建宗法血缘关系的宰制，人伦关系是传统社会伦理思想家最为强调和注重的人与人的关系。孟子从当时社会结构的特点出发，概括出君臣、父子、夫妇、长幼、朋友关系为最重要、最基本的五伦，提出"君臣有义、父子有亲、夫妇有别、长幼有序、朋友有信"的"五伦"思想。

此外，春秋时代齐国的管仲提出"四维"，虽不为儒家学者所表述，但对后世仍有较大的影响。"国有四维，一维绝则倾，二维绝则危，三维绝则覆，四维绝则灭。倾可正也，危可安也，覆可起也，灭不可复错也。何谓四维，一曰礼，二曰义，三曰廉，四曰耻。"（《管子·牧民》）"礼义廉耻"是支撑国家大厦的四根擎天支柱，也即是治国的四条根本道德原则，具四维则国存兴，四维不张则国灭亡。"四维"主要是倾向于从政治伦理的维度来讲的。强调"廉"的重要是管子美德思想的一个特点，儒家在这方面所讲并不多。"耻"是被儒家重视的，但并未作为一个道德规范或道德范畴出现。管子的"四维"构成传统道德体系的又一重要精神资源，对后世也产生了广泛的影响。

（二）汉代形成较为成熟完备的美德体系

为巩固汉的统一局势，董仲舒建议"罢黜百家、独尊儒术"。从神学目的论出发，他提出"三纲①五常"学说，并系统论证了其合理性。至此后，"三纲五常"成为中华民族两千年封建统治社会的重要

---

① 三纲的雏形建构于《仪礼》和《韩非子》。《丧服子夏传》中有"父至尊也"、"君之尊也"、"夫之尊也"的表述；《韩非子·忠孝》中有言：臣事君、子事父、妻事夫，三者顺则天下治，三者逆则天下乱，此天下之常道也。"君为臣纲"等三句话出现于西汉末年的《李纬·含文嘉》，但"三纲"一词的表述始见于董仲舒著作。

道德原则和基本规范，为后代社会公认和提倡，被视为最为重要、最为基本的"美德"，甚至成为中国占统治地位的儒家道德的代名词。

为树立三纲五常的道德权威，使其被社会普遍认同，董仲舒极力从理论上论证三纲五常的必然性、神圣性和永恒性。他说："王道之三纲可求于天"（《春秋繁露·基义》）。"三纲"即"君为臣纲，父为子纲，夫为妻纲"。"纲"原意指网罗上的总绳，具有纲举目张、带动全局的作用，引申为总要、法则。三纲的基本精神就是要求臣、子、妻对君、父、夫的绝对服从，前者处于支配、统帅的地位，为后者的榜样和表率。可见，"三纲"对维护封建统治秩序具有重要的作用。"三纲"的具体化就是忠、孝、贞节三种美德。随着君主专制的中央集权逐渐强化，忠君观念在汉代不断强化，忠在古代道德体系中的地位日益突出。当忠孝不得两全、兼顾时，东汉人往往服从于忠①，而在先秦往往重孝。同时，这一时期出现了"忠"下移的现象，即强调下级向上级尽忠。

另外，为了补充三纲，全面规范古代社会的人际关系，东汉官书《白虎通》还提出了"六纪"。具体化的道德要求就是"诸舅有义，族人有序，昆弟有亲，师长有尊，朋友有旧"（《白虎通·总论纲纪》）。显然，六纪所涉及的人际关系比"五伦"更为宽泛，它延伸、覆盖至诸父、诸舅、族人、师长等关系，更有助于全面协调各种人际关系、规范人们几乎所有的日常交往行为。但就道德地位而言，"六纪者，为三纲之纪者也"（《白虎通·论纲纪所法》），六纪是对三纲的补充，处于三纲的从属地位。《白虎通》的这一特别说明更为凸显了三纲的地位。

"五常"② 即"五常之道"，是指仁义礼智信五种普遍的、恒常的

---

① 《后汉书》书中记载的李忠、邳彤、赵苞的事迹都表明，自汉始忠孝不能两全时往往重忠。

② 西汉初期的贾谊将仁义礼智信五者并列。他说："人有仁义礼智信之行"（《新书·六术》），但未展开论述，也没有明确称为"五常"。"五常"作为一套道德规范体系，由董仲舒正式提出。

德性。它是中国古代社会最为通行的社会道德规范，几乎成了中国传统道德的代称。董仲舒向汉武帝建议："夫仁，谊（义）、礼、知（智）、信五常之道，王者所当修饬也。"（《举贤良对策》一）"三纲"是维系等级制度和集权专制的三条绳索，"五常"则是缓和人与人之间矛盾冲突的行为准则。五常的提出与确立，使得三纲的实现有了具体的道德规范保证。董仲舒对"五常"各德目，比之前的孔孟做了更为具体详尽的阐述，并提出自己的一些新见解，使得这些道德规范的内涵更为饱满、丰富。经由朝廷官书《白虎通》的正式确认和提倡，此后，"仁、义、礼、智、信"五者成为中国古代社会最为通行的五种道德规范。上至达官显贵，下至黎民百姓，对所有人而言，这五种美德是个人安身立命之本，缺一不可。汉代扬雄在《法言》一书中，将"仁义礼智信"五者生动形象地比喻为百姓日常中接触到的"宅"、"路"、"服"、"烛"、"符"，意喻"五常"在人们日常生活中处于基础性、本根性的重要地位。"仁，宅也；义，路也；礼，服也；智，烛也；信，符也。"（《法言·修身》）显然，五者之中所处之宅、所由之路、所饰之服，对百姓生活更为根本和必需，对应于五常，也就更为强调仁、义、礼三个德目的本根性，其次才是智与信两个德目。

至汉代三纲五常的形成和系统化，可以说发端于周代的传统道德在思想理论观念上业已完成理论创造，这是中国道德变迁史上的大事，并长期影响着后世社会。由此，也确定了以忠、孝、节、仁、义、礼、智、信为核心德目的传统美德体系。汉代之后，传统美德的核心内容即是根据时代变迁和实践的需要，有所强化、增补与发展。

（三）宋明时期及其之后的进一步发展

历史上，人们不仅重视"三达德"和"三纲五常"，同时也高度重视《管子》所述"四维"。在宋代，逐步形成了"孝悌忠信、礼义廉耻"所谓"八德"。自从汉代，古人重视"孝"的传统延续至宋，人们仍然比较强调家庭伦理的价值和功能，"八德"德目中，首推"孝悌"德性；处理社会人际关系中，春秋时期重视"忠信"的道德传统被宋代继承并得到强化；处理社会政治关系中，"四维"之"礼义廉耻"被视为重要的道德规范，是治国的纲纪准则。

自从宋始，随着"三纲"意识的逐渐强化，体现三纲的忠、孝、节越来越受到统治者及其思想家的大力提倡和推广，同时也被社会民众所广泛认同，视作为至高的首要美德。当然，从传统美德的角度，对于忠、孝、节，我们需要加以剖辨，予以合理的否定和肯定。同时，我们应该清楚的是，虽然三纲的精神宗旨在汉代已被广为宣传和提倡，但诸多思想家仍坚持认为"民者，国之本也"（《淮南子·主术训》）；《汉书》中提出"父不父则子不子，君不君则臣不臣"的道德义务对等的主张；董仲舒的哲学体系中，"天"乃是宇宙间至高无上的主宰，君主之上有更高、更尊贵的存在。所以，他既讲"以人随君"，又讲"以君随天"（《春秋繁露·玉杯》）。应该说，这些不尽合拍的民本思想、人际关系双轨性的道德规范要求、以"天"约束君权的思想至少是不利于君权、父权绝对化的因素，势必构成绝对化的障碍和阻力。但宋至明中叶，随着君、父、夫权进一步强化，忠孝之德逐渐被绝对化、片面化，忠成为最高道德，愚忠、愚孝、愚贞、愚节现象日益增多。这就是朱熹所说："臣子无说君父不是底道理"（《朱子语类》卷十三），"天下无不是底父母"（《四书章句集注》）。

对于"五常"道德规范体系，宋代的思想家作了进一步的整理和阐释。他们对这些美德规范的基本含义和实践要求作了更为具体、深入、系统、详细的说明和阐发。除了五常，他们还阐释了忠、孝、诚、耻、勇等诸多美德条目。朱熹系统论述了五常的本末、主次关系，把"仁"看作五常之首、诸德之源。他认为仁的内容是爱，仁者无所不爱，这样就把仁与公联系起来，认为"公而无私便是仁"（《朱子语类》卷六）。通过宋代思想家对五常内在相互关系的说明和论述，以及对五常的重新梳理，使得五常体系更加完善。

到了明代，之前内含"公忠"的忠德窄化为忠君之德被推向极端。经由理学家的宣传和维护，忠君观念业已深入到社会底层、普及于民间，当时历史上出现了大量"民殉君"的事情。明清之际，虽然有少数启蒙思想家对三纲和某些传统观念进行了尖锐的批判，但总体上对社会的影响并不大。至清代，由于君权继续强化，清代君主专制已发展至登峰造极的地步，政治上、文化上奉行高压政策，使得以三纲为核心的旧道德不仅没有被削弱，反而其控制力更显强大。总之，明清及之后，民众生活实践中备受推崇的乃是忠、孝、节、义四种美德。在朝忠君，在家孝亲，为人臣持守政治节操，为人妇坚守贞操，与人交往要守义行义，成为当时社会的流行用语。在明清思想家论著、小说、戏曲弹词中，甚至日常生活的牌匾、钱币、器皿上，都可以发现以物化形式体现着的民众对这几种美德的认同和追求。

三　中华传统美德在古代社会的重要性

伦理道德问题从来都不只是理论和概念的问题，而是从人类具体的生活生产实践中生发出来的问题。中华传统美德的核心问题仍然是人的问题，脱离了人这一终极性的目标，再完善的美德理论也不过是凌空蹈虚。正是由于传统美德和中国传统社会的内在相契合，才使其成为范引传统社会人们大部分行为的主要伦理价值体系。中国古代社会可谓是伦理型社会，德性的力量如同空气般渗透到社会生活的方方面面，整个社会政治生活、法律制度和臣民日常生活都处于德性力量的统摄之下。

（一）传统美德是古代人之为人的确证

首先，是否具有美德是人与动物相区别的标志。人既是认识的主体，也是认识的对象。随着人类的自我、自觉意识的觉醒，人们开始思考"人"自身的问题——人到底是什么？人应该怎样存在？中国人习惯于从"关系"中思考人、界定人。动物或说禽兽是与人最相接近的存在物，动物与人一样可以移动、可以活动；动物同人一样有欲望，需要通过食物提供营养，部分动物也需要通过性进行繁殖；动物同人一样，有生有死，有生长、发育和衰老的过程，存在一个生命周期。但古代人认识到需要从人与动物的不同点出发确证人的高贵之处，确证人之为人的特征。传统社会，人们认为"美德"是人之为人的唯一确证。"人禽之辨"是当时主要的哲学、伦理学议题。孟子提出人性本善，人之为人在于人有四心，无恻隐之心非人也，无羞恶之心非人也，无辞让之心非人也，无是非之心非人也。（《孟子·公孙丑上》）人的存在不是生理意义上的存在，而是社会意义、道德意义上的存在。如若缺乏人之四心，即便有人的外形、人的生存和生活习性，仍然不是应然意义上的"人"，不是大写的"人"。因此，中国古人理解的人，从完整意义上是"道德人"。孟子批评不行"仁义"之人是禽兽。"杨氏为我，是为无君。墨氏兼爱，是无父也。无父无君，是禽兽也。"（《孟子·滕文公下》）荀子虽然与孟子在人性问题上观点相对立，他认为人性本恶，但同样认为人与动物的区别在于人的道德性。"水火有气而无生，草木有生而无知，禽兽有知而无义，人有气、有生、有知，亦且有义，故最为天下贵也。"（《荀子·王制》）人不同于"水火草木"，不同于"禽兽"，人不仅有生命、感知，人之尊贵之处在于"有义"。"自然人"仅仅是潜在意义上的人，要成为真正意义上的"人"，则需要接受社会的道德教化和自身的道德修养，符合社会行为规则要求而实现人的本质特征，即"成人"。这个过程借用弗洛伊德的话语表达即是"超我"对"本我"的否定过程，是实现生命意义的过程。总之，"在传统道德中，人只不过是道德价值符号的抽象，被本体的绝对伦理精神所规定"①，是"道德关系的抽象"。

其次，实践传统美德是通往自由之路。孔子用"吾十五有志于学，三十而立、四十不惑、五十知天命、六十而耳顺，七十而从心所欲，不逾矩"（《论语·为政》）来描述和概括他实现自由人生的全过程。当一个人把所有的道德规范内化于心，由外在约束性变成一种符合自我意愿的自觉需要，就会全然感觉不到道德的压迫性和强制性，这时候便达致一种道德自由状态，真正显现出康德所说的"人为自身

---

① 张怀承、邓名瑛主编：《中国传统道德文化的现代转型与创新研究》，湖南师范大学出版社2013年版，第237页。

立法"。

最后,追求传统美德自身就是至善。美德何以必要,也许是所有伦理思想家都要解决的理论问题,只有这个问题的圆满解答才能使道德存在的合理性得以确证。大体上,有两种观点。一种观点认为,人人都追求幸福生活,而道德是实现幸福人生的手段,即"德福一致";另一种观点认为,美德本身就是幸福,美德自身自成目的,无论实践美德带给人生多少不完美,或贫穷或卑贱,仍旧是幸福的人生,即"德福同构"。中国古人对追求传统美德的看法和认识,显然属于后者的观点。道德或美德是中国传统社会人们生活的绝对模式和终极目的,并非是人们追求幸福的重要手段。颜回"一箪食,一瓢饮,在陋巷",仍能乐在其中(《论语·雍也》),无它,"三月不违仁"、"造次颠沛必于是"本身就是一种幸福。

(二)传统美德是维护封建统治的重要手段

《大学》中有"格物致知,诚意正心,修身治国平天下"的八条目之说。这就是说,治国理政或说维护封建政治统治的重要手段是凭借美德的力量。一方面,统治者阶层需要依靠美德实行仁政,从而方能得民心。孟子认为,"三代之得天下也以仁,其失天下也以不仁,国之所以废兴存亡者亦然"(《孟子·离娄上》)。只要统治者推恩于民,得到民心归顺,统治者就可以永葆社稷,称王天下。在"为政以德"观念的倡导下,一些贤明的君主,能够考虑百姓的生活疾苦,减轻对民众的盘剥,通过改革发展农业生产,缓和了阶级矛盾,促进了社会的和谐和稳定。另一方面,通过制度化甚至法制化的道德教化,使民众具备传统美德,成为"不好犯上"的顺民。"其为人也孝悌,而好犯上者,鲜矣;不好犯上,而好作乱者,未之有也。"(《论语·学而》)从孝悌入手,成就以"仁"为核心的道德品质,是控制百姓"犯上作乱"的思想武器。为此,传统社会特别重视教化的作用,重视民众美德品质的养成。孟子为解答梁惠王为政的困惑,他提出"谨庠序之教,申之以孝悌之义"(《孟子·梁惠王上》)的"王道"主张教育内容主要是以孝悌为根本的仁义美德。到隋唐之后,随着教育规范化、体系化的发展，建立起了相当完善的道德教化体制。从幼儿的蒙学，到各种官学、书院、民间学堂等教育机构，到乡规民约、俗训宣教之类的社会化大众教育，辅以科举制度、祭祀与旌表制度的正向引导，使得社会上所有的民众都有接受道德教化的渠道。通过教化，民众养成美德，最终能达到"正人心"的效果。道德观念一旦深入人心，人们就把许多原本不合理的统治现象视作是合理合法、合乎情理的正当行为，从而能够自觉遵守道德规范，普遍追求一种"安贫乐道"的生活，少有"犯上作乱"。

（三）传统美德是进行社会治理的重要凭借

德治与法治是社会治理的两种基本途径。对道德和法律在社会秩序维护中所发挥作用的认识不同，往往一个社会和民族对道德和法律的重视程度不同，在社会治理手段的选择上也表现出某种偏好。在中国传统社会，儒家思想一直占据重要的主导地位，尤其是汉代董仲舒之后，"罢黜百家、独尊儒术"，中国人深受儒家思想观念的熏陶和浸润。儒家思想主张道德是社会正常运行的基本保障，一个国家或民族的道德问题解决了，所有的社会问题就会自然而然得到很好的解决。

中国古人认为，保持社会秩序的和谐稳定，关键要处理好人与人的关系。对于宗法血缘制的传统社会，家庭关系的和睦最为根本和重要，由此，家庭美德伦理尤被传统儒家思想所强调。孟子讲"五伦"，其中"三伦"（父子有亲、夫妇有别、长幼有序）都是家庭伦理。但家庭内部的团结一致只是维护社会秩序的必要条件并非充分条件，如果所有家庭联合起来进行起义与反抗，显然社会也将陷入混乱和无序状态，这就要求除却诉求家庭美德之外，还需要其他领域美德的支持，共同发挥作用，维护社会安定。明智的伦理学家，提出限制统治阶级行为的美德要求，最为典型的是孟子提出"仁政"的主张。"王如施仁政于民，省刑罚，薄税敛，深耕易耨，壮者以暇日，修身孝悌忠信，入以事其父兄，出以事其长上。可使制梃以挞秦楚之坚甲利兵矣。"（《孟子·梁惠王上》）孟子劝导统治者宽厚待人、施以恩惠，才能争得民心，维护社会稳定。《管子》提出礼、义、廉、耻四种美德是国之四维。"一维绝则倾，二维绝则危，三维绝则覆，四维绝则灭。"（《管子·牧民》）四维不张，国乃灭亡。礼义廉耻犹如支撑国家这座大厦的四根擎天大柱，为防止国家倾斜、危险、颠覆、灭亡的衰弊，任何"一维"皆不可或缺。"礼义廉耻"虽然是对当时所有社会成员提出的普遍伦理要求，却主要是针对执政、在位、当权者提出的政治美德。在当时的专制社会，尽管对统治阶级的美德要求发挥的效力非常有限，但某种程度上对民众利益的适当考虑，也在客观上起到了维护社会稳定的积极作用。

总之，在中国古代传统社会，在处理人自身与外在客观世界关系时，中国古人强调"天为德本"、"以德配天"、"天人合德"，强调人道合于天道，通过个体德性的扩充最终达到与天地参的境界；行政法律制度上，援"德"入政、援"德"入刑，强调"为政以德"以及"道之以政，齐之以礼"；人际关系方面，强调以孝悌为德之本，以仁、义、礼、智、信为人际关系中所遵循的交往准则；在个体修养过程中，强调人人"尊德性"。外国人以宗教的视野看待中国的儒家道德，认为"儒教以其精明的观察和深邃的格言对每一个中国人的心灵投射了一道哲学常识的色彩，影响其终生，不管他是蒸汽弥漫的地下室中的普通洗衣工，还是身居深宫高墙之内的一方诸侯。"[①] 中华传统美德在中国古代社会生活中发挥着极其重要的作用，绵延两千多年的中国文明史，无时无刻、无人无事不在传统美德的光照之下。

第二节 近代以来的曲折境遇

进入近代以来，伴随着整个社会大变革，中国传统伦理道德走上

---

① ［美］房龙：《人类的故事》，胡允桓译，生活·读书·新知三联书店2010年版，第241页。

了近代转型的道路。其间，传统美德在20世纪初期、中叶和末期的境遇折射了传统伦理道德近代转型及传统美德传承发展的曲折。

一 20世纪初叶传统美德的境遇

1840年鸦片战争失败，国人重新思考中国在近代落后的原因。从维新派到新文化运动的倡导者，他们一致认为，缺乏自由、平等、博爱等资产阶级价值观念是近代社会落后挨打的深层次原因，这就使得中国传统文化和传统美德在东西文化比较中面临严峻的挑战。

反思近代中国落后的原因，经历了一个逐渐内进的过程。西方国家的"坚船利炮"是中国人最直观地感受到的"器物"层面的落后。洋务派的"师夷长技以制夷"便是吹响了从"器物"层面向西方学习的号角。但洋务派实践遭受失败的现实，使国人意识到仅仅从器物层面学习西方的先进科学技术，仍旧无法改变中国的落后和亡国的命运。由表层的"器物"，他们反思到深层次的"制度"层面。任何技术的发明和应用总是受制于一定的社会制度，如若制度层面不能加以变革，再先进的科学技术也无法在中国社会深植扎根。洋务运动之后，维新派主张社会制度的变革，以实现救亡图存的目的。事与愿违，在各种势力、各个利益团体的斗争和较量中，维新派最终也没有达到预期的愿望。从"器物""制度"层面，仍旧无法挽救中国的衰败命运，于是，人们的反思继续内进。制度是由人来制定的，且由人来执行、遵守，制度才能有效发挥作用。没有多数民众的民主政治觉悟，没有一种能赋予民主制度以强劲生命力的广泛心理基础，是不可能组织起真正的"西洋式"民主社会的。这样，向西方寻求真理的人们开始由器物和制度层面楔入到人的文化心理层面。继谭嗣同提出"冲决网罗"，梁启超提出"新民说"，严复倡导"开明自营"之后，新文化运动的先锋陈独秀提出道德觉悟为"最后觉悟之觉悟"，鲁迅提出改造"国民性"的思想，这些都指向国民的文化心理、伦理观念和国民德性的重塑和改变。

五四时期的批判不同之前对传统的政治批判，而是专注于文化批判，批判传统文化不适合现代社会生活。他们倡导一种新文化、新道德，其价值理念是以自由、进步、民主、平等为价值理念，而这些恰恰是传统中所缺乏的。陈独秀、李大钊、吴虞、鲁迅等人都试图通过批判中国传统来摧毁传统道德戒律的羁绊，以便使个人的社会地位显突出来。"五四反传统主义者以为个人主义的诸价值对于促进民族主义目标的实现，能发生有效的功能。"① 他们深刻剖析孔学内在的缺陷及其实质，从压抑人性的角度主要针对封建道德体系的三纲进行道德文化批判。陈独秀认为，三纲是孔学的核心思想，"孔教的教义，乃是教人忠君、孝父、从夫。"②"缘此而生金科玉律之道德名词，曰忠，曰孝，曰节，皆非推己及人之主人道德，而为以己属人之奴隶道德也。"③ 李大钊说："看那二千余年来支配中国人精神的孔门伦理……那一样不是损卑下以奉尊长？那一样不是牺牲被统治阶级者的个性以事治者？那一样不是本着大家族制度下子弟对于亲长的精神？"④ 鲁迅在《狂人日记》中借"狂人"之口，以文学的形式揭露了封建礼教的"吃人"本质。他说："歪歪斜斜每页都写着'仁义道德'几个字。我横竖睡不着，仔细看了半夜，才从字缝里看出字来，满本都写着两个字'吃人'！"他们认为孔子所倡导的道德是封建时代的旧道德，已经完全不能适合现代人的生活，至于所垂示的封建礼教，更无益于多数国民之自由、幸福的实现。这些论说体现的是新旧道德观念、新旧文化、传统与现代之间的冲突与对峙。"打倒孔家店"的口号，更是对儒家伦理道德进行了彻底清算，几乎孔子所有的伦理思想均被视为封建时代的糟粕，要捣烂、打破，统统抛弃掉。这样，以儒家伦理为核心的传统道德便被当作"革命道德"的对立面轻而易举弃绝了。正如林毓生先生所言："五四式的反传统思想……

---

① 林毓生：《中国传统的创造性转化》，生活·读书·新知三联书店1988年版，第164页。
② 《独秀文存》（卷1），上海亚东图书馆1934年版，第150页。
③ 同上书，第45页。
④ 《李大钊文集》（下），人民出版社1984年版，第178页。

主要是因为情感上，对中国传统某些点面的深切厌恶，而理知上，不能从中国传统的一元论的有机思想模式的影响中解放出来的缘故。因此，对中国传统中某些点面的厌恶，变成了对中国传统整体的否定。"① 由批判点面，从而走向批判整体全部，这种武断的不加分析的做法既丧失了道德文化丰厚的"历史资源"和"本土资源"，也决然打断了中国道德文化谱系的一贯性和连续性。

"五四"新文化运动对传统道德（传统美德）批判的目的可以理解，但告别传统的方式及其带来的文化后果却令人忧思。"告别传统的真正含义应当被理解为超越传统文化和传统道德的既定价值观念框架，通过理性的批判重构，实现其由传统向现代的创造性转型，而不是斩断文化和道德的传统命脉。"② 但对于进步主义观点来说，传统必定包含着阻止社会发展进步，阻止把科学、理性和民主运用于人类事务中去的全部因素。只有彻底地反传统，让传统性让位于理性和科学知识，传统文化和道德以旧文化、旧道德的身份销声匿迹，才能使它维持的所有邪恶也都全然消失。林毓生评判陈独秀说："在陈独秀看来，孔教传统没有改革（或转变）的内在能力……作为整体性的中国传统的继续性问题，唯一的抉择就是革命——全部摒弃这个传统。"③ 事实上，五四新文化运动时期道德革命的弱点，在于不懂旧道德在现代的社会生活中仍有可取之处，仍然包含着富有生命力的内容，而简单要求用全新道德完全取代旧道德、抛弃旧道德，由此，否定了传统道德的继承性。对传统道德的反省、解剖和批判是道德文化重建的第一步，"置于死地"本身不是终极目的，"后生"才是关键。建立适合于中华民族现代化进程的新文化结构，进一步探寻新时代条件下传统道德发展转化机制，是我们需要去努力完成的未竟之事业。

---

① 林毓生：《中国传统的创造性转化》，生活·读书·新知三联书店1988年版，第312页。
② 万俊人：《现代性的伦理话语》，黑龙江人民出版社2002年版，第375页。
③ [美] 林毓生：《中国意识的危机》，穆善培译，贵州人民出版社1986年版，第126页。

当然，还有三点必须说明。其一，五四新文化运动时期，这些新学家们虽然把由三纲直接派生的忠、孝、节称为"奴隶道德"进行了猛烈批判，但仍然对某些合理的道德观念进行了肯定。比如，并不否定对父母的敬养。陈独秀还主张通过提倡和发扬诚信、勤俭、廉洁等传统道德改造国民性，并将此视为"治本的爱国主义"[①]。只不过在当时"道德革命"呼声下，他们主要进行了剖析、揭露、批判工作，并没有从事进一步挖掘、转化其伦理资源的工作。其二，新学家们虽然也将"纲常"并称，但并未正面触及、批判五常，也说明了"五常"超越性、普适性的一面，蕴含着强大的文化生命力。其三，就新文化运动本身来说，仍有除旧布新的特性，是"对旧传统的否定与正面的文化重建具体同一"[②]的过程。以白话文取代文言文并不仅仅是语言形式上的革命，其深层的意义在于思维方式的变革。语言是思维的工具，以语义精确、表述精准的白话取代言约义丰、指向发散的文言，其实质是用以严密性、精确性为特征的近代思维方式取代带有模糊性、整体性特点的传统运思方式。这种基于文学语言重建基础上的思维重建，是否定中的建设性意义，为中国文化包括伦理道德文化的现代转化奠定了历史性基础。

二 20世纪中叶传统美德的境遇

历史地看，新中国成立之后，曾经建立起一种相对稳定的伦理生活秩序，为我国社会主义事业巩固发展提供了有效的道德文化条件。不容忽视的是，中国共产党虽然取得了政权，但在意识形态领域中的社会主义革命尚未成功，阶级斗争的任务尚未最终完成。出于战略性考虑，"阶级斗争"成为五六十年代的治国大纲。当阶级斗争的思维模式蔓延泛化至文化继承问题中，用政治方式去解决思想和文化问题，就出现了摒弃传统文化以及传统美德的极"左"倾向。

[①] 张锡勤、柴文华主编：《中国伦理道德变迁史稿》（下卷），人民出版社2008年版，第173页。

[②] 陈旭麓：《近代中国社会的新陈代谢》，中国人民大学出版社2012年版，第381页。

20世纪50年代关于电影《武训传》的讨论，之所以对武训的道德评价存在不同意见和看法，就在于人们思考问题的角度不同。对于大部分民众，他们仅仅从日常道德的角度评价武训的行为，认为武训的做法为民众带来一些切实的眼前利益，应当受到赞誉或歌颂。但当从政治道德的层面去评价，毛泽东当时十分愤慨。"在许多作者看来，历史的发展不是以新事物代替旧事物，而是以种种努力去保持旧事物使它免于死亡……像武训那样否定被压迫人民的阶级斗争，向反动的封建统治者投降。"① 在当时中华人民共和国成立初期，国家仍面临着较为严峻的阶级斗争的任务，对于巩固人民政权而言，一点不能放松对阶级斗争的警惕性。毛泽东批评的就是武训的妥协、奴颜婢膝之事缺乏"革命"斗争精神、缺乏阶级斗争意识。革命就要有昂扬斗志，"不是绘画绣花，不能那样雅致，那样从容不迫，文质彬彬，那样温良恭俭让。革命是暴动，是一个阶级推翻一个阶级的暴烈的行动。"② 革命斗争精神、阶级斗争意识，需要的是进取性道德，"温良恭俭让"之类的协调性道德不利于完成当时的国家中心任务，因而被批评或否定。

50年代中期，冯友兰提出对传统文化或传统道德的"抽象继承"法，60年代史学家吴晗的"道德继承"法，均被理论界指摘和批驳，同时演变成上纲上线的政治批判。冯友兰主张的"抽象继承法"及有关讨论，可谓当代中国哲学史、伦理学史上的一段公案。1957年，冯友兰在"中国哲学史座谈会"上提出："哲学史上有些命题，如果作全面了解，应注意到它们有抽象的和具体的两方面的意义，什么是命题的抽象意义和具体意义呢？比如《论语》中所说的'学而时习之，不亦说乎'。从这句话的具体意义看，孔子叫人学的是诗、书、礼、乐等传统的东西。从这方面去了解，这句话对于现在就没有多大用处，不需要继承它，因为现在我们所学的不是这些东西。但是如果

---

① 李德芳、李辽宁、杨素稳主编：《中国共产党思想政治教育史料选编》，武汉大学出版社2009年版，第199页。

② 《毛泽东选集》（第1卷），人民出版社1991年版，第17页。

从这句话的抽象意义看，这句话就是说，无论学什么东西，学了之后，都要及时地经常地温习和实习，这都是很快乐的事。这样的了解，这句话到现在还是正确的，对我们现在还是有用的。"① 冯友兰"抽象继承法"的措辞及其是否具有伦理学方法的意义②虽然有可商讨之处，但其思想意义却是我们无法忽略的。他的主张很明显是提出一个如何对待历史上的哲学命题和道德命题的问题，如何对待传统道德继承的问题。他认为，对于传统道德不能简单肯定或否定，既要看到它的阶级性和时代性所限制的具体意义，又要看到它可供继承的抽象意义或说一般意义，这是道德具有的普遍性，不应抛弃否定。但在当时极"左"路线扩张、阶级斗争盛器之时，冯友兰的主张一经提出便遭受诸多"义正词严"的批评。关锋曾专门发文批判道："冯先生提倡从中国哲学史上捡出现成的拿来使用的好东西的方向，这实际上是反马克思主义的，哲学史上没有也不可能有马克思主义哲学中所没有的、可以现成拿过来使用的好东西"。③ 原本属于对传统道德继承问题的不同见解，最终升级为对待意识形态的态度问题，学术探讨演变成了政治批判。

吴晗作为历史学家，特别重视历史遗产的批判继承。1962年5月，他在《前线》杂志第10期上发表《说道德》一文，在坚持对待旧事物要分析研究和区别对待的思想观点基础上，他认为对统治阶级的道德也可以批判继承。他具体列举了封建道德中的忠、孝、诚实、勤劳、勇敢、刻苦耐劳、雄心壮志等，认为这些具有普遍性价值的传统美德，完全可以移用在社会主义社会。吴晗这一观点，在当时引起一场大规模的学术讨论。针对大多数人认为剥削阶级道德不能被批判继承，如果要继承也只能从劳动人民道德中去继承的观点，吴晗又撰

---

① 哲学研究编辑部：《中国哲学史问题讨论专辑》，科学出版社1957年版，第272—273页。

② 陈少峰在《中国伦理学史》下册中指出，冯友兰的抽象继承法从理论上分析，其思想并不连贯。虽然抽象继承法是针对道德问题而发，但它仅仅具有历史观的表达意义和对于道德问题的态度表示，并无伦理学方法的意义。

③ 关锋：《中国哲学史研究的方向问题》，《光明日报》1958年6月15日。

文进行反驳。他认为,批判继承"是继承其中好的部分……无产阶级若不善于吸取过去统治阶级某些优良的东西,甚至完全摒弃,那末看来只有向古代的无产阶级继承,或者自己来凭空创造了"①。显然,吴晗认为古代社会原先没有无产阶级,这就断了向古代继承的路子,剩下的只有凭空创造的路子了,而这种法子又是多么荒谬和不可思议。吴晗举例说,孟子的大丈夫气节观虽是地主阶级的道德观,但也是中华民族的光辉传统。文天祥从阶级身份来说是地主官僚,但他在与敌对势力斗争中勇于牺牲、肝胆照人的大丈夫气节和爱国情操,却一直感染、鼓舞和教育着后人。吴晗毫不含糊地肯定,封建地主阶级道德中存在的合理成分,对于后世的人同样是适用的,从社会道德建设的实践层面,完全可以作为人类的美德加以批判继承。应该说,吴晗道德观的论述尽管有不够周密之处,但关于剥削阶级道德能否批判继承的问题,他的观点仍然是具有合理之处的。再者,此问题也是一个完全可以自由讨论的学术问题,持不同意见的学术争论也是正常的,但在当时的社会环境中,同样很快地演变成一场政治批判。出于意识形态背景下政治斗争的需要,吴晗的道德论被进一步定性为"力图用剥削阶级的道德观念来改造无产阶级和其他劳动人民的精神面貌,是他的反社会主义思想的一个组成部分"②。

此外,1965年关于历史剧《海瑞罢官》的大讨论,实际上也是对传统美德的一次大批判。吴晗强调社会主义社会应当继承古代社会的中华传统美德,因此在他所编写的《海瑞罢官》中主张批判继承海瑞的刚正不阿、敢于说真话和顶天立地的"大丈夫"精神。1965年11月10日,姚文元发表《评新编历史剧〈海瑞罢官〉》一文,指责《海瑞罢官》是反党反社会主义的"一株毒草",并认为封建社会的一切"清官"和"贪官"无一例外都是"地主阶级利益的保卫者",这也是海瑞的阶级本质。可见,20世纪五六十年代,在当时鲜

---

① 苏双碧、王宏志:《吴晗传》,北京出版社1984年版,第278页。
② 关锋、吴传启:《评吴晗同志的道德论》,《哲学研究》1996年第1期。

明的意识形态背景下，为了划清阶级界限，"批判继承"成了不能有任何继承的代名词。在这种不断升级的政治批判中，进一步冲击了对中华传统美德的继承。

随着"左"的思想越来越占据主导地位，最终导致 1966 年到 1976 年的"文化大革命"。"文化大革命"期间"反资斗修"，反封建道德反资本主义道德，追求纯而又纯的共产主义道德。"狠斗私字一闪念"，除了大公无私以外，所有其他层次的道德标准的合理性都被否定。"这场'文化大革命'的目标是要同旧世界彻底决裂，重新建立'红彤彤的新世界'，因此，包括传统美德在内的中国传统文化遭到彻底否定。"① 总之，"在阶级斗争的旗帜下，在反对'厚古薄今'和反对崇拜死人的幌子下，中华民族已经失去了自己的传统，更不用说去继承优秀传统伦理道德的问题"②。

三　20 世纪末期传统美德的境遇

改革开放是中国历史上重要的历史事件，中国的文化变迁和社会发展方式随之发生了根本性转向。就社会文化动态的某种意向而言，可以大致说，20 世纪 80 年代是西方文化热。当时社会上，"整体西化论"、"西体中用论"、"黄色文化和蓝色文明论"甚嚣尘上，鼓吹西方自由主义、个人主义的西方自由化思潮盛行一时，与此同时，以反映传统文化负面作用为主题的《河殇》也播放了很久。在对传统文化的审判和质疑之中，作为传统文化核心与灵魂的中华传统美德，随之母体的被批判而理所当然地遭受冲击。

西化思潮对传统美德的冲击。如果说，改革开放以前没能很好地继承传统美德，主要归因于某种"左"的思潮影响，那么，改革开放后十年间，在思想意识形态、道德领域却受了右的自由化思潮影

---

① 张锡勤、柴文华主编：《中国伦理道德变迁史稿》（下卷），人民出版社 2008 年版，第 396 页。
② 罗国杰：《对传统伦理道德的批判继承问题的思考》，《高校理论战线》1994 年第 2 期。

响。这种思潮与把现代化等同西化的潮流相联系，主张全盘西化，否定中国的一切传统。他们认为，发达国家不仅有科学技术的优势，还有文化政治的优势。现代化一定是整体的现代化，发展中国家要搞现代化，除了要接受发达国家的科学技术，还必须接受西方国家的政治观和价值观，即接受西方的三权分立、议会制、两党制，接受西方的个人主义，否则发展中国家就难以实现现代化。在极端西化思潮中，很多人认为中国之所以没有现代化，缘于中国文化传统有问题，应该用西方文化为价值参照标准来评判以及批判中国传统文化。① 他们认为中国传统文化是推行西方价值观的巨大障碍和历史包袱，要现代化就必须反对一切传统。传统文化被视作是反现代化的东西，由此，他们宣扬民族虚无主义论调，全面批判中国传统文化以及传统道德，认为中国传统文化一无是处，传统道德压抑个性、维护宗法等级制、限制个人创新发展。刘晓波作为激进的西化派，他的观点更为极端片面，他说："对传统文化我全面的否定，我认为传统文化早该后继无人。"② 中华传统美德在反传统文化和传统道德的潮流中遭受冲击，没能很好地继承发展。

西方伦理思潮对中国青年传承传统美德的冲击。西化思潮背景下，西方哲学、政治学、伦理学著作被大量传入和译介，未可避免地，西方价值理念与伦理观念也大量输入中国，对知识界尤其较为先锋的青年群体以强烈震荡和冲击力。尤其大学生通过萨特存在主义、尼采学说、弗洛伊德以及现代精神分析学，接触到"自我价值"、"个性解放"、"自由选择"等思想观念，契合了他们对自由平等以及发展自我个性的渴求心理，由此深深影响了他们的传统伦理观念，表现出对西方伦理价值观的感情上的倾斜。传统美德伦理"社会本位"或整体主义观念，遭到西方个人主义价值原则的有力冲击；价值取向上，"以义为上"的传统义利观开始动摇，转向了优先求利的选择；

---

① 张秉楠、邵汉明：《中国新时期学术思潮》（文化卷），吉林教育出版社1996年版，第134页。

② 刘晓波：《与李泽厚对话——感性·个人·我的选择》，《中国》1986年第10期。

道德观念上，出现多元化倾向，传统道德绝对权威受到强烈冲击。中华民族五千年文明史积淀了深厚的文化底蕴，使中国人的价值观、文化心理、道德选择具有某种坚固性，但在打开国门后短短十几年时间，却发生如此剧烈震荡。深究原因，一方面，由于我国当时"道德理论的抽象性和片面性，造成许多青年对外来道德文化和本土道德文化的畸形态度：对传统或'正统'道德的逆反心理，对现代西方伦理思潮的片面趋同。"[1] 另一方面，西方伦理思潮很大程度上迎合了一部分人突然面对"后文革时代"所滋生的绝望、迷茫、焦虑和烦恼的非常心理。理想与现实的差距、信仰的崩溃，使得不少青年群体在价值观方面不知所从。一封《潘晓的来信》真实反映了当时青年人普遍的心理困惑和价值观冲突。在中西文化和道德观念比较中，中国青年反过头审视自己多年接受的传统教育，开始质疑传统伦理的正当合理性，怀疑共产主义道德的真实性，而现代西方伦理观念恰恰契合了他们寻找实现自我的心理渴望，"主观为自己、客观为别人"成为他们心目中较为合理的道德原则。客观地说，西方伦理思想的传入具有开阔理论视野、激发主体意识、更新道德观念、锻炼独立思考能力等积极作用。但在特殊情景和氛围中，由于对传统道德的逆反排斥心理，使得这些"热血"青年不能从整体上冷静客观地评价传统道德的优缺点，造成一些不良后果。部分青年人因认识不到道德传统的连续性和继承性，产生了道德虚无主义态度，传统美德价值观受到巨大冲击。

近代以来传统美德遭遇的三次冲击，都包裹在批判传统文化和传统道德的反传统浪潮中。第一次反传统中，把传统道德等同于落后、腐朽的封建道德加以批判；第二次反传统中，把传统道德当作政治斗争的工具、牺牲品进行批判；第三次反传统中，把传统道德视为现代化（西化）的障碍加以批判。在这三次批判和冲击中，不仅批判了

---

[1] 万俊人：《试析现代西方伦理思潮对我国青年道德观念的冲击》，《中国社会科学》1989年第2期。

其不适宜的"特殊内容",也在很大程度上抛弃了其具有普遍性价值的精神本质。"当古老的生活见解和规则被取消,那种损失是无法加以估计的。从那个时刻起,我们就没有指南来驾驭我们了,我们也不可能明确知道我们在驶向哪一个港口。"① 一种文化或道德传统并不是凝固不变的雕像,它一直在历史的长河中绵延流动,存活在现实之中。它既是社会向前迈进的历史包袱,也是继续前行的文化根基。对道德传统不加深刻分析的批判态度,某种意义上说,是我们对待道德遗产不够审慎的态度,其带来的有形、无形的损失或许是人类理性计算难以估量的。

当人类以社会进步为标尺重新审视传统,往往容易发现传统的消极方面,所以在历史变革的激烈时期常常表现为反传统的规律性现象。欧洲启蒙运动中,个人解放思想和科学主义对过去的传统进行了猛烈抨击。在我国近代历史上,对待传统道德由维新派思想家的局部批判开始到新文化运动中的总体性批判,都是上述规律性的明证。虽然,五四新文化运动中对待传统道德(传统美德)存在失误或说不足之处,但我们并不能因此否定它本身的历史价值和重要意义。毕竟五四新文化运动提倡科学和民主,反对旧道德旧理教,形成了爱国、进步、民主、科学的"五四精神",拉开了中国新民主主义革命的序幕。诚如历史学家陈旭麓先生所评价:"从戊戌的'托古改制'到'五四'的'打倒孔家店'是一种历史性的进步。在那时的中国,不排孔,不打倒孔子这个精神偶像,历史就无法前进。"② 至于"文化大革命"中的"破四旧"以及"批孔运动"中对儒家道德的片面批判,确实是一次深刻的历史教训。20世纪末期,伴随西化思潮对传统美德的冲击,总体上说只是伴随着社会转型时期而出现的一种"精神阵痛",是社会现代化结构转型中带有某种必然性的后果,我们应该理性地、历史地审视其消极意义。但从意识形态安全的角度,我们

---

① [英]柏克:《法国大革命论》,何兆武、许振、彭刚译,商务印书馆1998年版,第104页。
② 陈旭麓:《近代中国社会的新陈代谢》,中国人民大学出版社2012年版,第378页。

要保持警惕以免中了西方的圈套。西方国家尤其美国的政治意图是再也明显不过的，既要接受他们的先进技术，同时也要接受他们的价值观念。苏联在全盘西化中解体的历史事实，很值得我们吸取经验教训和进行审慎反思。

从实践层面来说，中华传统美德以"潜隐"方式传承。近代以来虽然大体上对传统道德或说传统美德有过三次整体性批判，但并非"传统"与现实的社会生活完全相断裂、相隔膜。近代社会在批判旧道德的声势中，普通民众仍然坚守着勤劳勇敢、勤俭节约、刻苦耐劳、仁爱互助、谦卑有礼的素朴的传统美德，展现了中国人独特的文化性格和精神面貌。新中国成立后，由于一度在理论上犯了"左"的错误，没能正确认识对待传统美德的继承问题，实践中难免走了一些弯路。但在实际工作生活中，学雷锋活动、"五讲四美三热爱"活动、"两弹一星"精神、"抢救61个阶级兄弟"事件、"铁人精神"等等都是对传统美德中仁爱、明礼、贵和、公忠、勇敢、自强的继承与发扬。这些实践活动，一方面，表明传统美德具有顽强的生命力；另一方面，也印证了中华儿女始终在继承着祖辈代代相传于我们的文化基因。在此意义上，我们说这一历史时期对传统美德的继承和弘扬不同改革开放后的自觉、"彰显"式传承，而是以"潜隐"方式进行的，具有很大程度上的自发性。① 20世纪末期的西化思潮，一度冲击着中国青年的传统道德观念，但不少有识之士仍然以理性、科学的态度清醒地认识对待传统美德。年轻一代经过一段时间社会转型期的迷茫和困惑，随着党和国家对传统美德的大力倡导和思想政治教育活动的有效开展，传统美德在实践中继续被广泛地承继和发扬。

第三节 改革开放后的时代反思

中华传统美德在古代社会是人际和谐、社会安定的可靠保证，但

---

① 谢军：《传统美德在新中国的传承弘扬》，《唐都学刊》2015年第4期。

自近代开始，受到占据主导性的"批判"潮流影响，传统美德一直未被官方及思想界高度重视。"在批判和继承之间找到合理的结合点是不容易的，往往会经过摆来摆去甚至完全歪倒一面才最终从自己的错误中醒悟过来。"① 改革开放后，经过时代反思，国人对传统美德有了更加理性与更加客观的认知，继承弘扬中华传统美德成为一种不可逆转的大势。

一 80年代倡导批判继承"优良道德传统"

20世纪80年代，随着中国改革开放的进展，社会物质文明水平有了极大提高，同时人们的思想观念和道德观念也发生了微妙变化。在物质利益成为人们追求的主要价值目标的情势下，如何防止人的"异化"、克服人的"物化"，提升人的精神境界，成为这一时期思想道德建设必须直面的重要课题。

党中央倡导在精神文明建设中批判继承"优良道德传统"。改革开放以来，为解放和发展生产力，我们始终坚持以经济建设为中心，但同时党和国家并未忽视精神文明建设，提倡两手抓、两手都要硬。在全国范围内广泛开展的"五讲四美三热爱"活动、全民文明礼貌月活动等，就是全国人民通过实际行动共同建设社会主义精神文明的例证。党的十二大报告强调，社会主义精神文明是社会主义的重要特征。党的十二届六中全会通过《中共中央关于社会主义精神文明建设指导方针的决议》，强调"社会主义道德作为人类文明中道德发展的新境界，它必然要批判地继承人类历史上一切优良道德传统"。作为社会主义精神文明建设的纲领性文件，这是官方文件首次明确地谈到社会主义道德与优良道德传统的继承关系问题。"一切优良道德传统"的表述显然包括剥削阶级道德中的优良成分，传统道德不再因为阶级分析的方法被排除和否定。冯友兰在《孔子研究》创刊号中说："'五四'时期谈中西文化，其重点是针对中国文化的消极方面进行

---

① 陈先达：《中国传统文化的当代价值》，《中国社会科学》1997年第2期。

批判。现在谈中西文化,其重点是要发现中国文化的积极方面。"① 这就透露出整个社会文化动态的走向将由"批判"占主导到"肯定"占主导。这也反映出当时基于"传统与现代化"关系问题的讨论,人们已经达成某种共识:传统道德不会阻碍中国现代化的进程,相反,中国的现代化建设需要承继优良的道德传统。"批判地继承"是对待传统道德的审慎的态度,即是要在批判腐朽的封建道德体系的基础上,发现并继承其有利于社会主义道德建设的优良道德资源,以滋养社会主义道德建设和社会主义精神文明建设。《决议》中"优良道德传统"的表述,包含了传承至今的"中华传统美德"。1989年10月,江泽民接见了"孔子诞辰2540周年纪念与学术讨论"的与会代表并讲话,这是经历了数十年的批孔批儒、否定传统之后,中央高层在比较完全的意义上的立场转变的标志。② 这些都为传统美德此后的继承弘扬打开了一条现代的通道。

从思想界的讨论而言,主要分析传统道德的"阶级性"和"民族性"或"共同性",从而确定哪些属于传统美德,可以滋养社会主义精神文明建设。其一,传统道德中勤、俭、信、廉,是大多数人民所共同肯定的,可以称为传统美德;其二,内含"阶级性"因素的爱国主义思想、自强不息的思想、肯定人格尊严的思想在陶铸中华民族精神上起过卓越作用,是应该继承的;其三,地主阶级中涌现的为国捐躯的民族英雄,应该崇敬赞扬;其四,传统道德中反映公共利益、维护民族利益的道德原则,是应该肯定的。③ 此外,不同阶级甚至对立阶级在共同生活中产生的具有共同性的道德要求,也理应成为社会主义道德继承的重要内容。这些讨论与认识,为更好地继承中华传统美德提供了广阔的视野和正确的导向,澄清了在传统道德继承问题上的思想困惑。

民间高度认同"父慈子孝"、"勤俭节约"、"克己奉公"等传统

---

① 郑家栋:《断裂中的传统》,中国社会科学出版社2001年版,第308页。
② 同上书,第308—309页。
③ 张岱年:《中国伦理思想研究》,江苏教育出版社2005年版,第49页。

美德，但"重义轻利"、"顺从尊重"则只被少数人认同①。折射出随着改革开放，民众道德观念的转变。80年代，数学家陈景润的名字曾经风靡全国；大学生张华因救粪池老农致死，引起民间"值不值"大讨论。细思缘由，这期间已经潜藏着人们道德观念转变的征兆，功利主义的新道德精神正在被人们认同和重视。这也提醒着我们抓好社会主义精神文明建设、思想道德建设的重要性。

二 90年代倡导继承"中华民族优秀道德传统"

20世纪70—80年代，社会上曾出现一股强劲的西化思潮，但经过理性沉思，国人发现西方思想最多只是提供了批判的武器和视角，却不能提供多少建构新道德、新伦理的有效滋养。随着西方以工具理性价值主导的现代化面临越来越多的问题与危机，不少西方学者也主张从中国德性主义文化中汲取思想智慧。90年代，人们从对西学的崇拜复又转向本土文化自身，"肯定"而不再是反传统，折射出一个社会历经曲折后步入经济增长局面下的民族自信、文化自信的增强，中国开始逐步走向注重社会主义先进文化建设的时代。

党和国家重视弘扬中华民族优良道德传统。虽然党中央多次强调两个文明一起抓的战略方针，但在实践过程中，精神文明建设取得成绩的同时，一些领域也存在不少问题，例如思想政治工作薄弱，腐败丑恶现象滋生蔓延，享乐主义、拜金主义抬头等。邓小平指出，最近十年最大的失误是教育，主要是思想政治教育削弱了②。针对存在的问题，党中央把提高民族思想道德素质作为重大战略任务，尤其重视学校德育，出台了一系列政策文件。庆祝中国共产党成立70周年大会上，江泽民强调，我国几千年历史留下了丰富的文化遗产，我们应该结合时代精神加以继承和发展。1994年8月，党中央强调进一步

---

① 黄伟、盛宗范：《上海人怎样看待中华民族的传统道德》，《道德与文明》1987年第4期。

② 《邓小平文选》（第3卷），人民出版社1993年版，第290页。

加强和改进学校德育工作，积极开展中华民族优良道德传统的教育。①这些指导性的文件和重要讲话，引领着社会主义思想道德教育在去革命化、向着生活化的轨道上向前发展。以儒家伦理为核心的中华民族传统美德，关切人的生活实际、关注人的心灵状态、主张"和为贵"，显然能够为社会主义道德建设提供历史养分。"中华民族优良道德传统"的表述强调传统美德的民族性特征，旨在突出与西方不同的中国特色、中国精神、中国价值，以文化自觉的姿态抵抗西方文化霸权主义。到党的十五大，中共中央强调建设中国特色社会主义文化，以马克思主义为指导，继承历史文化优秀传统，吸收外国文化有益成果。"优良""优秀"仍旧是表述传统美德的限制性词汇，以强调传统文化、传统道德中的糟粕部分、腐朽落后的思想观念并非我们继承的内容范围。

大量相关书籍的出版发行推进传统美德的承扬。党中央对传统文化和传统美德的重视，民间文化热、国学热的兴起，推动了诸多传统美德丛书的出版发行。也反映了广大人民群众在建设精神家园方面对传统文化资源的热切渴求与积极认同。1993年，国家教委基础教育司和中共天津市委宣传部共同编写《中华五千年美德》丛书；北京教科所编辑出版《中华美德》《中华道德》《中华伦理》等教材，对传统美德进行系统归纳和理性思考；1995年罗国杰主编的《中国传统道德》多卷本和简编本出版。这套二百八十多万字的丛书，在我国历史上，第一次系统地概括和归纳了中华传统美德的思想、理论和规范；1997年夏伟东主编的袖珍型《中国传统美德丛书》出版。同年为了给学校特别是高等院校进行传统美德教育提供可资选用的教材，国家教委思想政治工作司和高等学校社会科学发展研究中心组织编写了《中国传统道德讲义》。正如王华所指出的："20世纪80年代以前，'美德'一词在中国大陆学术书刊里面还是比较陌生的，更谈不

---

① 教育部社会科学司：《普通高校思想政治理论课文献选编（1949—2006）》，中国人民大学出版社2007年版，第153页。

上研究了；建国以来我们谈的较多是共产主义道德，往往认为美德是传统的东西，是封建的东西。而在西方，美德却是人们大谈特谈、常谈常新的东西。进入90年代以来，大陆讨论美德和传统美德的文章、介绍传统美德方面的读物逐渐增多。"①

  国家领导人重视对优秀道德传统的宣传和教育工作。江泽民为1995年《中国传统道德》丛书题词：弘扬中国古代优良道德传统和革命道德传统，吸收人类一切道德成就，努力创建人类先进的精神文明。"中国古代优良道德传统"和"革命道德传统"的使用，是从时间段、道德传统性质维度的区分。弘扬中国古代的优良道德传统，其根本目的是为社会主义道德建设服务，以培养社会主义"四有"新人为目标。1995年李岚清在《中国传统道德》多卷本和简编本出版座谈会上的讲话中，强调传统美德教育要从少年儿童抓起。他多次使用"传统美德"一词，也交叉使用"中国古代优秀传统道德"、"传统道德"、"我国的优秀传统道德"、"优秀传统道德"等说法，说明对于传统道德中的精华内容的表述尚未形成固定的统一表述和说法，多种表述中尚未使用"中华传统美德"确切表述，"优良"、"优秀"是作为对继承传统道德内容进行限制的核心词汇。时任中共中央宣传部常务副部长的徐惟诚没有使用"传统美德"或"优良传统道德"的概念表述，但"优良的、美好的、能够推动历史进步的道德规范"是对中华传统美德性质和内容的划界和确定。他提出"与时代相结合"，也隐含着中华传统美德要在时下社会发挥作用，就有必要实现进一步发展、转化。② 此外，由上面列举的书目名称也可窥见一斑，在90年代"美德"的表述和使用开始逐渐流行，也逐渐被知识界和思想界所接受和认同。

  学术界探讨传统美德在新道德建设中的重要作用。在建设社会主

---

  ① 王华：《美德论——传统美德与当代公民道德建设研究》，山东人民出版社2002年版，后记。
  ② 鞠振远、夏伟东主编：《中国传统道德讲义》，中国人民大学出版社1997年版，第243页。

义精神文明的宏伟事业中，提高民众道德素质是一项十分重要的工作。学术界探索构建新的社会主义道德规范体系，并注重以传统美德为滋养，以增强人们对新道德的接受度和认同感。道德传统和民族语言都有一定的连续性、继承性，表示传统道德规范的一些名词概念已经深入人心，比新造的词更容易被一般人所接受。传统美德加以适当改造、补充、提高和新的解释，就能构成新的社会主义道德规范体系。例如，张岱年构建的"九德"（公忠、仁爱、信诚、廉耻、礼让、孝慈、勤俭、勇敢、刚直）①规范体系。罗国杰先生界定中华民族的优良道德传统概念，并且概括它的主要内容，提出"以历史唯物主义为指导，坚持批判和继承、弃糟取精、综合创新和古为今用的方针"②继承道德传统。牟钟鉴先生列举了十大道德范畴——忠、孝、仁、义、礼、诚、信、廉、耻、恕，主张把它们继承下来，使之在社会主义新道德建设中发挥实际作用。③

90年代主要倡导的传统美德。这个时期的道德建设，旨在促进和适应市场经济发展的要求，这就要弘扬"以义制利"的优良道德传统，以消解市场经济带来的负面影响。见义勇为、见得思义、助人为乐、扶危济困、谦逊有礼、热爱劳动、勤俭节约、诚实守信等被大力倡导。其中，见义勇为尤被提倡和弘扬。市场经济的发展以利益为目标取向，人们随之愈发关注个人切身利益，自我权益保护意识越来越强，社会责任感却在同频下降。面对一些不直接涉及切身利益的违法或无德行为，大多数人都采取漠视、沉默的态度，以"多一事不如少一事"为行为选择取舍原则。见义勇为倡导敢于同坏人坏事做斗争，救人于危难之中，甚至不顾及个人生命安危阻止恶德或猖獗行为。徐洪刚的英雄事迹被媒体广泛宣传和报道，他见义勇为的大无畏精神、舍生忘死的优良道德品质，感动了千千万万的国人。大力弘扬"见义勇为"能激发民众的正义感、友善感、荣誉感、社会责任感，

---

① 张岱年：《试论新时代的道德规范建设》，《道德与文明》1992年第3期。
② 罗国杰：《传统伦理与现代社会》，中国人民大学出版社2012年版，第378页。
③ 牟钟鉴：《道德改良论》，《群言》1995年第7期。

促进社会主义健康发展。

三 新世纪提倡继承"中华民族传统美德"

"就中国文化而言,也许可以这样说,20世纪是'批判和启蒙'的世纪,21世纪则将是'创造与振兴'的世纪,而世纪之交正是整个民族生命'贞下起元'的转折点。"① 在这个告别旧世纪步入新世纪的关键转折点,国家经过15年艰苦努力终于成为世贸组织新成员,这是我国现代化建设进程中的伟大事件,意味着中国将能够有效参与经济全球化进程。面对更加开放的环境,如何走向世界又坚持民族性,如何走向现代又不忘传统,是党和国家高度重视的问题,因为这不仅是一种文化传统传承的问题,更涉及复杂的改革发展问题、民族复兴问题。在这个承先启后、贞下起元的转折点,国家和党中央高度重视中华传统美德在思想道德建设中的重要作用,中华传统美德被党的十六大、十七大一再重点强调和倡导。

党中央倡导继承中华传统美德。新世纪初"以德治国"方略提出,把道德建设提升到了一个新高度。2001年9月出台《公民道德建设实施纲要》,凸显我国塑造现代公民任务的紧迫性。其中指出,公民道德建设要坚持继承优良传统与弘扬时代精神相结合原则,继承中华民族几千年形成的传统美德。② 这是中央文件中首次明确使用"传统美德"概念,在表述上精简了以往"优良的"或"优秀的"限制性语词。"优良"或"优秀"强调传统道德的正面价值和正面形象,但也提醒其间存在的反动的、糟粕性的内容。"传统美德"的表述更富有积极正面建设性的意蕴,传递着肯定性的态度。2002年11月,党的十六大报告指出:"要建立与社会主义市场经济相适应,与社会主义法律规范相协调、与中华民族传统美德相承接的社会主义思想道德体系。"在全国人民代表大会上明确提出社会主义思想道德体

---

① 陈来:《传统与现代——人文主义的视界》,北京大学出版社2006年版,第280页。
② 李德芳、李辽宁、杨素稳主编:《中国共产党思想政治教育史料汇编》,武汉大学出版社2009年版,第608页。

系与中华民族传统美德相"承接",这应该是从五四运动以来,在道德建设中对传统美德的最高肯定性表述。过去讲批判继承,但实际上批判多、继承少,甚至只批判而不继承。十六大报告的提法,意味着社会主义道德建设要树立一个实实在在的继承弘扬的态度。此时,挖掘中华民族传统美德时代价值,探讨如何使中华民族传统美德与社会主义思想道德体系相承接问题成为学术界的主要议题。2006年10月,《中共中央关于构建社会主义和谐社会若干重大问题的决定》中提出"社会主义核心价值体系"的重要命题,强调"弘扬我国传统文化有利于社会和谐的内容,形成符合传统美德和时代精神的道德规范和行为规范。"2007年,党的十七大报告再次肯定中华文化的当代价值,强调"中华文化是中华民族生生不息、团结奋进的不竭动力","要全面认识祖国传统文化,取其精华,去其糟粕,使之与当代社会相适应、与现代文明相协调,保持民族性,体现时代性。"2011年10月《关于深化文化体制改革推动社会主义文化大发展大繁荣若干重大问题的决定》指出"文化是民族的血脉,是人民的精神家园",强调"弘扬中华传统美德,推进公民道德建设工程"。一系列重大会议及其文件对弘扬中华传统美德的强调和重视,反映了党中央领导人在新世纪对传统美德的理性认知及其正确对待的科学态度,是中华民族文化觉醒、文化自信的表现,同时提醒我们,在全球化进展的时局中维护国家文化安全的重要性与紧迫性。

新世纪倡导的中华传统美德。随着全国范围内倡导弘扬中华传统美德,学术界出版发行了相关著作[①],学者们从各自视角概括总结传统美德的内容。知耻自重、诚实守信、贵和乐群、团结友善,被重点强调和倡导。2006年,针对社会成员普遍淡化荣辱观的问题,胡锦涛提出以"八荣八耻"为核心的社会主义荣辱观,是对中华民族精神、中华传统美德的继承、拓展与升华。"知耻自重"是有鲜明民族

---

① 《中国人的美德——仁义礼智信》、《中华传统美德》丛书(警示名言卷)、《中华传统美德格言》等。

特色的传统美德，世世代代被倡导和重视。社会主义荣辱观的提出和宣传，为社会主义公民道德建设树起了新的标杆。此外，改革开放前受"左"的思想影响，对"贵和"美德重视不够。改革开放后，随着社会发展出现诸多问题与冲突，人们逐渐认识到"和为贵"的重要价值。党的十六届六中全会提出"建设和谐文化是构建社会主义和谐社会的重要任务"，党的十七大从坚持社会主义性质的高度，强调"社会和谐是中国特色社会主义的本质属性。"由此，"贵和乐群"、"团结友善"、"礼貌谦让"等以和谐为价值目标的传统美德的时代价值进一步凸显。同时，学界针对民众诚信观的调查报告显示，人们的诚信观与自身利益越来越密切关联，大学生诚信道德更不容乐观；"近半数的学生表示在大学期间曾作过弊；对于就业中的毁约行为，62%的学生认为可以理解。①随着"诚信"问题进一步凸显，党和国家高度关注诚信建设，反复强调公民道德建设、社会主义道德体系建设要坚持"以诚实守信为重点"、"以增强诚信意识为重点"。"诚信"是中华民族具有深远影响的传统美德，社会主义社会仍需继承弘扬。

四 新时代提倡继承"中华传统美德"

中国特色社会主义进入新时代，党和国家出于对社会主义先进文化建设重要性的深刻认知以及对世界文化格局的清醒把握，把传承弘扬中华传统美德确立为一项重要的战略性任务。新时代传承弘扬中华传统美德，将为立足于新的发展阶段，完成新时代的新任务、解决新的社会主要矛盾提供重要的精神力量和道德支撑。

"新时代"不是一般意义上的"新的时代"的简略表述。作为专有名词，"新时代"有其特指含义，它是指中国特色社会主义发展进入到一个新阶段、新时期、新局势。"中国特色社会主义新时代"意味着社会主义性质仍是其本质属性，中国特色是其鲜明的民族特性，

---

① 韩慧莉、刘新赓：《大学生思想道德素质提升模式研究》，中国社会科学出版社2015年版，第39页。

中国共产党的领导是其最为根本的遵循。"新时代"之所以称为"新",一是"新"在迈向新的奋斗目标,全面建设小康社会、建立社会主义现代化强国,戮力同心实现中华民族伟大复兴梦;二是"新"在面临新的社会主要矛盾,随着社会生产力发展提高,全面满足人民物质文化需要不再是中国特色社会主义建设的战略性任务,人民日益增长的美好生活需要和不平衡不充分发展之间的矛盾成为社会主要矛盾;三是"新"在我们进入了一个新的发展阶段,社会主义建设站立在一个新的平台上,从"未发展起来"时期进入到"发展起来以后"的全新时期。① "新时代"是一个历史方位,从时间范围上,它是指十八大以来的历史时期。历史具有延续性,新时代是承前启后、继往开来的历史时代,我们必须保持清醒,新"变"之中仍有旧之"不变",即长期处于社会主义初级阶段的基本国情并未改变,世界上最大发展中国家的国际地位并没有改变。

党中央倡导弘扬中华传统美德。党的十八大提出,要建设优秀传统文化传承体系,坚持依法治国和以德治国相结合,加强"四德"(社会公德、职业道德、家庭美德、个人品德)教育,弘扬中华传统美德。党的十八届五中全会再次强调,要构建中华优秀传统文化传承体系,弘扬中华传统美德。与此同时,从加强高校思想政治教育的角度,弘扬中华传统美德被确立为是新形势下加强高校宣传思想工作的主要任务之一,是改进大学生思想政治教育的重要方法之一。2017年党的十九大报告从正面的、积极建设的高度,强调深入挖掘中华优秀传统文化蕴含的思想观念、人文精神、道德规范,并要立足于中国特色社会主义建设的现实,结合时代要求继承创新,展现中华文化永久魅力和时代风采。② 2019年10月27日,中共中央国务院印发《新时代公民道德建设实施纲要》,明确肯定中华传统美德是中华文化的

---

① 中共中央宣传部:《习近平新时代中国特色社会主义思想三十讲》,学习出版社2018年版,第2页。

② 习近平:《决胜全面建成小康社会 夺取新时代中国特色社会主义伟大胜利——在中国共产党第十九次全国代表大会上的报告》,人民出版社2017年版,第42页。

精髓，是社会主义思想道德建设的不竭源泉，要深入挖掘中华传统美德，善于从中汲取道德滋养，并结合新的时代条件、新的社会主义建设实践要求，继承发展、转化创新。"自觉传承中华传统美德"被作为重点任务明确要求。① 11月12日，中共中央国务院印发《新时代爱国主义教育实施纲要》。"传承和弘扬中华优秀传统文化"、"深入实施中华优秀传统文化传承发展工程"被作为新时代进行爱国主义教育的总体战略性要求和指导方针。② 这一时期重要会议和政策文件中均明确使用"中华传统美德"的表述，在强调传承弘扬中华传统美德的同时，强调契合新时代要求深入挖掘、创新发展。

习近平大力倡导弘扬中华传统美德。中国特色社会主义文化以马克思主义为指导，根基却深植于中华优秀传统文化的沃土之中。习近平总书记高度重视中华优秀传统文化和传统美德的时代价值，他自己更是以身作则，大量引证古代经典名言、士人格言阐发自己的思想理论，成为认真汲取中华道德精髓的典范。

第一，中华优秀文化是中华民族的"根"和"魂"。新时代进行中国特色社会主义建设，文化建设具有重要的战略地位。习近平认为，文化对一个国家、民族的发展起关键作用。一个国家的富强与民族的振兴，总是以文化兴盛为重要精神支撑和价值支撑，中华民族伟大复兴需以中华文化发展繁荣为重要条件和坚实根基。"历史和现实都表明，一个抛弃了或者背叛了自己历史文化的民族，不仅不可能发展起来，而且很可能上演一场历史悲剧。"③ 中国的德性主义传统文化蕴藏着巨大的人文力量，不同于物质力量可能会影响一代人或者几代人，思想文化的影响能超越时空、持续久远。"中华优秀传统文化是中华民族的突出优势，是我们最深厚的文化软实力"④。对于经由

---

① 《中共中央国务院印发〈新时代公民道德建设实施纲要〉》，《人民日报》2019年10月28日。
② 《中共中央国务院印发〈新时代爱国主义教育实施纲要〉》2019年11月13日。
③ 《习近平谈治国理政》（第2卷），外文出版社2017年版，第339页。
④ 《习近平谈治国理政》，外文出版社2014年版，第155页。

五千年积累沉淀的历史文化，特别是先人传承下来的优良道德规范、道德精神、价值理念，我们要予以传承弘扬。

第二，弘扬中华传统美德是极为重要的战略任务。文化建设的重要工作是思想道德建设。习近平明确指出，"夯实国内文化建设根基，一个很重要的工作就是从思想道德抓起"，"要继承和弘扬我国人民在长期实践中培育和形成的传统美德"[①]。到 2012 年，改革开放政策已经实施了 34 年，在取得巨大成就的同时，也积累了不少风险和隐患，暴露出不少社会道德问题。这个时期，群体性事件时有发生，特恶道德事件[②]频发与社会戾气蔓延，道德冷漠呈上升态势，网络暴力、谣言泛滥成灾，公平正义弱化、诚信守信缺乏、潜规则盛行，整个社会出现了负能量扩散、正能量消弭的消极后果。习近平站在国家治理体系和治理能力现代化的高度，对社会道德问题保有清醒的认知。思想道德建设离不开社会实践这个源，也离不开传统美德这个流。推进新时代社会主义道德建设、消解道德困境从而提升国民文明素养的一个重要选择就是承继中华传统美德。他强调，在推进公民道德建设中，始终坚持挖掘、汲取传统美德的精髓，把弘扬中华传统美德作为极为重要的战略任务来抓。[③] 经过创新发展转化的传统美德，仍可成为新时代道德建设的丰厚资源，使新时代的道德文明显得更加厚重、更加有底蕴、更加有人文性。习近平总书记说，"要学会做人的原则，就要学习和传承中华民族传统美德"[④]。他列举了大量普通百姓耳熟能详的士人格言，强调博大精深的中华传统文化蕴含着丰富的思想精华、民族精神、道德理念，对现代人树立正确的世界观、人生观、价值观大有帮助。"先天下之忧而忧，后天下之乐而乐"的远大政治抱

---

① 《习近平谈治国理政》，外文出版社 2014 年版，第 160 页。
② "特恶道德行为"都具有行为动机特别恶劣，行为手段极端残忍，社会后果非常严重等特点。例如，2013 年 6 月发生在厦门的陈水总纵火烧毁公交车，致 47 人死亡、34 人受伤的事件。参见龙静云《社会排斥与报复性特恶道德问题及其治理》，《哲学动态》2014 年第 2 期。
③ 《习近平谈治国理政》，外文出版社 2014 年版，第 158 页。
④ 《美好的生活属于你们 美丽的中国梦属于你们》，《人民日报》2015 年 6 月 2 日。

负,"苟利国家生死以,岂因祸福避趋之"的责任担当与深厚的报国情怀,"富贵不能淫,贫贱不能移,威武不能屈"的至大至刚、直养无害的浩然正气,"人生自古谁无死,留取丹心照汗青"的凛然无畏精神,"鞠躬尽瘁,死而后已"之孜孜不倦、大公无私的献身精神等。这些镌刻着中华民族文化基因的伟大民族精神,我们都应该继承和发扬。

第三,中华传统美德是坚定文化自信的坚实根基和突出优势。新时代,我们面临新的世界文化格局。一方面,文化思想力量在综合国力竞争中的重要性进一步凸显;另一方面,在不同思想文化的激荡中,总体上"西强我弱"的文化格局没有根本改变。在严峻的形势下,习近平总书记强调指出:"坚定文化自信,是事关国运兴衰、事关文化安全、事关民族精神独立性的大问题。"① 假如奉西方理论、西方话语为圭臬,一味认同西方所谓的"普世价值",我们只能成为西方价值的应声虫,只有挨骂的份。坚定文化自信就要对自身文化价值和文化理想保持高度自信。首先,中华传统美德是坚定文化自信的精神根基。传统美德是中国人的精神标识,它铭记在中国人心里,融流在中国人血脉之中,正是凭借如此的精神品格,中华民族才能在多次磨难中走出历史困境,毅然屹立于世界民族之林。习近平指出:"中华文明源远流长,蕴育了中华民族的宝贵精神品格,培育了中国人民的崇高价值追求。自强不息、厚德载物的思想,支撑着中华民族生生不息、薪火相传,今天依然是我们推进改革开放和社会主义现代化建设的强大精神力量。"② 自强不息、厚德载物是中华传统美德的基本精神,是中华民族创造辉煌历史的品格保障,有资格成为中国人文化自信之源。其次,中华传统美德是坚定文化自信的突出优势。中华传统美德历经千年的积累沉淀,蕴含丰富的思想精华和人生智慧,是中国人独特的、不可多得文化资源。以"仁爱"为核心价值,以

---

① 《习近平谈治国理政》(第 2 卷),外文出版社 2017 年版,第 349 页。
② 《习近平谈治国理政》,外文出版社 2014 年版,第 158 页。

"贵和"为价值目标的中华传统美德，不仅为中国人建设和谐社会提供了价值理念和道德支撑，而且能够为解决人类共同面对的生态危机、文化冲突、精神危机等问题提供中国智慧和行为范型。习近平指出："中国人早就懂得了'和而不同'的道理"①，"中国不认同'国强必霸'的陈旧逻辑"②，"我们要站在世界历史的高度审视当今世界发展趋势和面临的重大问题……实现合作共赢、共同发展，不依附别人、更不掠夺别人，同各国人民一道努力构建人类命运共同体，把世界建设得更加美好。"③ 正如西方人的洞察，在道德方面，"没有哪国人民比古代中国人在这方面做过更好的尝试。"④ 中国人，世代受中华传统文化的哺育，受中华传统美德的滋养，我们理应以中华传统文化的人文性、道德性而自豪自信。

第四，中华传统美德是涵养社会主义核心价值观的重要源泉。一个民族缺乏统一的主流价值观引领，这个民族就会精神涣散、冲突丛生，犹如一盘散沙。社会主义核心价值观既是一种价值目标指引，也是新时代公民道德规范的基准线。24个字的核心价值观，富强、民主、文明、和谐、自由、平等、公正、法制、爱国、敬业、诚信、友善，都可以从中华传统美德中找到其思想源头。习近平强调，中国特色社会主义核心价值观要同中国的历史文化相契合，才能具有强大的生命力和影响力。培育和弘扬社会主义核心价值观必须立足中华优秀传统文化，汲取思想精华和道德精髓，深入挖掘和阐发讲仁爱、重民本、守诚信、崇正义、尚和合、求大同的时代价值。⑤ 社会主义核心价值观条目简明扼要，数量非常有限。中华传统美德历经几千年的发展实践，内涵丰富饱满，能够细化延展为有纲有目的东西，更方便于人们操作和实践，也更为群众所喜闻乐见，从而从感情上拉近与人民

---

① 《习近平谈治国理政》，外文出版社2014年版，第261页。
② 同上书，第266页。
③ 习近平：《在纪念马克思诞辰200周年大会上的讲话》，《人民日报》2018年5月5日。
④ 柳卸林主编：《世界名人论中国文化》，董平等译，湖北人民出版社1991年版，第162页。
⑤ 《习近平谈治国理政》，外文出版社2014年版，第164页。

的距离，增强人民的认同感。简言之，以中华传统美德为核心的中华优秀传统文化，既可以为凝练社会主义核心价值观提供道德条目，还可以为细化社会主义核心价值提供丰富的规范内容和实践要求。提高国家文化软实力，夯实社会主义道德建设的思想根基，要引导13亿人的每一分子都成为传播中华美德的主体。①

第五，中华传统美德是治国理政的重要思想文化资源。新时代的治国理政需要新理念新思想新战略，但发生在今天的诸多问题又可以在过去历史中找到影子，为今天的我们提供镜鉴。习近平强调："我国古代主张民惟邦本、政得其民，礼法合治、德主刑辅，为政之要莫先于得人、治国先治吏，为政以德、正己修身，居安思危、改易更化，等等，这些都能给人们以重要启迪。"②另外，在推进依法治国进程中，习近平强调"必须大力弘扬社会主义核心价值观，弘扬中华传统美德"③，发挥道德支撑法治文化的作用。每个国家都有其独特历史和文化传统，表现为本土化的价值观念、特色实践以及独特体制，治理好今天的中国，需要深入了解我国相沿至今的传统文化，积极总结我国古代治国理政的经验和探索，借鉴中国古代丰富深邃的治国理政、成风化人的传统智慧，为建设社会主义文化强国提供道德基础，为塑造中华民族精神提供文化滋养。总之，任何一个国家的治理体系和治理能力都无法割断本国的历史文化传承，解决中国的社会问题只能在中国大地上探寻适合自身的中国特色社会主义治理方案。

第六，提出"创造性转化和创新性发展"的文化方针。习近平强调，继承弘扬传统美德不能搞厚古薄今、以古非今，要"努力实现中华传统美德的创造性转化、创新性发展"④，使之与社会主义先进文化相融相通。优秀传统文化是中华民族深厚的文化根基，是在世界文

---

① 《习近平谈治国理政》，外文出版社2014年版，第160—161页。
② 人民日报社评论部编著：《"四个全面"学习读本》，人民出版社2015年版，第215页。
③ 《习近平谈治国理政》（第2卷），外文出版社2017年版，第117页。
④ 《习近平谈治国理政》，外文出版社2014年版，第160页。

化激荡中站稳脚跟的突出优势。建设中国的现代化事业，离不开中国历史、中国文化。实现中国的自由和民主，不是完全用西方价值体系衡量并否定我们传统文化和传统美德的价值，而是根据中国国情、人类未来的发展方向，借鉴西方文明成果，对中华传统文化和传统美德进行创造性转化创新性发展，阐发新观念、赋予新意义、提出新要求，从而增强其在当下的生命力与创造力。这既是新时代理论创新的需要，又是提升新时代中国国际话语权的需要，更是保持民族精神独立、提升中华民族文化软实力的需要。习近平总书记强调："今天，中华民族要继续前进，就必须根据时代条件，继承和弘扬我们的民族精神、我们民族的优秀文化，特别是包含其中的传统美德。"①

新时代倡导继承的中华传统美德。首先，习近平强调中华传统美德崇仁爱、重民本、守诚信、讲正义、尚和合、求大同的思想理念，自强不息、敬业乐群、扶正扬善、扶危济困、见义勇为、孝老爱亲的道德规范是新时代应该继承弘扬的传统美德内容。2017 年《关于实施中华优秀传统文化传承发展工程的意见》《新时代公民道德建设实施纲要》再次重申新时代需大力弘扬上述几项美德。其中，"诚信"与"孝亲"尤其被重视和强调。党的十八大把"诚信"提高到社会主义核心价值观的高度，成为个人层面的重要品德要求，强调"深入开展道德领域突出问题专项教育和治理，加强政务诚信、商务诚信、社会诚信和司法公信建设"。2014 年 2 月至 3 月，人民日报持续多日连续刊登"弘扬孝老爱亲传统美德"的系列真人真事。《新时代公民道德建设实施纲要》倡导"自觉传承中华孝道"、"继承发扬中华民族重信守诺的传统美德"②。这些都反映出国家和人民对重塑孝亲、诚信美德的重视和渴望。党的十九大倡导，"激励人们向上向善、孝老爱亲，忠于祖国、忠于人民。"由此可见，公忠爱国、忠诚于民的传统美德也被重点强调和倡导。其次，不同场合，面对不同人群，习

---

① 《习近平谈治国理政》，外文出版社 2014 年版，第 181 页。
② 《中共中央国务院印发〈新时代公民道德建设实施纲要〉》，《人民日报》2019 年 10 月 28 日。

近平提出了有针对性的不同要求。习近平要求各级领导干部要不断体会和弘扬先人传承下来的廉洁自律、公忠爱国、克己奉公、诚信守诺、以义制利等传统美德；倡导国外华人弘扬中华民族具有鲜明民族特色的"顽强拼搏"、"艰苦创业"、"勤劳善良"等传统美德[①]；倡导贫困地区的人们弘扬"勤劳致富"、"勤俭持家"、"孝亲敬老"的中华传统家庭美德[②]；赞誉周恩来同志"心底无私"、"天下为公"的高尚人格是中华传统美德的真实写照，永远是值得后人学习的榜样[③]；在国际交流中，习近平强调"中国人自古以来信奉'己所不欲，勿施于人'、'天下为公'、'和谐万邦'的理念"。[④] 综上，诚信、公忠、孝亲、自强、勤俭、贵和、仁爱、民本、廉洁、正义等都是习近平总书记在不同场合、重要讲话中突出强调的中华传统美德。

"历史是螺旋式的发展，而思想史上那些最重大的突破也往往实现在轮回的表象中。"[⑤] 从"优良道德传统"、"中华民族优秀道德传统"、"中华民族传统美德"到"中华传统美德"概念的使用，既是出于汉语修辞需要，也反映了国人文化观念的变迁。"中华传统美德"的表述，简易、典雅、有力，更方便人们记忆、表述、表达、传播。自古以来，中国人善与美的观念就是统一的，只有"善"才有资格称得上"美"。"美"字蕴含着中国人的审美倾向与价值判断，是对中华民族历史、文化、传统理直气壮地肯定与认同。从五四新文化运动中到"文化大革命"，再到西化思潮对传统美德的冲击，曾经长期专注于批判传统道德的消极方面，认为要富强、民主

---

① 《习近平在对美国进行国事访问时的讲话》，人民出版社2015年版，第25—30页。
② 《习近平谈治国理政》（第2卷），外文出版社2017年版，第90页。
③ 习近平：《在纪念周恩来同志诞辰120周年座谈会上的讲话》，人民出版社2018年版，第19页。
④ 《习近平同希腊总统帕夫洛普洛斯会谈》，《人民日报》2019年11月12日。
⑤ 崔宜明：《社会主义核心价值与中华优秀传统文化的再认识》，《道德与文明》2014年第5期。

和现代化就必须与一切传统决裂。历经历史与现实的深刻反思，中华传统美德重新被倡导弘扬。传统美德中蕴含着取之不竭的历史资源，但它毕竟是生发、扎根于传统社会，我们无法全部照搬来指导现代人的社会生活，这就需要我们在继承的同时创新文化，发展新道德。

第二章 新时代中华传统美德的继承发展

中国特色社会主义进入新时代，党和国家确立了对待中华传统美德的正确态度，即在继承中创新发展。但人文文化的创新发展不是完全脱离任何根基的从"无"到"有"的过程，它既不是科学领域新规律的发现、新原理的提出，也不是技术领域新工具、新技术对旧工具、旧技术的取代，而是原有传统文化的不断积累，是传承基础上的拓展完善。马克思、恩格斯指出："一切划时代的体系的真正的内容都是由于产生这些体系的那个时期的需要而形成起来的。所有这些体系都是以本国过去的整个发展为基础的"①。适应新时代理论和实践发展的需要，诚信、自强、贵和、勤俭、廉洁、勇敢等传统美德，与现代社会生活距离较近，可以直接或稍加拓展完善融入社会主义思想道德体系，成为新时代社会主义先进文化建设的重要思想文化资源。

第一节 中华传统美德继承发展的内在必然性

中华传统美德作为道德，它的继承发展符合道德发展的一般规律；中华传统美德作为具有民族性的道德，又延续着民族传统的独特性。"社会文化的发展是有其联续性的，于是抽刀断水水更流，我们想不出任何实际的方法能将既有的传统一扫而空，让我们真的从文化

---

① 《马克思恩格斯全集》（第3卷），人民出版社1960年版，第544页。

沙漠上建起新的绿洲。"① 文化传统、道德习惯作为社会意识形态，不同于社会政治制度，有其内在的连续性、稳定性和继承性的固有特点。政治制度会随经济基础的改变发生变化，而文化、道德总是同人民大众的思想情感、民族心理、风俗习惯、行为方式紧密地联系在一起，不可能随着经济基础和政治制度的变化而完全消失得无踪迹可寻。

一　文化传统的连续性

在《论传统》中希尔斯认为，从最基本、最明显的涵义来说，传统是指世代相传的东西（traditum），即延传三代以上的、被人类赋予价值和意义的事物；就其主要用法，传统多指文化传统②。具体来说，传统指世代相传的精神、风俗、艺术、制度等。谈到传统，人们很容易与一种特定的社会和文化联系起来，联想到守旧、落后、无知、迷信、社会等级制、财富分配不均、按出身获得社会地位的优先权等，把传统看作是与时代进步相抵牾、限制人们个性自由、扼杀人们创造性的僵死教条。就传统作为历史的时代精神的结晶而言，不可否认，其中许多内容已明显与当代社会的发展不相适应，甚至成为巨大的历史包袱。在现代文明发展的道路上，甩掉过去的历史包袱，需要我们对传统进行认真的梳理和批判。但批判绝不等于简单地抛弃。实际上，我们也根本无法抛弃传统。

第一，文化传统的既定性，使其成为人们日用而不觉的行为习惯。在概念上，"文化传统"不同于"传统文化"。"凡是历史上的文化现象都可归入传统文化范畴；而文化传统是内在于传统文化的道，是文化的精、灵魂、气质。"③ 文化传统不是物化、对象化、外在化的存在物，它是与我们血肉相连的、融入生命中的一些价值、观念和

---

①　殷海光：《中国文化的展望》，上海三联书店2002年版，第519页。
②　［美］E. 希尔斯：《论传统》，傅铿、吕乐译，上海人民出版社1991年版，第15—19页。
③　陈来：《守望传统的价值》，《社会主义核心价值观》2016年第4期。

精神。不管你愿不愿意，文化传统都始终在人们的生活中发挥着"看不见的手"的作用。正如希尔斯所断言，无论如何，我们逃不出传统的掌心。① 对于任何人，文化传统都是先于他存在的既定存在，人们无法选择和摆脱，必须面对和接受它。文化"是被社会不成问题地加以接受的规范……文化的基础必须是同意的，但文化对于社会的新分子是强制的，是一种教化过程。"② 我们生活在来自过去的事物之中。除去存在的个体特性差异之外，可以说，我们的所作所为、所思所想，都是对我们出生之前的人们就一直在做、一直在想的事情的近似重复。没有文化传统，个人就会陷入迷失之中，甚至不知道如何去生活。作为长久地保留在我们生活中的一些习惯、事物和相应的观念，我们无法主观地把过去的传统从我们现在的生活中剥离干净。道德是文化的主干部分，以文化传统的涵义去理解道德传统，"道德传统"就是在历史生活中形成和延续至今的行为模式、风俗习惯和相应的观念。道德传统的连续性，使得人们一以贯之地以一种特有的道德观念和行为模式处理和应对历史生活中遇到的各种问题，成为人们日用而不觉的行为习惯和风俗习惯。"传统的维持和延续离不开美德的践行，维持传统就是维持美德，美德的维持也自然地维持了传统。"③

第二，传统不是"反传统"可以轻易废除掉的。马克思说："人们是自己的观念、思想等等的生产者，但这里所说的人们是现实的、从事活动的人们，他们受自己的生产力和与之相适应的交往的一定发展——直到交往的最遥远的形态——所制约。"④ 从"交往的最遥远的形态"到"交往的一定发展"就是延续着的"传统"，是一种文化传统的传承过程。在中国历史上即便是近代以来的三次反传统，也是在"传统的掌心"中无法隔断与传统的根源性联系，甚至在某种意

---

① ［美］E. 希尔斯：《论传统》，傅铿、吕乐译，上海人民出版社1991年版，第60页。
② 费孝通：《乡土社会》，人民出版社2015年版，第82—83页。
③ 杨明伟：《保守主义：一种审慎的政治哲学》，中国书籍出版社2015年版，第176页。
④ 《马克思恩格斯文集》（第1卷），人民出版社2009年版，第524—525页。

义上，他们是以"传统"的方式"反传统"。近代社会，救亡图存之际，批判旧道德本身就是期望通过道德的变革以作为中国社会革命的动力。但这种期望仍旧是难逃传统"掌心"的期望，即寄期望于传统"正人心"的途径解决社会根本问题。孙中山主张，"我们现在要能够齐家、治国，不受外国的压迫，根本上便要从修身起，把中国固有智识、一贯的道理先恢复起来"。① 在这里所强调的"中国固有智识"，就是指中国传统道德中关于修身的道德智慧、道德理性，是应该继承弘扬的传统美德。"讲到中国固有的道德，中国人至今不能忘记的，首先是忠孝，其次是仁爱，其次是信义，其次是和平。"② 忠孝、仁爱、信义、贵和，在孙中山看来是中国传统道德中原本就有的优秀道德。"固有"代表中华民族自身的传统，是中华民族由古承续至今的传统、绵延不断的传统，无须借助于对外来文化的吸收和借鉴。恢复民族独立，要依赖民族伦理精神的独立，要恢复弘扬"固有"的传统美德。吴虞是清末民初反旧礼教和旧文化的著名人物，无愧于五四时期反传统激将的称号，每星期他都与传统决裂、决裂、再决裂，是胡适所称"打倒孔家店的老英雄"。但当他女儿有悖于传统价值观念要自由恋爱时，他却横加阻拦、极力反对。他的这种矛盾在于：理智上已与传统决裂，但在感情上仍然紧密联系着。传统美德并没有也不可能在反传统潮流中销声匿迹，相反，是传统道德文明哺育着的崇高德性支撑起近代变革的苦难历程，是无数志士仁人以对祖国的无尽热爱诠释了道德的文明传统。纵览中华民族两千多年的历史，可以说，我们的传统道德文明特别是在近代一百多年中才喷发出它无穷的精神力量，升华成为一种高贵的辉煌。③ 无论激进的思想家从理论层面如何拒斥抵制传统道德，它都以某种隐性力量塑造着中国志士仁人的爱国精神和英雄气节，使传统得以继承和延续。又比如，"文化大革命"时期，"忠"德被大力提倡，"忠"的对象和表现形式在

---

① 孙中山：《三民主义》，东方出版社2014年版，第71页。
② 同上书，第64页。
③ 崔宜明、朱承：《中国伦理十二讲》，重庆出版社2008年版，第236页。

变化，但在概念适用上仍然借用传统道德范畴中的"忠"，且"忠"的基本内涵没有实质性改变。可见，一个人一出生就带着一个过去，自然是一个传统的承载者，"即使那些宣称要与自己社会的过去做彻底决裂的革命者，也难逃过去的掌心"。①

第三，传统与现代并非处于水火不容的二元对立状态。正是有了"传统"与"现代"的区分，才使得"传统"自身的意义和"现代"自身的蕴含得以带有自我标识性地显现。传统与现代不是两个中间间断的、静止的概念，不是处于两个相互绝缘、相互孤立的端点。传统流变于过去、现在和未来的历史生成过程中，体现着历史发展的关联性和延续性，反映着主体对历史传统的创生性。"传统甚至不会抗拒变迁"②，传统是能够"活到"现在的那一部分仍有生命力的过去。"活着"既代表由过去走来的现在，甚至也指向未来。关于"传统"和"现代"的区分，从特殊主义的思考方式出发，重点是强调两者之间的区别或不同之处。"然而，如果不从这种特殊主义思考，不去仅仅注意现代社会和传统社会不同的特异之处，而是从实存的意义上去把握，即把握现代社会作为一个实存整体所需要的各种条件，这样，现代社会之所以可能存在的主条件中就会浮现出与传统相联系的一些质素。其中最重要的就是韦伯所说的价值理性或希尔斯所说的实质性传统或冯友兰所说的基本道德。"③ 现代社会之所以能够存在，要有现代社会之工具理性为根基，同时还要依照一切社会之共有的价值理性。人类的理性能力显然是不充分的、有缺陷的，理性无法独自承担改造社会的重任，而克服这种局限性的有效方式就是诉诸历史的传统和经验。马克思和恩格斯在《德意志意识形态》中指出："历史不外是各个世代的依次交替。每一代都利用以前各代遗留下来的材

---

① ［美］E. 希尔斯：《论传统》，傅铿、吕乐译，上海人民出版社1991年版，第60页。
② ［英］安东尼·吉登斯：《现代性的后果》，田禾译，译林出版社2000年版，第33页。
③ 陈来：《传统与现代——人文主义的视界》，北京大学出版社2006年版，第176页。

料、资金和生产力;由于这个缘故,每一代一方面在完全改变了的环境下继续从事所继承的活动,另一方面又通过完全改变了的活动来变更旧的环境。"① 这说明,人类历史的发展是阶段性和连续性的统一,每一个历史阶段都是在前一个历史阶段的基础上发展起来的。每一时代的人们不仅依赖以前时代遗留下来的传统"材料"进行物质生产,而且依赖以前时代沉淀积累下来的思想资源进行精神生产。

文化传统在社会历史的连续性中得以传承,表现出精神活动的连续性。道德作为精神活动的重要内容,它的发展也必须吸收和利用以前时代的道德遗产。人类若要建立一个健全的组织,必须有社会全体成员应当遵守的条件,这些条件中很重要的一部分就是由古延传至今的基本道德。即是说,人类社会的组织必然有其共同的因循之理。失却这些基本条件、抛弃应然的因循之理,人类组织就缺乏黏合剂、缺少精神纽带相联结,最终也会渐趋瓦解、分崩离析。正如希尔斯所深刻洞察到的:没有家庭、教会和学校合力灌输道德传统和知识传统,社会必定缺乏跨时间和跨地域结构的基础。② 中华传统美德经过继承发展和现代转化,可以为现代人提供道德规范的基础、人类理想追求的基础、人生意义的统一性基础,以及提供用于批判现代各种弊病的思想资源和文明智慧。中华传统美德不只是一种意识形态,它还是经验与真正智慧的一种结晶。对道德传统价值连续性的破坏,势必破坏民族的文化自信力,从而削弱中华民族对于现代化建设中困难的承受力和战斗力。③

二 传统文化的民族性

一个民族的文化,总存有其民族特性。这种特性一经形成就具有强大惯性,持久而深刻地发生影响。"即使社会的宏观结构和运作方

---

① 《马克思恩格斯文集》(第1卷),人民出版社2009年版,第540页。
② [美] E. 希尔斯:《论传统》,傅铿、吕乐译,上海人民出版社1991年版,第247页。
③ 陈来:《守望传统的价值》,《社会主义核心价值观》2016年第4期。

式已经发生了根本性的改变，人们的日常人伦关系结构，家庭伦理情感、道德意识和日常行为方式等微观因素并不一定都会随之发生根本性改变。"① 中华传统美德是经过一代又一代中国人的思想观念和生活实践的不同方式传承下来的"活"的东西，是在当今中国人的性格、气质、面貌以及现实生活中仍能找到踪影的东西。

（一）语言、风俗习惯、道德习俗和行为方式没有完全改变

民族的起源在于"自然力"而不是"武力"，这些自然力包括血统、生活、语言、宗教和风俗习惯五个力。② 不同的民族有其不同的历史生活，由此形成各自特有的民族语言、生活方式、行为模式、风俗习惯和国民性格、民族精神等。正是如此不同的"自然力"才形成了独具特色的多个民族，从而使每个民族与其他民族相区分。其一，中国人的语言没有根本改变。不同民族有不同语言，汉语是中国人特有的民族语言，而英语是欧美人特有的民族语言，日语是日本人特有的民族语言。语言不仅是表达与交流的工具，也是自我定义的一个重要因素。现代中国人的语言内容、表述形式、表达的载体都与传统社会有所不同，但方块字的汉语言仍旧是我们传递信息、交流思想、传递中华文明成果的主流语言，而不是英语、法语或说西班牙语言。我们不能不用语言来思考。而任何创造性的工作，如果要用语言的象征符号来体现，就一定有传统。因此，汉语言是我们现代中国人与传统不能分割的重要原因。③；其二，中国人的风俗习惯没有完全改变。不同的民族有不同的传统习惯。过春节是中国人特有的风俗习惯，过复活节是信仰基督教各国的传统习惯。中国人即使移居他乡，仍然不忘中国的传统节日和传统的饮食习惯，这些流传千年的传统习俗就是"中国人"的文化根性和文化标识；其三，中国人的道德习俗没有完全改变。不同的民族有不同的道德习俗。中华民族始终是一

---

① 万俊人：《儒家伦理传统的现代转化向度》，《社会科学家》1999 年第 4 期。
② 孙中山：《三民主义》，东方出版社 2014 年版，第 5—6 页。
③ 杜维明：《现代精神与儒家传统》，生活·读书·新知三联书店 2013 年版，第 430—431 页。

个崇尚勤劳、勇敢、节俭、自强、进取、明礼、知耻、团结的民族。几千年以来，无论社会形态的改变、制度的变革，经济的发展、政治的进步以及文化的繁荣，人们的道德习俗并没有随之彻底改变，传统社会的大部分道德仍然在我们的日常生活中发挥着重要的作用，积淀为我们的文化基因。其四，中国人的民族精神没有根本改变。不同的民族有不同的民族精神。中国人有中国精神，法国人有法兰西精神，韩国人有韩国精神。以爱国主义为核心的民族精神，自强不息的民族品格是中国精神的主要内容，正是这种伟大的民族精神才使我们民族在历史的洪流中屹立不倒、奋勇前行。其五，中国人的行为方式没有根本改变。西方人的社会行为取向是个人主义的，而中国人的社会行为取向则是集体主义的取向。中国人倾向于认为国家或民族是一个有机整体，个人是这个更普遍的整体的组成部分，但整体不是其部分的简单相加或堆砌，整体大于部分，整体决定部分的性质，离开整体的部分是无意义的，也是无法被理解的。由于反对把个人看成是抽象、孤立的原子，我们强调和谐秩序的重要性，以防止个人主义造成的道德价值的沦丧及其对社会秩序的破坏。最后，中国人的生活方式没有完全改变。不同的民族具有不同的生活方式。生活就是生活的历史，是历史中的生活，不同的民族在历史生活中形成他们各自的传统。这种各具特色的民族传统，具有相对的稳定性和传承性。从人类历史的发展，我们可以看到这样的现象：一个民族在数千年的发展中虽然相继更替了几种不同的社会形态，但该民族的固有的生活方式特点却一直延续下来，成为该民族文化共同体的重要标识。

（二）民族文化的重要内容没有发生质的改变

一个国家最具特点、最能表现民族特色的，就是其在历史上积淀并流传至今的民族文化。民族文化的民族性对于不同的民族而言，意味着一种"个性"或说特殊性；而对于同一民族内部而言，又意味一种"共性"或说普遍性。各个民族在长期的历史发展过程中创造出了带有该民族特点、反映该民族历史和社会生活的文化，其中包括物质文化和精神文化。相比较西方文化的"智性"主义，印度文化的"神秘"主义，中国文化是蕴含着道德性与人文性的"德性"主义文化。对塑造中国人的精神面貌起重要作用的儒家文化，尤为关注德性问题和现实的人生问题。人伦道德、修身养性、修齐治平，皆是儒家着力关心的重要命题，体现着中国传统文化的道德主义特质。"以儒学为主体的中国传统文化，两千余年来，以它深厚的传统和辉煌的发展滋养了一种坚固的文化民族主义，形成了一种稳固的民族的文化心态、传统思维模式和行为模式。"① 可以说，中国传统文化的民族特征就是"儒家文化"。其一，从性质方面来说，由于倡导"和而不同"的价值观念，使中国的民族文化具有海纳百川、兼容并蓄的极大包容性。在中国历史上，至今有两次外来文化的输入。一次是东汉以后的印度佛教东传，另一次是西学东渐，特别是马克思主义的传入。外来文化之所以能够在中国大地上生根发展，并以其文化魅力给中国文化以广泛而深刻的影响，正是源于中华民族文化极具包容性的特点。同时，我们又不可能把外来文化教条主义地搬到中国，离开中国的民族特点，离开中华民族文化这个主体，外来文化难以立足。其二，从内容方面来说，大同思想、民本思想、和谐思想、素朴的唯物主义和辩证法思想都反映着传统文化民族性的特征。"中华文明绵延数千年，有其独特的价值体系。中华优秀传统文化已经成为中华民族的基因，植根在中国人内心，潜移默化影响着中国人的思想方式和行为方式"②。时至今日，中国的民族文化并没有因为社会经济形态的改变和国际交流的加深而失去自己的特色。事实上，中国特色社会主义进入新时代，中国共产党倡导的决胜全面建成小康社会、以人民为中心、构建人类命运共同体等，都体现着中国民族文化的特色。民族文化的重要内容并没有发生质的改变，它仍然以其巨大的惯性在现实中继续发挥着作用，潜移默化影响着人们的生活世界。"儒家的，不是铁板一块，也不是黑格尔所谓存在即合理意义上的史实，而是一种

---

① 姜林祥：《儒学价值传统与现代化》，齐鲁书社2002年版，第223页。
② 中共中央宣传部：《习近平总书记系列重要讲话读本》，学习出版社2014年版，第96页。

生命形态、价值取向和人生理想。"① 这种价值取向、人生理想不会随着时代的变化、社会的更迭而过时。

时代在变，但人与社会、人与人、人与自然的许多基本矛盾并未改变。一个民族的传统使我们的记忆保持连贯，提示着我们民族的先人是如何处理同样的生存困境，解决一个民族面临的同样问题。可以说，当代中国人的处世哲学仍然没有超出儒家人生哲学的框架范围。中华传统美德蕴含的许多价值——仁爱、礼义、忠信、孝悌，以及中庸、平和、天人合一之类的价值和态度——早已经成为中国人的国民性、生活哲学和民族文化的有机构成元素，或说是中华民族的文化基因，并不是能够人为地取舍予夺的。这些基本价值可以经过转化而承继下来，使之与现代生活相兼容。它不仅可以作为本民族社会整合、文化重建、基础文明养成和道德教化的重要资源，也有可能在东西文化融合的过程中成为新的世界文明的共同价值。②

（三）道德的民族性特征没有根本改变

马克思主义的唯物史观认为，经济基础决定上层建筑。"道德不是来自神秘天国的赠予或救赎，它是历史的产物，是人类在物质实践基础上的自我实现的创造。道德传统也是这样发展的，在既定的基础上通过不同个性的自由创造而丰富和发展社会的价值共识。"③虽然道德反映着不同民族的某种价值共识，但这种"自我实现"以及"不同个性"的自由创造，正是体现出带有传统文化印痕的传统道德的民族性特征。"善恶观念从一个民族到另一个民族、从一个时代到另一个时代变更得这样厉害，以致它们常常是互相直接矛盾的。"④在不同的文化背景下，由于人类本性的结构相同，至少是人类的基本需要普遍相同，从而在不同文化类型中可能享有相一致的终极道德原

---

① 杜维明：《现代精神与儒家传统》，生活·读书·新知三联书店2013年版，第438页。
② 杨东平主撰：《艰难的日出——中国现代教育的20世纪》，文汇出版社2003年版，第333页。
③ 崔宜明、朱承：《中国伦理十二讲》，重庆出版社2008年版，第258页。
④ 《马克思恩格斯文集》（第9卷），人民出版社2009年版，第98页。

则，然而在应用该项原则时就有可能发生"伦理"分歧，这正是受文化民族性特征影响而表现出的"分歧"或说"个性"特征。"道德信仰以及关于规范行为的信仰在一定文化中总是同诸如语言和基本政治制度等其他的文化特征紧密相联的。……一个社会把道德上赞成什么和反对什么视为有价值的，这无论是在细节上或者在整个类型上都十分不同于其他社会。……受到赞扬和谴责的具体的行为和动机，在一种文化中与在另一种文化中又极不相同。"① 比如，我们都很熟悉的哈逊湾的部落民族，由于社会文化不同而产生的杀死年老双亲以"行善"的独特风俗，这与我们中华民族传统文化中尊重父母和老年人的"孝道"是完全不同的。一个民族的经济生活、地理环境、风俗习惯等等都会反映到本民族的道德观念中，形成具有本民族特点的道德规范体系，调整本民族成员的利益关系，制约本民族成员的行为实践，维系本民族的整体秩序。各个民族都以各自的民族道德评价人们的道德行为，都从本民族利益和道德观念出发，颂扬各自的民族英雄。

在中华民族，"爱国主义"、"崇尚和谐"、"孝敬父母"、"勤劳节俭"等是中华民族鲜明的道德传统标识，它渗透到社会生活的各个方面，影响之广之远，成为中华传统文化中十分重要的内容要素。"民族主义仍具有强大威力，就是因为它是具体的，也就是说，它深植于每个地区特定的社会背景和特点鲜明的文化遗产之中。它从特定民族与特定共同体活的历史中提取意义和活力，努力与现代民族结合在一起。"② 传统文化的民族特性是流动在每个民族文化血脉中的文化基因，无论现代民族如何发展，都无法抹去其民族性的鲜明印痕。

三 社会生活的共同性

道德并非来源于上帝的启示，也并非来源于人的自然天性，说到

---

① ［美］汤姆·L. 比彻姆:《哲学的伦理学》，雷克勤等译，中国社会科学出版社1990年版，第52页。
② ［英］安东尼·D. 史密斯:《全球化时代的民族与民族主义》，龚维斌、良警宇译，中央编译出版社2002年版，中文版序第4页。

底，道德来源于人们的社会生活实践。只要人类需要生产、需要生活，就要解决和处理许多根本性的问题。比如，通过劳动的手段解决基本的生存问题；通过分工的方式组织社会生产的问题；通过人类理性和语言进行人际间交流等。要解决这些基本的问题，在解决途径的选择、解决方法的使用过程中，无疑都蕴含着人类的道德问题。只要这些关乎人类生存的根本问题在当今依旧存在，从古至今，就会存在一些共同的道德要求。阶级社会的道德毋庸置疑具有阶级性，但抛开道德阶级性的一面，我们无法否定共同道德的存在，究其原因就在于人类社会生活具有共同性的特点。这也是传统美德具有继承性的决定性因素。

（一）人类生活的类特性需要传承共同的伦理道德

共同的人类实践活动，造就相同的伦理关系。自从产生了人类，要保障人类的生存延续，就需要通过人类劳动从自然界中获取所需的物质生活资料。古罗马西塞罗认为，没有人的劳动，人类就不能生存，同时人类没有任何生活事务。在维持人类生活所必不可少的那些东西中，有的是没有生命的，有的是有生命的。若没有人的手工劳动，我们就不可能从那些无生命的东西中得到任何利益；若没有人的劳动和技术的运用，我们也不可能从有生命的动物身上获利。[①] 正是在这个意义上，马克思认为："劳动这种生命活动、这种生产生活本身对人来说不过是满足一种需要即维持肉体生存的需要的一种手段。而生产生活就是类生活。这是产生生命的生活。一个种的整体特性、种的类特性就在于生命活动的性质，而自由的有意识的活动恰恰就是人的类特性。生活本身仅仅表现为生活的手段。"[②] 劳动实践是人类生活的类特性，由于人类自身的有限性，人们在劳动过程中结成了各种劳动关系；为了保障人类的繁衍和再生产，人类又以婚姻家庭为载体结成一定的家庭关系。而正确、有效地处理各种劳动关系和家庭关

[①] ［古罗马］西塞罗：《论老年 论友谊 论责任》，徐奕春译，商务印书馆1998年版，第171页。

[②] 《马克思恩格斯文集》（第1卷），人民出版社2009年版，第162页。

系就离不开伦理道德的调整作用。

相同的伦理关系，产生共同的道德要求。传统社会从近代变革转型以来到今天的新时代，无论从生产方式到社会结构、制度框架，还是从生活方式到价值认同，都发生了深刻和根本的改变。生产方式由小农经济条件下的农业生产转变为市场经济条件下的工业化生产模式、信息化生产；家庭结构由原先的以"父子"关系为核心的大家族模式转变为现代的以夫妻关系为核心的"核心家庭"模式。但"变"的表象中一定保持着"不变"的东西，"变"中仍旧保留着其"不变"的内核。当今社会，无论人们的劳动方式发生什么样的巨变，投入体力或脑力的劳动仍是维持人们生存的主要手段；家庭仍然是社会生活的基本单位，满足着人们物质消费、繁衍后代、情感慰藉等功能；全球化过程中，民族国家仍然是重要的政治单位，不同民族国家之间仍然存在着合作和竞争。正是这些"不变"的伦理关系的存在，产生了共同的道德要求。中华民族世代积淀形成的中华传统美德，被现代的我们处理类似关系时继承和吸收。新时代的历史条件下，只要生产劳动有必要，勤劳、节俭、自强等传统美德就仍需传承；只要家庭关系存在，孝慈、贵和等传统美德就仍不能丢弃；只要民族国家存在，公忠、爱国、敬业、奉献、和睦、友善等传统美德就绝对必要。只不过这些中华传统美德的表现形式和实践方式会随着时代发展有所变通。

（二）人的社会性存在属性需要传承共同的伦理道德

道德普遍性的根据并非在于永恒不变的抽象人性，而在于人的社会性。马克思指出，即便是无产阶级道德也和封建道德、资产阶级道德之间存在着共同的"一成不变"的道德，原因就在于人类的社会生活具有共同性的一面。"对同样的或差不多同样的经济发展阶段来说，道德论必然是或多或少地互相一致的。"[1]

人的本质属性在于人的社会性存在属性。自从人类伊始，人们就

---

[1] 《马克思恩格斯文集》（第9卷），人民出版社2009年版，第99页。

以相互需要、相互合作的方式共同生产、生活。社会是区别于家庭、学校、社区、公司等人们共同生活空间的最大组织。"个体是社会存在物。因此，他的生命表现，即使不采取共同的、同他人一起完成的生命表现这种直接形式，也是社会生活的表现和确证。人的个体生活和类生活不是各不相同的，尽管个体生活的存在方式是——必然是——类生活的较为特殊的或者较为普遍的方式，而类生活是较为特殊的或者较为普遍的个体生活。"[1] 毫无例外，每一个人不管遵从什么样的独特的生存方式，他都只能生活在社会之中。从具体形态上来说，社会总是在历史长河中不断更迭变化，由低到高地经历了原始社会、奴隶社会、封建社会、资本主义社会以及社会主义社会五种基本形态。但任何一个社会，不管社会形态如何不同，人类总是组织成"社会"去生活则是亘古不变的事实。

人类共同的社会生活，需要传承共同的道德。只要在社会生活中，就存在人类伦理关系的同构性。无论什么时代，在共同的社会生活中，总是存在一些相同的关系。家庭结构中存在夫妻和血亲关系，人际交往中存在的朋友同僚关系，居住环境中存在邻里物业关系，求学问道中存在同学师生关系，个人与民族、国家、社会之间存在整体部分关系等。基于不同的社会文化背景，具体处理这些关系的方式方法存在某种差异性，但一定蕴含着某种共同性的伦理观念。敬爱父母、呵护子女、珍惜友情、帮助邻人、尊师敬长、热爱祖国、服务社会、遵守公共生活准则一定被视作基本美德。"文化是一场漫长而悠久的积累过程。没有前人的劳动创造，不认真学习前人的传统，我们就达不到今天的高度。轻率地去抛弃传统，只能是使自己安于愚昧；而要彻底砸烂旧传统，也许人类只好倒退到老祖宗的原始社会里去了。传统不能简单地等同于政权；一个政权可以推翻，但是传统却一定要保存，并且只有保存好了才能继续发扬光大，这是人类进步的必

---

[1] 《马克思恩格斯文集》（第1卷），人民出版社2009年版，第188页。

要条件。"① 延续传统正是人类原始心理需要的表露,没有对家乡和集体的依恋、对家庭温情的渴望,人类便不能生存下去。"只要人类还天生就是人类,只要他们还具有爱的能力和性的欲望,只要父母的爱护仍为儿童的生存和成长所必需,那么这些传统就不会消亡。"② 无论社会如何发展进步,人类世代需要面对这些同样的问题,传统美德为我们提供了应对的人生智慧。

社会的发展延续既需要创新变革,又需承续文化传统。社会的发展断然不是从零开始的斩草除根、另起炉灶,社会变革不可能根除文化传统。诚然,人的理性至为宝贵,但事实上,人类生活的完全理性化仅仅是一种美好而热切的理想,单纯仰赖人类理性的规划和计算有时并不可靠。人类生活的总体目标并不能完全凭靠理性来建构和实现,人类的部分生活目标注定就是非理性的,这就要求必须辅之人类的文化传统、道德习惯与生活经验共同合力完成目标。绵延数千年的传统文化和传统美德已经以文化基因的形式深植厚蕴于中华儿女的内心世界,由于其鲜明的民族特征和永不褪色的时代价值,成为不论现在还是未来都理应珍视的文化遗产。设若我们舍弃自己传统文化的根基,在许多方面我们将变得面目全非,根本无从辨认自我。无法确定自己从哪来,将也无从确定我们要到哪里去,全然是异乡漂泊的无根感和无助感。"只有细致地研究过去,我们才能去预想未来,理解现在"。③

总之,现代社会与传统社会相比较,虽然社会结构、政治经济制度、生产生活方式均发生了巨大变革,但究其语言使用、传统风俗习惯、行为方式仍旧保持着中国人的民族特色,民族文化的重要内容并没有发生质的改变。中国社会的发展变革、"中国现代化的启动无论

---

① [英] 柏克:《法国革命论》,何兆武、许振洲、彭刚译,商务印书馆1998年版,译者序言第15页。
② [美] E. 希尔斯:《论传统》,傅铿、吕乐译,上海人民出版社1991年版,第428—429页。
③ [法] 爱弥儿·涂尔干:《教育思想的演进》,李康译,上海人民出版社2006年版,第14页。

我们愿意还是不愿意，都无法摆脱其植根的文化土壤（传统），而这块土壤的悠久与曾经辉煌、独立与系统，使其产生极大的惯性和文化的拉力。"① 中华传统美德中包含着许多实质性的传统，也即古今共由之理，如仁者爱人、父慈子孝、和而不同、己所不欲，勿施于人等。正是因为这些古今通理、通义被人类原始心理所需要，成为中华传统美德具有现代价值的内在根据。人类道德的产生发展具有历史性和阶级性，继承发展是人类道德进步遵循的基本规律。没有继承，谈不上道德的承接，道德的历史就会中断；没有发展，就没有道德创新，道德就会因不适应而失去影响力。

第二节 中华传统美德继承发展的理路

如何传承中华传统美德，是关系到新时代的治国理政、关系到中华民族永续发展的大问题。习近平总书记强调，"要继承和弘扬我国人民在长期实践中培育和形成的传统美德，坚持马克思主义道德观、坚持社会主义道德观，去粗取精、去伪存真，坚持古为今用、推陈出新，努力实现中华传统美德的创造性转化、创新性发展。"② 这一表述确立了传承中华传统美德的理论基础，与其他系列重要讲话思想内容构成一个有机整体，为新时代如何继承发展中华传统美德提供了新的理路。

一 继承发展的依据

人类社会历史发展的连续性和文化传统的遗产性使得任何国家的现代化谋划都不可能是从零开始，而极为明智的做法是要根据社会发展的新变化继承发展文化传统与道德传统，使其成为推动现代化发展

---

① 李萍：《"人生观论战"的反思与中国现代化的文化追求》，《中山大学学报》（社会科学版）2005 年第 4 期。

② 习近平：《建设社会主义文化强国着力提高国家文化软实力》，《人民日报》2014 年 1 月 1 日。

的重要精神力量。习近平同志站在新时代社会主义先进文化建设的战略高度,既综合了党在历史上提出的文化方针,又吸收了思想理论界的研究成果,提出了对传统美德实现"创造性转化和创新性发展",以及"挖掘和阐发"、"适应和协调"的思想观点。这就为在新时代条件下全面继承发展中华传统美德提供了重要依据。

(一) 从"批判继承"到"两创"

关于传统美德的继承问题,并不是一个新话题。早在梁启超、陈嘉异、陈寅恪的思想中,就有关于传统美德继承的问题意识表述。一方面,传统美德与传统封建社会别尊卑等贵贱的等级制度紧密相连;另一方面,作为中华民族五千年的精神文明成果,传统美德中蕴含着丰厚的道德资源,为中国人的世代生存提供人生智慧和行为典范,也使得辉煌的中华文明得以延续至今。正是中华传统道德作为一个复杂矛盾体的存在,或说正是因为中国伦理政治一体化的民族特征,使得传统美德的继承问题在中国变得异常的复杂。其实,即便是诸如王国维、杜亚泉、梁漱溟、陈寅恪这样的重传统、维护传统的思想家,也并非全盘接受一切地维护传统道德;即便是对传统道德进行尖锐批判的学者,也并非看不到传统道德的一点优势。但观念层次的思想认识在落实为具体实践的过程中,常常会出现某种偏差。陈来先生一针见血地指出:"事实上在继承的问题上还有很多人停留在以批判为主的思维,需要加以转变。"① 新时代的历史方位,中华传统美德的继承发展理应有其因循的新理路。

历史发展过程中,每个时期的"中心任务不同,对传统文化的选择和认识也就不同,对文化继承的态度也就不同。"② 传统道德是传统文化的组成部分,对于传统文化的论断应当也适用于传统道德。五四新文化运动时期,改变旧中国积弱积贫的现状,实现中华民族的救亡图存是重要的中心任务。当把整个民族落后挨打的深层原因归结为

---

① 陈来:《二十世纪思想史研究中的"创造性转化"》,《中国哲学史》2016 年第 4 期。

② 陈来:《中华优秀文化的传承和发展》,《光明日报》2017 年 3 月 20 日。

第二章　新时代中华传统美德的继承发展

传统文化以及传统道德的影响和束缚时，对待传统文化和传统道德的态度便能可想而知。"批判"是五四新文化运动时期对待传统美德的整体性态度。"批判"是否定性的、非建设性的，一味地"批判"可能走向彻底地摧毁、完全地抛弃，一时出现价值虚无状态。正如张岱年先生所评价："'五四'运动是批判旧道德，建设新道德。但是，旧道德被打倒了，新道德却没有建设起来。"① 当对传统文化以及传统道德的认识和分析不够深刻、不够全面，它的精华部分就不能被人们充分利用，从而影响其继续在新文化和新道德构建过程中积极作用的发挥。杜维明先生认为，"中国知识分子自五四以来的一个严重缺陷，就是在了解方面用的功夫很少，而以权力运作为目标的批判成为大家的主要关切。不了解的事物进到生命中，很多只在下意识层，没有办法把它的力量发挥出来。这样，它的健康的部分不能利用，而腐朽的部分也无法去除，往往成了传统遗毒的牺牲者。"② 1921年，中国共产党成立之后，与当时党的革命中心任务保持相一致，同时受到五四新文化运动思潮的惯性影响，早期中国共产党对待传统美德的态度仍然以"批判"为主、为先。1938年开始，以毛泽东为代表，早期中国共产党对于传统文化的态度方针，表述为"批判地吸收"。毛泽东强调："我们必须继承一切优秀的文学艺术遗产，批判地吸收其中一切有益的东西。"③ 从表述上看，已不是沿袭"五四"时期的单方面强调批判的立场态度，批判前提下要有所吸收，但批判仍居于前提、主导、优先的地位，即先进行"批判"再论及"吸收"是其主要意旨。毛泽东还指出："清理古代文化的发展过程，剔除其封建性的糟粕，吸收其民主性的精华，是发展民族新文化提高民族自信心的必要条件；但是决不能无批判地兼收并蓄。"④ 应该说，毛泽东的精

---

① 张岱年：《弘扬传统美德要有批判有继承》，《冶金政工研究》1995年第5期。
② 杜维明：《现代精神与儒家传统》，生活·读书·新知三联书店2013年版，第247页。
③ 《毛泽东选集》（第3卷），人民出版社1991年版，第860页。
④ 《毛泽东选集》（第2卷），人民出版社1991年版，第707—708页。

彩论述直到今天还有重要的思想理论指导意义。但在当时的历史时空下，仍没有转变以批判为主的思维方式。1949 年，中华人民共和国成立，在相当长的一段时期内，党的基本路线坚持以阶级斗争为纲。由此，对待传统文化和传统道德仍旧沿用了革命斗争年代的文化方针和态度，概括为"批判地继承"。之后，"批判继承"成为 50 年代以来文化界对待传统文化的普遍提法。1956 年 9 月在《中国共产党第八次全国代表大会关于政治报告的决议》中，再次明确中国共产党对待传统文化的态度："对于封建主义和资本主义的思想，必须继续进行批判，但是，对于我国过去和外国的一切有益的文化知识，必须加以继承和吸收。"①

客观地说，"批判继承"方法是一种辩证的思维方式，既要看到需批判的方面，又要看到需继承的方面，而不是一味地只讲批判不讲继承或说只讲继承不讲批判，体现了中国共产党对马克思主义理论和方法的科学运用以及中国共产党某种程度上的文化自觉意识。简言之，"批判继承"传统文化或传统道德，就其方法论的意义而言，是科学的马克思主义的态度。无疑，社会文明的进步、思想观念的更新，需要批判精神。马克思主义理论之所以至今仍不过时，其中一个重要的原因在于它具有的批判精神。但批判并不等于要彻底推翻。马克思、恩格斯批判揭露资本主义制度的不合理性，但同时坚持辩证的思维方式，肯定资本主义社会创造的巨大生产力，比以往所有社会创造的生产力总和还要多还要大。"批判"中有所"肯定"才是一种实事求是的客观、理性的态度。"批判地继承"不是作为科学方法，而是作为对待传统文化的基本立场，在特殊的历史背景下，就表现为一种鲜明的主观态度。当秉持批判为主的态度，相当程度上就会制约全面继承、吸收古老的优秀文化和道德遗产以服务国家治理、文化建设和道德建设的目标。冯友兰先生在《孔子研究》创刊号上曾经谈道："人们常说，对于古代文化，要批判地继承，这是一个程序的两个方

---

① 《建国以来重要文献选编》（第九册），中央文献出版社 1994 年版，第 348 页。

第二章 新时代中华传统美德的继承发展

面。随着历史的发展，人们有时注重这个方面，有时注重那个方面，所以就显示出一种转化。"① 既批判又继承，从主观态度上讲，却存在注重批判还是注重继承的重点转化。毛泽东在一封致张闻天的书信中说："关于孔子的道德论，应给以唯物论的观察，加以更多的批判，以便与国民党的道德观（国民党在这方面最喜欢孔子）有原则的区别。"② 这是在特殊时期出于与国民党在政治意识形态上的斗争需要，把一贯尊崇的政治斗争原则运用到文化道德领域的体现。具体讲，就是"凡是敌人反对的，我们就要拥护；凡是敌人拥护的，我们就要反对"③。总之，"由于中共早期的文化理念受到'五四'新文化运动的影响甚深，又在新中国成立后延伸了革命战争时代对传统文化的认识，于是在继承文化遗产的问题上，始终不能及时转变批判为主的思维。"④

20世纪80年代，出现了"寻根意愿（search for roots）"的新潮流。这种现象不仅出现在第三世界，而且出现在以美国为代表的工业文明高度发展的社会，成为一种不可抗拒的潮流。60年代美国出现"大熔炉"的思想意识，70年代则受到很大的批判，80年代接受此观点的人越来越少，"寻根"成为新潮流。影响比较大的是根据亚历克斯·哈利同名小说改编的美国电视剧《根》的播出，反映出各种族对他们的根源性的追寻。"这种根源性一定是好几代的，所以有非常深厚的传统意识。我们不能只站在生物延续的角度来理解，因为根这一象征符号体现了很多落叶归根、血缘、祖国、种姓、出身、礼俗等文化价值。"⑤ 正是在这种世界性大潮流的背景下，中国大陆八九十年代兴起"文化热"、"国学热"，人们开始理性地反思以往对待传统文化包括传统美德的立场和态度；到21世纪初，党和国家提出建

---

① 陈来：《传统与现代——人文主义的视界》，北京大学出版社2006年版，第279页。
② 《毛泽东书信选集》，中央文献出版社2003年版，第132页。
③ 《毛泽东选集》（第2卷），人民出版社1991年版，第590页。
④ 陈来：《中华优秀文化的传承和发展》，《光明日报》2017年3月20日。
⑤ 杜维明：《现代精神与儒家传统》，生活·读书·新知三联书店2013年版，第429页。

构社会主义和谐社会，这是文化自觉历程中的重要一步；及至十八大以后，习近平总书记有关传统文化和传统美德的许多重要讲话产生了巨大反响，引起国内外的广泛关注和一致好评，才全面展现出对待传统文化以及传统美德的真正自觉。"实现中华传统美德的创造性转化和创新性发展"是习近平总书记综合了党在历史上提出的文化方针，吸收学术界有关传统文化研究成果，加以发展创新的新提法。从习近平总书记重要讲话的整体性思想来理解，他提出的文化主导方针就是"两有"、"两相"和"两创"。

习近平指出，对于传统文化要"有鉴别的对待、有扬弃的继承"①，"这一思想不再停留在以往革命为中心任务时期的'批判地继承'的提法，不再把批判地继承作为文化传承的主导方针。"②"有扬弃地继承"是有所保留、有所抛弃、有所转化，是包含着发扬和抛弃两方面的辩证法。"创造性转化和创新性发展"的"两创"提法，显然避免了突出"批判"的否定性倾向，充分体现了党的工作重心转移后，从实现中华民族伟大复兴的整体需要以及站在治国理政的高度，对文化继承方针的重新思考。"有扬弃地继承"与"创新性发展"相结合，强调的重点在"创新性发展"。新时代的精神是创新精神，"创新"才有了新时代的理论成果和实践成果。新时代中华传统美德的继承必然是创造性的继承，而不是简单机械地挪用或还原性的复制、沿用。"批判继承"是讲"批判"与"继承"的关系，而"两创"是讲"继承"和"创新"的关系。"两创"的原则更具建设性，是在批判继承基础上的进一步丰富与发展，是对我党一贯强调的"去粗取精、去伪存真、古为今用、推陈出新"思想的进一步深化、发展，体现了我党对继承传统文化和传统美德内在规律认识的进一步理性化与具体化。"传统是'尚未被规定的东西'，它永远处在制作之中，创造之中，永远向'未来'敞开着无穷的可能性或说'可能世

---

① 《习近平谈治国理政》（第2卷），外文出版社2017年版，第313页。
② 陈来：《中华优秀文化的传承和发展》，《光明日报》2017年3月20日。

第二章　新时代中华传统美德的继承发展　　105

界'。""'继承发扬'传统就绝不仅仅只是复制'过去已经存在的东西',而恰恰是要发前人所未发,想前人所未想"。① "创新性发展",不是传统美德在自身范围内的改进、完善和演变,不是传统美德"独善其身"的"自改革",而是与一切道德文明成果密切相关联的道德文化再创造,是以由"古"而"今"为发展方向的中华传统美德的新开展。即便实现"创造性转化和创新性发展"的传统美德仍然保留原有的德目、概念和形式不变,乍看起来好像与传统美德相似甚至相同,其实质却是已经增加了富有鲜活时代气息的新内涵。"文化不是停滞不动的,中国文化应该发展。继承、创造、发展,是一个民族的文化得以保存和发展的规律。世界上所有文明古国之文化发展的中断,都是因为与此规律相背。"② 文化保存和发展的规律同样适用于传统美德,这就要求继承、发展和创新中华传统美德,结合社会生活的实际、把握时代发展的脉搏,提出适应新时代社会发展所需要的道德价值观念,建立有中国特色的社会主义道德思想体系。在继承中发展,在发展中继承,这是科学、理性地对待中华传统美德的马克思主义态度。

(二) 从"弃糟取精"到"挖掘和阐发"

毋庸讳言,中国传统道德具有鲜明的两重性和矛盾性特征。大略地说,既有民主性的精华,又有封建性的糟粕,甚至有些情况下,糟粕精华互相杂糅,瑕瑜互见。因此,"弃糟取精"③ 作为方法论,本身似乎可以推敲,但显然在具体的理论分析过程中,这样的做法有点简单化了,且不是理论建构的最终完成式。"弃糟取精"是必要的,却只是前提性的基础工作,对"精华"部分的进一步料理是新时代传承道德文化的着力点。

20 世纪 80 年代下半期,在轰轰烈烈的文化大讨论中,"逐渐形

---

① 甘阳:《传统、时间性与未来》,《读书》1986 年第 2 期。
② 陈先达:《文化自信中的传统与当代》,北京师范大学出版社 2017 年版,第 160 页。
③ 1940 年在《新民主主义论》中,毛泽东提出"取其精华、弃其糟粕"的继承方法,作为发展民族新文化的主要遵循。

成了一种对传统不是指摘其缺陷而是寻求其肯定因素的风气。"① 思想界开始意识到，对传统美德的继承来说，"去其糟粕，取其精华"的说法或许并不重要，真正重要的是如何认识和发掘我们民族的传统美德中所包含的那些不能为历史尘埃所掩盖的、具有普遍意义的思想价值。这些意识，代表着这个时期具有深刻反思意识的知识分子对传统文化具有的时代价值的肯定，并预示着此后理论着力点的转向。分析原因，一方面，"精华"与"糟粕"是蕴含着价值性判断的语词，区分"精华"与"糟粕"的标准必然会随着社会价值观、道德观的变化而变化。"弃糟取精"，犹如甘阳先生所批判的，很容易陷入"在'过去已经存在'的东西中挑挑拣拣"的境地；② 另一方面，随着新文化运动中对传统道德的清算和批判以及20世纪八九十年代"国学热"、"文化热"兴起中的进一步反思，人们对传统美德糟粕部分的认识已经普遍地达成共识。新文化运动中重点批判的"三纲"和对妇女提出的"三从四德"，片面化、非理性化的"愚忠""愚孝""贞节"等，在现代社会不再被大部分民众所认同和践行。"一个经过启蒙思想洗礼的社会，在自由、平等的要求下，无论有多少理由，都不可能接受三纲伦理的模式。片面的爱和片面的义务，它的对象只应该限定于神，而不应该是人。"③ 这即是说，在当今时代，在继承传统美德的理论建构中，"弃糟"的任务已经不是主要任务了。在中国特色社会主义建设进入新时代，习近平总书记强调指出："要认真汲取中华优秀传统文化的思想精华和道德精髓……深入挖掘和阐发中华优秀传统文化讲仁爱、重民本、守诚信、崇正义、尚和合、求大同的时代价值。"④ "要加强对中华优秀传统文化的挖掘和阐发，努力实现中华传统美德的创造性转化、创新性发展。"⑤ 弘扬以爱国主义为

---

① 陈来：《传统与现代——人文主义的视界》，北京大学出版社2006年版，第276页。
② 甘阳：《传统、时间与未来》，《读书》1986年第2期。
③ 韦政通：《传统与现代之间》，中华书局2011年版，第219页。
④ 《习近平谈治国理政》，外文出版社2014年版，第164页。
⑤ 习近平：《坚定制度自信不是要固步自封》，新华网（http://www.xinhuanet.com/politics/2014-02/17/c_119373758.htm）。

核心的民族精神，能够极大增强民族的凝聚力；弘扬以改革创新为核心的时代精神，能够实现国家富强、民族复兴的宏伟目标。仁爱、诚信、正义、和合、重民本、求大同都是中华传统美德的重要内容，至今仍然具有重要的时代价值。加强对中华优秀传统文化的挖掘和阐发，就是要打开隔在民族精神和时代精神之间的思想通道，使之相联结、相贯通，共同发挥精神引领的作用。

挖掘和阐发，突出强调的是弘扬中华传统美德的时代价值。其一，中华传统美德与新时代的关系，有的并不能直接显现，这就需要以新的视野来考察分析，通过主动、积极地挖掘和阐发，才能显现出其新时代价值，从而建立起古代文本思想与新时代的关联与连接。其二，有的传统美德的命题横看成岭侧成峰，从不同视角显现出不同的意义，挖掘和阐发就是要从新时代的政治、经济、科学、社会、文化生活的需要去看待，使传统美德的现实意义能在新时代显现出来。挖掘和阐发，是文化主体和客体文本之间的主客互动关系。"意义"并非固定的一成不变的对象存在物，而是随着观察视野的变化来呈现，随着基于联系的阐发而建构。在挖掘和阐发上，我们有过历史的经验教训。曾经有一个时期，我们对传统美德的继承只强调对其进行阶级分析，忽略了承载传统美德思想的文本具有多方面的含义，忽略文本书句所包含的普遍性意义和价值，而只是执着于具体的历史性因素。这是我们需要吸取的经验教训。其三，道德传统中蕴含着的道德原理和伦理观念，因其广含、所作断说少，为我们作多样的解释提供了可能性。"任何书写文字，只要写下来，就已经是死的，是物质性的，其精神性已不存在。所以，每一代人都要通过解释才能把新的生命力带进这些经典中。"[①] 如果没有后人的挖掘和阐释，就没有生命力的吹进，经典文本就只是一堆死文字。挖掘和阐发，需要对中华传统美德的内涵加以补充、拓展、完善，加以新的解释，使其以往不彰的意

---

① 杜维明：《现代精神与儒家传统》，生活·读书·新知三联书店2013年版，第244页。

义豁显出来。社会道德就是在不断的阐释和意义建构中形成并延续的，其原有的意义与新的意义始终都处在不断融合与重构的过程之中。

（三）从"古为今用"到"适应和协调"

习近平指出，"要使中华民族最基本的文化基因与当代文化相适应、与现代社会相协调"①。"适应和协调"是"两创"原则方针的具体化、现实化的实践要求。陈来先生将其概括为"两相"的文化方针②，这是对"古为今用、推陈出新"思想的进一步发展和深化。"古为今用"③表明了对"厚古薄今"或"复古主义"、"历史虚无主义"的反对和批评的态度，强调继承传统的目的是解决当今现实中的伦理道德问题，"而不是颂古非今，不是赞扬任何封建的毒素。"④ 如果说，"古为今用"主要是目的性的要求，那么"适应和协调"蕴含着方法论的意义，进一步具体回答了实践过程中如何做到"古为今用"、"推陈出新"的问题，而不再停留在一个抽象笼统的说法上。

"古为今用"作为正确对待传统美德的立场和态度，作为学习、研究、继承传统美德的基本方法原则，仍然是需要重点强调的。但"古为今用"作为实践要求，此表述方式很容易使人产生理解上的偏差。首先，"古为今用"是立足"今"的视野，以"今"裁剪"古"，以"今"匡古，是思维方式的单向道。"适应和协调"是双向互动过程，是古与今的平等对话和交流，是思维方式的双回路。除了要求传统美德向现代社会靠拢与符合的被动一面，还体现着发挥传统美德对新时代生活的规范引导、纠偏调适的主动一面。如果站在"今"的立场，仅从功利主义角度，一味要求传统美德无条件地与当今社会的一切相妥协、相适应，就会对当下社会各种弊病、不合理视

---

① 《习近平谈治国理政》，外文出版社2014年版，第161页。
② 陈来：《二十世纪思想史研究中的"创造性转化"》，《中国哲学史》2016年第4期。
③ 1964年9月27日毛泽东在给中央音乐学院一个学生来信的批复中提出："古为今用，洋为中用"的文艺方针。参见《毛泽东书信选集》，人民出版社1983年版，第598页。
④ 《毛泽东选集》（第2卷），人民出版社1991年版，第708页。

而不见，传统美德积极主动的价值引导功能就很难得到发挥。其次，"古为今用"是"古与今"的纵向视野，"适应与协调"还包括"中与西"的横向视野。虽然"古为今用"最初是与"洋为中用"相并提，但离开当时的历史语境，后来人们主要保留、沿用了"古为今用"的说法。一方面，继承中华传统美德的精粹，以使"古为今用"；另一方面，吸收西方道德文明的优秀成果，以丰富和完善我们自身的道德文化，这是更开放、更包容的态度，也是中华民族文化自信和文化自觉的有力确证。我们并不回避和拒斥西方现代文明的道德理念和伦理思想，凡是有利于提升我们民族文化软实力，促进我国社会主义文化大发展、大繁荣的文化资源，我们都将主动借鉴和学习。

中华传统美德是中国人智慧的积累和沉淀，它本身并不是一成不变的；它不断在成长、在演变，在调节它自己以适应于新的环境和新的情况，并解决新的时代问题。古代传统美德的许多道德原则、伦理精神是值得继承的，但其具体内涵和观念以及表述方式、实践方式必须结合新时代加以改变，以适应新时代的生活需要。我国的现代社会是社会主义的市场经济、社会主义民主制度、社会主义先进文化，这与古代自给自足的小农经济、专制制度、传统文化有连接也有区别。这就要求，在传统美德的实践活动中必须与当下现实生活的需要相结合。古代传统社会生活的重心主要是家庭，反映在美德思想中就特别强调个人道德，而现代社会生活的重心已经转移到公共生活领域，这就需要把古代的个人道德修养和遵守当代社会的公德协调起来；古代传统社会强调以德治国，美德在维护社会秩序稳定方面发挥着重要的作用，这在现代社会仍有意义，但应与现代社会依法治国的原则结合起来；古代社会尊奉道德至上主义，价值取向上重义轻利，现代社会中崇高的道德境界、高度的道德文明仍是迫切需要的，但要与市场经济所需要的道德精神相融通、相协调，达到经济与伦理道德的共荣；古代社会关于"孝"、"忠"、"礼"的道德原则和道德精神应该继承，但实践和践履的方式方法必须结合新时代的条件加以改变。这其中就是一种古今中西之间的协调、适应和重新整合。

继承发展中华传统美德的总依据，主要体现为对习近平提出的"两创"、"两相"和"两有"方针的理解和落实。但这并等于说"新""旧"之间的绝对二元对立，并非"批判继承"、"去粗取精"与"古为今用"和"推陈出新"就是错误的、应该抛弃的旧方针、旧理论和旧方法。新时代继承发展的新依据，只是强调"面对今天治国理政的复杂实践要求，今后的关注应当更多地以理论联系实际的态度，集中于对传统美德进行创造性转化、创造性发展。"① 应该说，这种新依据是对以往文化方针的继承与完善，是对毛泽东在民主革命时代提出的对待传统文化"取其精华，去其糟粕"和"古为今用，洋为中用"思想在新时代的发展，更加突显建设性、实践性、操作性等特点。

二　继承发展的原则

新时代中华传统美德的继承发展，强调继承基础上的发展，继承是主要的方面。但继承不是复制或沿用，而是要根据新时代要求进行新的阐释解读，拓展新的适用领域，这就是发展。关于发展，我们又可以有狭义和广义的理解角度。因此，新时代中华传统美德的继承发展，既要厘清复杂的关系，又要辨析可继承的内容，这是需要遵循的重要原则。

（一）厘清关系中继承

无论继承发展还是现代转化都具有鲜明的时代性特征，都是在一定社会历史条件下进行的，而不可能是抽象的、无根基的思辨想象。质言之，无论对传统美德采取何种立场和态度，都与一定时期国家的中心任务相关联。当下我们谈继承发展和现代转化必须围绕和把握新时代的社会特点和发展要求，脱离新时代的历史条件去讨论传统美德的继承发展和现代转化是毫无意义的事情。

首先，厘清继承与发展的关系。马克思说，"社会创立一个机关

---

① 陈来：《二十世纪思想史研究中的"创造性转化"》，《中国哲学史》2016年第4期。

第二章　新时代中华传统美德的继承发展　◇◇　111

来保护自己的共同利益，免遭内部和外部的侵犯。这种机关就是国家政权。"① 这就是说，国家既是统治阶级实行统治的机关，同时也是社会创立的保护共同利益的机关。一个国家或社会既然具有共同利益，必然也有反映社会共同利益的道德观念，此种道德可以成为共同的道德，即是不同的阶级能够共同认同并要求践行的道德。"任何时期的道德和伦理体系都不是铁板一块坚不可分的整体，而是可以分析的，除去若干带有强烈的时代色彩的内容要被淘汰以外，其中必然有一些合理成分会沉淀下来，成为另一时代和社会构建新道德或新伦理体系的材料，未来将出现的世界人民共同承认和遵从的'普遍伦理'，就将是这其中的一部分。"② 正是中华传统美德中蕴含着普遍伦理或共同道德，为其在新时代历史条件下的继承发展提供了可能性根据。但继承不是为着保留甚或完整复原式保存，也不是发思古幽情，而是为着当今社会的"有用"。希尔斯说，"传统之所以会发展，是因为那些获得并且继承了传统的人，希望创造出更真实、更完善、或更便利的东西。"③ 继承中华传统美德核心的思想内涵，但要随着时代发展的需要与时俱进地拓展它的使用范围、使用领域，完善它的表述形式，调整它的内在体系结构。质言之，发展是在同向、同质的基础上进一步扩展、完善和充实，可以是表述形式④的发展变化，或者是道德体系内部结构性的调整。继承不是直接的"采集"，而是有所加工的"酿蜜"，是需要经过消化吸收后有所创新发展。继承本身不是终极目的，不是为着继承而继承。发展是继承的题中应有之义，但发展需要继承，需要一定思想和文化的根基，发展不是无由头的空穴

---

① 《马克思恩格斯文集》（第4卷），人民出版社2009年版，第307—308页。
② 陈瑛：《三纲五常的历史命运——寻求"普遍伦理"的一次中国古代尝试》，《道德与文明》1998年第5期。
③ [美] E. 希尔斯：《论传统》，傅铿、吕乐译，上海人民出版社1991年版，第19页。
④ 例如，传统社会讲"孝"，现在讲"孝老爱亲"、"孝老尊老"等，这是表述形式上的发展变化。

来风。正如习近平总书记所强调：要"在继承中发展，在发展中继承"①，"不忘本来才能开辟未来，善于继承才能更好创新。"②

其次，厘清转化和发展的关系。对立统一规律是事物发展遵循的根本规律，没有矛盾，事物就不会发展变化。正所谓"和实生物，同则不继"（《国语·郑语》）。矛盾双方存在相互转化的可能性。从废物到再利用是一个转化的过程，是充分挖掘其有利因素的过程，能变废为宝。荀子讲"化性起伪"，"性"为恶，"伪"为善，这是方向上的转变。"转化"就是调转方向的过程。调转"等级"为"平等"的方向，调转"专制"为民主的方向，调转"迷信"为"科学"的方向。对中华传统美德的创造性转化就是使其契合新时代的核心价值观，通过否定和抛弃其不合理的成分，赋予新的时代内涵，发展成为社会主义道德体系的重要组成部分。

关于发展，我们可以有狭义和广义的理解角度。从狭义角度讲，发展是在继承基础上，围绕被接收和相传的主题的一系列变化，这种变化与旧事物的联系在于它们的共同主题，在于它们同出一源。例如，从黑白电视到彩电是发展，是从单一色调到多色调的增量和拓展，但核心技术没有转变，基本因素保存了下来。即从外部观察者看来，事物基本保持着其同一性；但从广义角度讲，发展是一种变化，是一种上升的、积极的变化，是按照时代的新进步、新进展对事物自身的完善和创新，使其焕发出更积极的活力和更强的生命力。因此，只要事物是朝着"好"的方向变化，都可称为"发展"。在此意义上，现代转化是反思基础上的发展，是扬弃的过程，是发展的一种重要途径和形式。

最后，厘清继承和转化的关系。在对中华传统美德"创造性转化"的过程中，不少学者表示忧虑和担心，"转化"作为一种方向上的改变，传统美德的本来意义上的内容是不是就要被完全否定。那

---

① 《习近平谈治国理政》（第2卷），外文出版社2017年版，第313页。
② 《习近平谈治国理政》，外文出版社2014年版，第164页。

么,"创造性转化"之后又在什么样的标准尺度上仍旧能够被称作还是"中华传统美德"而不是"西方道德"、"资本主义道德"或其他的什么道德。这些学者的担心不是完全没有道理,毕竟"转化"蕴含着性质改变的深意,一种事物性质的改变可能就不再是原来意义上的事物本身了。我们需要明确的观点是,中华传统美德的现代转化,意味着并不拘泥于古代的有限意义,其间要有所发挥,但发挥的新思想、新义涵仍然是中华传统美德本身所蕴含的可能性,仍然是在中华传统美德思想观念和框架中生长出来的东西。

日常生活之中,我们不乏看到一个道德败坏之人转变为乐于助人的好人的实例。我们常常用"脱胎换骨"、"变了一个人一样"去形容和描述这个改变的过程和现象。但张三仍旧还是张三,因其保留着不变的本质东西。从一个坏人变为一个好人,是人所具有的发展变化的一种可能性。他表现出来的"好"品质,仍旧是从其自身的潜能中生长出来的东西。中华传统美德的转化也是对传统美德的继承,但是一种打碎旧有的封建体系,对其合理内核的继承。马克思批判黑格尔的哲学是客观唯心主义的哲学,但其"辩证法"的合理内核却被马克思所发现并吸收继承。以马克思主义理论为指导,科学、辩证地对待中华传统美德,发现其间的合理内核和质料,转化其形式规定性上的等级专制成分,是继承中华传统美德的另一种形式,本身离不开中华传统美德内在所蕴含的东西。转化是另一种形式的继承,很好地继承离不开创造性转化。

简而论之,继承、发展和转化三者之间,继承是基础,发展从广义上讲是目的,从狭义上讲是手段,转化是重要的手段。继承发展是指在继承基础上有所拓展和调整,继承是主要的方面,发展是手段;现代转化是在继承真理因子基础上的突破和创新,转化是主要的方面。发展与转化具有重要的方法论意义,其目的都是为了使中华传统美德契合新时代的社会主义道德观。由此,继承是基础,就需要明确传统美德的原本涵义和发展脉络;发展和转化是基于继承的方法论要求,重点就在于能够有所拓展和创新。

（二）辨析内容中发展

中华传统美德博大精深，蕴含着丰富的思想内容，表述为不同的道德概念、德目、范例等。继承发展中华传统美德，首先需要清晰辨识哪些内容是当今仍旧需要的，可发展成为社会主义思想道德体系的组成部分。

首先，整体宏观层面，美德精神是需要继承的重要内容。"中华传统美德内容极为丰富，如果不局限于具体的道德概念、思想、德目、范例，而是从一种更宏观的角度看，我们就要继承和发扬众多概念、思想、德目、范例中蕴涵的道德精神。"① 早在近代梁启超、陈嘉异等就产生了继承传统美德的问题意识，尽管他们并未明确使用"继承"的概念表述，也没能形成系统完善的思想理论体系，但值得注意的是：他们都在强调"美德精神"继承的必要性。"在传统道德继承问题上，无论是梁启超说的'思想的根本精神'，或是陈嘉异说的'民族精神之潜力'，或是陈寅恪说的'抽象理想最高之境'即'理念'，都是指排除时代所赋予的特定条件之后的精神实质或思想实质。"② 一种伦理道德思想，总有它产生的时代背景，应该继承的是其所蕴含的更具稳定性和持久性的"根本精神"，而不是当时的政治经济、社会制度所附加的派生条件。道德继承的内容是属于具有普遍性价值的东西，打破"特殊性"的形式限制，甚至不拘泥于传统思想典籍的纸上"故事"，而是从中华民族历史发展的恢宏过程中提炼那些属于人类普遍性的价值诉求和理想信念，这是中国人深度理性自觉的表现。

当我们不局限于具体微观层面，中国传统文化的核心就整体体现着一种美德精神。这种美德精神具有更广阔的文本载体、格言载体、诗歌载体、民间故事的载体甚至中国人自身就是鲜活的现实载体。它不是集中体现在一项美德或概念中，而是渗透到社会生活的方方面面，表现为一种"活的传统"、"流动的传统"。《马兰花》的歌曲唱颂到："马兰花啊马兰花，只有勤劳勇敢的人能摘到它"。劳动人民

---

① 张博颖：《关于继承和发展中华传统美德的思考》，《毛泽东邓小平理论研究》2017年第9期。

② 王元华：《简论道德继承》，《学术月刊》1996年第9期。

用素朴的道理告诫自己:"勤快、勤快,有饭有菜,懒惰、懒惰,挨冻受饿","早起的鸟儿有虫吃"。这些诗歌载体、格言载体均反映着中华民族勤劳奋进的精神;现代人的生活条件比传统社会有了巨大改善,但"头悬梁,锥刺股"、"囊萤映雪"、"穿壁引光"的故事仍旧在代代传讲,打动人心的是中华民族刻苦学习的精神;岳飞、文天祥的英雄事迹,尽管充满忠君思想,可谓"忠中有悲",但却"忠中有情",人们为之感动的是一种崇高的民族精神和精忠卫国的精神;"慈母手中线,游子身上衣"的诗句,体现着中华民族的孝慈精神;"谁知盘中餐,粒粒皆辛苦"的诗句,体现中华民族的节俭精神;"先天下之忧而忧,后天下之乐而乐","天下兴亡匹夫有责"的文辞,体现着中华民族爱国奉献的精神。再有,"天行健,君子以自强不息"的自强进取精神;"地势坤,君子以厚德载物"的包容宽厚精神;"己欲立而立人,己欲达而达人","己所不欲,勿施于人"的仁爱忠恕精神;"鞠躬尽瘁,死而后已"的献身精神。更为可贵的,是孟子"富贵不能淫,贫贱不能移,威武不能屈"的大丈夫精神气概,它体现着一种极不融通的坚持原则的精神,义利关头舍利取义,生死关头舍生取义,能够撑危局、当大任,旋转乾坤。"自由世界要能振起道德的精神,除了以佛门的慈悲为怀和孔仲尼的仁照以外,最不可少的就是孟轲的义峙。"① 正是这些道德精神在中华民族历史上曾经哺育了无数志士仁人和英雄豪杰,使他们能够抛头颅、洒热血,淡功名、轻生死,为实现民族的解放和祖国的独立统一做出了巨大贡献。

钱穆先生认为,中国人的道德精神乃是中国历史精神的体现,是中国人内心所追求的一种做人的理想标准,是中国人所向前积极争取蕲向到达的一种理想人格。中华传统文化有两个不同于西方文化的显著特点:一是,中国人信仰"性本善",无论自己还是别人,都天性向上向善;二是,中国人的宗教是相信人类自身天性的"人文教"。人的自然生命是有限的,人的不朽就只能是活在别人心中。不同于西方宗教

---

① 殷海光:《中国文化的展望》,上海三联书店2002年版,第533页。

理论转向人之外的另外一个世界寻求不朽,中国人讲立德、立言、立功的"三不朽",这是在人的现实生命世界中建立的不朽。德、言、功是自我通达别人心灵世界的桥梁。有了这座桥梁,生命才是真实存在过,才在现实世界的土壤中撒播下了世代不朽的种子。应该说,肉体的存续不是生命的延续,肉体只是生命所凭靠的工具身体,只被限制在物的世界里。只有超越谋求衣食的行为之外,能够再另有所期图,才说得上有道德意味。这种代代相承的道德精神,超越了"自然生命",进而转化为绵延千年的"历史生命"和"文化生命",这就是中华民族不朽的精神力量。① 可见,中国文化以道德精神为中心,中国历史依据道德精神而演进。江泽民曾指出,"不能设想,一个没有强大精神支柱的民族,可以自立于世界民族之林。"② 江泽民的讲话可谓语重心长,他所讲的强大精神支柱无疑包含着中华传统美德,甚至不少精神内容就是以传统美德的方式表现出来的;习近平总书记强调,要把"跨越时空、超越国度、富有永恒魅力、具有当代价值的文化精神弘扬起来"。③ 对于道德而言,也就是要弘扬道德精神。

其次,具体微观层面,辨识需继承的传统美德。道德规范最为直接体现道德价值观,辨识出能够被继承的德目,才能在此基础上进一步分类细化。

中华传统美德是属于中国传统道德的优秀部分或说精华,这在学术界已达成广泛的共识。④ 尽管具体表述有所不同,但其间的共识仍

---

① 钱穆:《中国历史精神》,九州出版社2016年版,第130—139页。
② 中共中央文献研究室编:《社会主义精神文明建设文献选编》,中央文献出版社1996年版,第358页。
③ 《习近平谈治国理政》,外文出版社2014年版,第106页。
④ 例如,温克勤认为,传统道德"在内容上,它包括着民族传统美德、人类公共生活道德和为封建宗法等级统治服务的封建旧道德即以'三纲'为核心的伦理道德"。参见温克勤《梁启超与近代道德转型》,《现代哲学》1998年第3期。方玄初认为:"传统道德有两部分,精华和糟粕。传统美德就是精华。"参见方玄初《弘扬传统美德扎下中华文化的根?》,《冶金政工研究》1995年第5期。张岱年先生更为直接指出,"传统道德有两方面,有封建道德,也有传统美德。"参见张岱年《弘扬传统美德要有批判有继承》,《冶金政工研究》1995年第5期。

然一目了然。但这样的区分和表述未免简单笼统，也缺乏符合历史唯物主义的论证。传统道德具有时代局限性，同时具有普遍伦理的特征。传统道德作为道德规范或道德原则是奴隶或封建统治阶级为维护稳定统治和社会秩序而制定的。马克思主义经典作家认为，"支配着物质资料的阶级，同时也支配着精神生产资料"，① 统治阶级的精神生产成果必定蕴含在传统文化和传统道德之中。由经济基础决定上层建筑的基本原理可以推知，社会制度以及统治阶级利益就会成为一种对传统美德进行筛选、取舍的过滤器。中国特色社会主义制度的根本出发点是"坚持以人民为中心"，落脚点在中国广大人民群众的根本利益。这与传统封建社会选择有利于专制统治与和谐秩序、体现着封建等级观念的封建道德来维护地主阶级根本利益有着本质的不同；与资本主义选择个人主义道德原则、生产资料私有制维护资产阶级利益也截然不同。正是由于传统道德具有的时代和阶级局限性，我们需要从传统道德中区分出传统美德的内容，把那些仍对今天社会和当代人发展具有正向促进作用的美德淘洗出来。

在近代的道德革命中，由于当时特殊的历史环境，批判旧道德是主流的，继承在某种程度上被轻忽，由此对传统道德中精华的挖掘、清理和宣传也存在明显的不足。但也正是如此，从当时思想界所提倡的新道德中，我们能够判断哪些传统道德具有普遍永恒价值，为我们辨识需要继承的传统美德提供重要的思想启迪。比如，康有为、谭嗣同都大力提倡仁德。"仁"甚至是康有为整个伦理学说的最高范畴。谭嗣同的主要著作以"仁"命名称《仁学》，"仁—通—平等"是他伦理思想的基本观点；孙中山提倡"忠孝仁爱、信义和平"的新八德以及"三达德"（智、仁、勇）；蔡元培认为博爱、平等、自由分别与传统道德文化中的仁、义、恕伦理思想相会通；章太炎提倡革命者在个人修养方面要做到"知耻"、"重厚"、"耿介"，涉及社会关系要做到"必信"；作为激进的民主主义者的陈独秀，在强调伦理道德

---

① 《马克思恩格斯文集》（第1卷），人民出版社2009年版，第550页。

需要"革故鼎新"的同时，却认为"勤、俭、廉、洁、诚、信"等六项传统美德是挽救社会之腐败、人格之堕落的必要品质。在整体性批判的主流中，这些新学家所强调和淘洗出的传统美德具有更多的普遍适应性，也是在民众中影响最深远、传承时间最长、最受人们普遍认同和重视的德性。对他们所提倡和重视的传统美德加以概括和总结，便筛选出"仁爱"、"正义"、"勇敢"、"知耻"、"公忠"、"孝慈"、"贵和"、"勤俭"、"廉洁"、"诚信"等十项传统美德，其中陈独秀为改造国民性而提倡的"勤俭"、"廉洁"、"诚信"最有资格被称为民族传统美德，具有更多超越阶级性和时代性的永恒价值成分。这些中华传统美德是传统道德中最具精神震撼力和民族凝聚力、向心力的价值内核，是传统道德历经千年淘洗和筛选所保留下来的精华，代表了中华民族的整体意愿以及人类文明发展的未来方向。新时代中华传统美德的继承发展，要继承也要发展。发展是要与新时代的社会主义先进文化发展方向相一致，与社会主义核心价值观的价值目标相契合，与中国特色社会主义道德体系相融通，与当代人的社会生活相协调，能够促进完善当代人的自由全面发展。

三 继承发展的方法

习近平提出的"两创"是传承发展中华传统美德的总依据，但在认知和实践层面，我们还需要进一步展开和具体化。筛选新时代需要继承发展的中华传统美德是关键；分类是必要的环节；创新阐发是着力点。

（一）筛选：以多维视界探寻新时代所需要的传统美德

每个时代的中心任务不同，社会发展和国家的需要不同，文化主体对传统美德的选择和认识也就不同。"理论在一个国家实现的程度，总是取决于理论满足这个国家的需要的程度。"[①] 新时代历史条件下，并非所有的传统美德都需要继承发展和进行现代转化。从方法机制上，循着向前看、往回溯、贯前后、察实况的多维视界，筛选契合新

---

① 《马克思恩格斯文集》（第1卷），人民出版社2009年版，第12页。

时代道德观和价值观的中华传统美德是问题的关键。

第一，向前看的视界。以传统美德本身为范本，用过去的眼光审视现代社会的弊病，在新时代环境中发挥传统美德的价值引导功能。市场经济焕发了人们实现个人价值的动力，但也强化了追求个人私利的动机，与传统美德价值理念背道而驰。现代社会出现的行为选择方式的功利化倾向、现代价值的个体化、生活方式的消费主义，这些都需要用传统美德和社会主义道德一起加以矫正和纠偏。传统美德不是消极地调整自己去被动适应现代社会，它要在变化的社会中能够积极发挥其对于社会调治的作用和安身立命的功能。所以，我们说传统美德仍有现代价值，正是指传统美德的传习有助于矫正当代社会的弊端，促进现代社会健康有序地发展。比如，陈来先生对西周春秋的几种德目表和德行说进行考察和排序，他得出的结论是：以出现次数多少排列，其中仁、信、忠、孝、义、勇、让、智八项最多，"忠"和"仁"被置于首位的次数最多。① 显然在此八项传统美德中，我们以过去的视界向现在的新时代道德体系展望，"勇"德基本被现代社会淡化或说钝化。"智、仁、勇"作为"三达德"是孔子重点提倡的美德；"勇敢"也是古希腊哲学家柏拉图所提倡的"四元德"之一；亚里士多德的美德学说之中"勇敢"也占有重要分量。勇敢作为传统社会一项重要德目，在当代社会的轻忽恰恰是我们今天道德构想的缺点之一，新时代的道德体系一定要重新强调勇敢德性。

第二，往回溯的视界。以新时代需要的道德精神和道德品质为衡量标准，反过头到传统美德中去寻找契合的德目。社会主义核心价值观是新时代的社会主义核心价值体系的凝练，在国家层面的价值目标是"富强、民主、文明、和谐"。"富强"是近代以来才强调的价值目标，"和谐"传统社会追求的单一目标，新时代的价值目标总体上说是兼顾平衡"富强""和谐"的双重目标。国家富强基础在于经济发展，经济发展离不开人力因素，发掘传统"自强"、"勤俭"美德

---

① 陈来：《古代德行伦理与早期儒家伦理学的特点》，《河北学刊》2002年第6期。

对实现新时代的价值目标就具有现实的意义。和谐文明社会价值目标的实现需要"贵和"、"明礼"、"仁爱"、"正义"等美德。经由往回溯的视界，我们就可以筛选出自强、勤俭、贵和、仁爱、正义等，皆是仍具有时代价值的中华传统美德。

第三，贯前后的视界。由古贯穿至今的视野，筛选古往今来具有民族特色的传统美德。中华传统美德经历几千年的传承发展，时至今日历经时代的考验，仍然影响着当代中国人的生活。习近平总书记曾讲到，"孝悌忠信、礼义廉耻、仁者爱人、与人为善、天人合一、道法自然、自强不息等，至今仍然深深影响着中国人的生活。"① 在这里，习近平总书记所提出的优秀传统思想理念，是我们中华民族鲜明的民族标识，蕴含着新时代我们理应重点继承的中华传统美德。一方面，这些传统美德，从古至今一直具有强大的惯性和影响力，广为民众认同和实践，是最具人民性的内容，它们贴近中国人的话语表达习惯和生活实际，易于为中国人所接受、认同，从而也容易发挥它的道德规范的作用。另一方面，继承和发展具有民族特色的传统美德，对于人类道德文化的多样性也是一种贡献。通过交流互鉴，丰富人类文明的色彩，让各国人民享受更丰富多样的精神生活。

第四，察实况的视界。关于中华传统美德的筛选，我们还应从现实的继承和践履现状出发，了解哪些传统美德是我们当下的现代社会需要继承和发展的。关于中华传统美德认同或践行情况的调查报告，能够客观反映出人们对哪些传统美德的认同度高，同时也反映出人们实际生活中对传统美德的践行状况。认同度高的那些传统美德能够有效发挥道德效力，也能增强民族成员之间的认同度，从而提高民族凝聚力。社会迫切需要但践行状况不乐观的传统美德，是今后我们需要重点倡导的。相对经济、政治制度而言，道德具有更大的稳定性，道德习惯的养成需要较长的时间周期，在道德个体身上还会出现反复的现象。这样，近期有关传统美德的调查报告都可以为我们筛选新时代

---

① 习近平：《在布鲁日欧洲学院的演讲》，《人民日报》2014 年 4 月 2 日。

第二章 新时代中华传统美德的继承发展

传统美德提供重要的依据和视界。

（二）分类：继承发展和现代转化部分的辨析区分

分类是认识和把握事物基本特性的一种基本方法，通过分类能更好地掌握和分析复杂事物的共性和个性。以不同的标准为分类的依据，同一事物可以出现不同的划分结果。以人类社会生活的不同领域对传统道德进行分类，可分为家庭道德、职业道德和社会公德；以价值标准区分中华传统道德，可以分为精华、糟粕以及精华和糟粕杂糅的三部分内容。在鉴别筛选基础上的进一步分类是旨在解决哪些传统美德需要重点继承并发展，哪些需要进行重点转化的问题。

对中华传统美德的继承发展可有广义和狭义之分，广义的继承包括直接继承和转化后的继承，是抛开思想道德体系的意识形态性质对其中蕴含的真理颗粒的传承过程。狭义的继承是直接继承，继承那些与社会主义道德观、马克思主义道德观相一致，与社会主义核心价值可以直接相融通的、没有别样解释的德目。从传统道德资源中区分出传统美德，接下来需要更进一步的分析与归类工作。

陈来先生认为"对道德遗产，可分为'不可变者'和'可变者'。不可变者即跨越时空、超越国度、有永恒魅力的道德理念，其不变的内容要继承、发展，其可变的内容则要转化。"[①] 可变者与不可变者的区分是相对的，是理论研究的必要，纯粹的、完全不变的道德是没有的。"变"或者体现为内涵的变化，或体现为表达形式的变化，或者体现为实践方式的变化甚或在整个道德体系结构中地位的变化。就具体情况而言，"不可变者"是指其主要内涵于古于今的理解基本相同；"可变者"则是指古今涵义和道德性质存在异同者。对于"不可变者"属于继承发展的那部分德目，"可变者"属于现代转化的部分德目。"可变者"部分是与新时代道德不同甚至迥乎不同的部分，有的存在时间和空间上的绝对局限性，因为难以跨越，不能为其他社会和时代所容纳，这部分内容我们就要坚决抛弃；但还有一部分

---

① 陈来：《中华优秀文化的传承和发展》，《光明日报》2017年3月20日。

糟粕和精华杂糅的部分，这需要我们从中分析、甄别、发掘其合理性的部分，加以改造和转化，服务于新时代精神文明建设和社会主义思想道德建设。历史上，晚清时期谭嗣同就曾利用"仁爱"的积极意义反对"三纲"中体现的等级贵贱观念，孙中山转化"仁爱"为爱国救国的一种爱国主义情怀，这些都是进步思想家或政治家对中华传统美德进行改造转化的范例。

需要注意的是，因为中华传统美德本身的复杂性以及各流派、各时代伦理思想家思想观念和道德理论的重叠性、交叉性甚至对立性，这种关于继承和转化部分的区分只能是大略的、倾向性的划分。划分的重要价值标尺即是：是否具有阶级性或说维护封建专制的意涵。这种粗线条的划分就意味着分属于现代转化部分的德目，可能同时也交叉存在着创新性发展的问题；同理，重点需要继承发展的部分也可能多少存在需要现代转化的问题。比如，贵和是等级秩序下各安其分的"和"；勇敢，在统治阶级理解为是对自身利益维护的无所畏惧的品质，在劳动人民则视作对统治阶级剥削和压迫进行反抗的勇气和品质。这里为了理论研究的需要，我们无法苛责划分的精确性和无遗漏性。

（三）阐发：继承基础上的创新性发展

古代传统的社会生活与今天的社会生活，显然是有同有异的。道德的基础是社会生活，因此，传统美德与新时代的伦理道德之间也一定是有同有异的。以新时代道德为标准来衡量，传统美德中有的内容离新时代道德很近，甚至没有明显差别，有的稍微远一些，还有的更远一些。究其原因，在于古代生活有的方面与我们今天几乎相同，有的方面稍稍不同，还有的方面迥然不同。所以，无论从其根基来讲，还是从其自身来讲，传统美德都呈现出多个层次。其一，相同或几乎相同的部分，可以直接纳入到新时代道德体系之中。其二，至于古代没有而今天需要的，就要补上。其三，整个体系上，古代的道德体系结构不会适用于今天，这就要对结构加以调整。比如，诚信。诚信就其本义而言，无非就是诚实守信，不说假话、信守诺言。古人是这么理解的，我们现代人也是这么理解的，古今涵义并没有明显的差异。诚信是社会生活——无论古今——得以维系的基本条件，所以是具有普遍适用性的美德，可以直接纳入新时代的道德体系。但是，诚信在中国传统社会更多强调的是朋友、熟人间的信用、人格担保的诚信。新时代的今天，诚信要与现代的民主制度、市场经济相适应，这就要求我们从理论上去拓展、阐发。再比如，节俭在新时代仍然要继承，但节俭的内容、途径方法要与新时代社会生活相适应，因此需要我们增补新的创新性的解释。传统美德的承继不可能是简单的拿来主义，必须经过自己口腔的品尝和咀嚼、肠胃的消化和吸收，这就需要进一步诠释和阐发。一方面，挖掘和弘扬中华传统美德精神；另一方面，使传承至今的中华传统美德更好适应当代文化和现代生活。"阐发"是继承基础上的创新发展过程，既不能歪曲中华传统美德，把今人的东西挂在古人头上，又能从传统美德蕴藏的智慧中生发出与新时代适应的新诠释和思想理论。

第三节　中华传统美德继承发展的主要德目

　　道德的继承性是一个历久而常新的问题。每一社会历史时期的每一代人，都要面对上一代人传承下来的道德体系和价值观念。一方面，人们不自觉地接受世代传承的既有道德传统；另一方面，又根据自己时代的特点做出新阐释，增添新知识。中国特色社会主义进入新时代，诚信、自强、贵和、勤俭、廉洁、勇敢仍旧是我们需要继承发展而不能抛弃的道德传统。以新时代中国特色社会主义道德为标准来衡量，针对这几项传统美德的复杂性，又需要具体分析以相区别而对待。诚信、自强是最具普遍适用性的美德，古今涵义基本相同，可以直接纳入新时代道德体系之中；廉洁、勤俭、贵和与勇敢，总体上属于优秀的道德规范，但或多或少带着宗法性与等级性的时代烙印，与新时代的道德观念稍有一点距离，需要对其进行创新性发展。新时代历史条件下，中华传统美德继承发展需要契合新时代的价值理念，发展其表达形式和实践要求，增强其感召力与影响力。

一　诚信

"五常"是中国历史上影响力最大的道德规范体系，其中"信"是最具有普遍适用价值的美德。于个体而言，诚信体现的是人及其生活的本性与目的。诚信表现为一种优秀的品质，且是一种能够促使人们道德完善的基本品质；于社会而言，诚信是社会和谐的基石和重要特征。"民无信不立"，一个缺乏诚信的社会终将坍塌崩溃难以存续。与传统社会相比，诚信在新时代道德体系中的地位明显上升；诚信观所偏向的重点也有所转移和变化，内容范围已经由人际诚信延展到政务诚信、商务诚信、社会诚信、司法诚信以及学术诚信等诸多方面。

（一）"诚信"道德地位的加强

在新时代道德规范体系中，"诚信"由传统社会较低的道德地位跃升为较高的道德地位，甚至是最为重要的地位。"诚信"是社会主义核心价值观中很重要的一项，也被《新时代公民道德建设实施纲要》重点强调。

在中国传统社会，诚信虽然是"五常"之一，但相对处于道德规范体系的较低等级，"是配角，是点缀，缺乏优位性"[①]，服从其他更为基本的道德，比如"仁义"。"信"如果与仁义相悖，那就要弃诚信而尊仁义。孔子说："言必信，行必果，硁硁然小人哉"（《论语·子路》）。孟子讲得更为直接，"大人者，言不必信，行不必果，惟义所在"（《孟子·离娄》）。诚信并非绝对的道德命令，为着更高的"仁义"目的可以权衡放弃。又比如，孔子主张"父为子隐，子为父隐，直在其中矣"（《论语·子路》）。父子之间的亲情、仁爱高于诚信的道德价值，两者相冲突相矛盾的情境下，孔子主张牺牲"诚信"以服从"仁爱"的道德原则。"仁爱"优先"诚信"。在孔子看来，父子相隐绝非实质上的"隐瞒"，而是"直"，是一种以"不诚实"

---

① 王晓朝：《传统道德向现代道德的转型》，黑龙江人民出版社2004年版，第419页。

的形式去实践诚信的美德。尽管中国古圣贤关于诚信论述的丰富程度,远远高于古希腊人的论述,但相对于古今诚信内涵理解的不同,他们对诚信地位的理解却有更为相同的一面。柏拉图提出智慧、勇敢、节制、正义的"四元德",显然诚信不具有"元德"的身份资格。亚里士多德在具体德性内容中论述诚信,将其基本涵义分割为内心的"真诚"和外在的"守约"两部分,"但无论真诚还是守约,它们在整个道德体系中都处于较低的地位。"①

历史唯物主义表明,伦理道德的变化根本上源于人们生产交往方式和社会结构的变化。古代社会属于人格不平等的熟人社会,而现代社会属于自由平等的陌生人社会。在现代的陌生人社会,没有熟人的人格品质做担保,诚信便越来越成为减少社会交易成本和保障交往有序进行的重要道德品质。考察整个人类历史,到近代时期,古代的诚信伦理观便开始转型。例如,康德在完全义务和不完全义务的区分中,"诚信"被认为是每个人绝对应当担负的完全义务,相比较而言,济困扶危则是没有绝对强制性的不完全义务,对人的约束力则不那么严格。② 近代日本,也存在同样的转型趋势。"当近代日本人试图使某种道德成为凌驾于一切'圈子'的道德之上的最高道德时,他们通常选择'诚实'为最高道德。"③

《新时代公民道德建设实施纲要》指出,造假欺诈、不讲信用的现象久治不绝,这个问题必须引起全党和全社会高度重视。处在新时代的历史背景下,"诚信"毫不含糊是社会迫切需要的基础美德。首先,市场经济仍是我国当下基本的经济体制,市场经济更需要诚信之德。一方面,市场经济的有效合理运作,需要看得见的手与它相配合,而诚信之德的调节作用是最为重要的;另一方面,与传统经济相

---

① 徐大建、赵果:《古今诚信之辨——基于中西比较的视角》,《伦理学研究》2014年第1期。
② [德]康德:《道德形而上学原理》,苗力田译,上海人民出版社1986年版,第73—76页。
③ [美]鲁思·本尼迪克特:《菊花与刀》,孙志伟、马小鹤、朱理胜译,九州出版社2005年版,第154页。

比，市场经济存在更大更多的诚信道德风险。在市场交易活动中，违背诚信的行为往往能够直接获取更大的利润。其次，相比较于传统社会，现代社会结构向公共性转型，人们对诚信之德的诉求更强烈。现代人们的社会交往活动大量延展及陌生人群体，适应于熟人圈子的诚信约束力相对减小，交往交易中违背诚信的成本相对降低，背信弃义就更为常见。现实生活中，防不胜防的欺瞒诈骗却无处不在、无时不在。当社会成员普遍感觉到自己在日常交往交易中常常上当受骗，与幸福生活的追求相背离，社会上对诚信美德的呼吁和期望就会随之变得更为强烈。这也就从客观上需要加强诚信美德在整个社会道德体系中的重要地位。诚信是市场经济发展所需要的一项基本道德规范，也是公民之间能够正常有序交往的道德品质保障，直接关系到人们对美好生活向往的需要满足。在新时代，"诚信"是维系社会和谐稳定的根本道德规范，也是"正义"的基本组成部分，在整个道德体系结构中，它由传统社会处于较低等级的地位发展为处于较高等级的地位，甚至是最重要的地位。质言之，诚信成为时代新人必须首要遵循的基本道德规范，是每个人绝对的道德义务和品质要求。

（二）诚信内涵的微调和发展

"诚信"作为中华传统美德，包含着"诚"与"信"两种品质，是合而为一、分而为二的道德规范。由于二者的密切关联性，从先秦起，"诚"与"信"就被并称合用。《荀子·不苟》中载有："公生明，偏生暗，端悫生通，诈伪生塞，诚信生神，夸诞生惑"。在现代，诚信更是流行用语。比较而言，古代的诚信观偏重于"诚"，即诚实；而现代的诚信观则偏重于"信"，即守约。

传统文化诚信思想体系中，"诚"与"信"相比，诚是基础，更为根本。《论语》《大学》《中庸》《孟子》奠定了传统文化中诚信思想体系的基础，《中庸》使儒家的"诚"说系统化。《中庸》说："诚者，天之道也；诚之者，人之道也。"中国古代思想家认为人道源于天道，天是真实的、长久的，人应具有天一样的德性，以"至诚"为人生修养的最高境界。"诚"是人的内在德性，即"内诚于心",表现为诚恳、真实、不欺妄。日本文化中"诚"的内涵与我们的理解趋向一致:"所谓至诚,即不欺,意味着'和盘托出全部自我',用禅语来说就是'整体作用',不保留任何东西,不伪装任何东西,不浪费任何东西"①。"信"表现为对他人讲信义、守信用、言行一致,守承诺,即"外信于人。"诸葛亮在《便宜十六策·阴察》中讲"不诚者失信"(《诸葛亮集》卷三),诚是基础,没有诚,信无法保障。宋代程颐断言"欲上下之信,唯至诚而已"(《周易程氏传》卷二),张载认为"诚故信"(《正蒙·天道》)。显然在先哲看来,信生于诚,没有诚必定无信。做到诚信,"守诚"更为基础、关键。甚至,他们认为守诚是一切德行的基础和根本。《中庸》载曰:"知仁勇三者,天下之达德也,所以行之者一也",这个"一"即是"诚"。三项最为推崇的基本美德的推行、落实最终全靠一个"诚"字。

新时代对于"诚信"美德的理解,"诚"与"信"二者之中的偏重点有所转移,更突出强调"守信"的重要性。诚的最基本的要求就是一个"真"字。《庄子》以真与诚互释:"真者,精诚之至也"(《渔父》)。熟人社会的诚信,强调只有出于真诚的情感、出于仁爱之心,才能更好地得以落实。但随着市场经济的确立和通信技术的发达、交通工具的发展,人们的交往范围已远远突破了以往传统社会的熟人圈子,更多倾向于与陌生人打交道。同时,网络信息技术在人们生活中的广泛使用,使得人们的交往突破以往物理空间的范围,出现了新的虚拟空间。与陌生人打交道以及在网络环境下的"匿名"行为,不可能出于"情"的约束之下。由于人们之间互不相识、没有共处的经历,建基于"情"的道德伦理的正当性就会受到质疑。那么,此种情况下,人们本着利益双赢的目的而履行契约、合同、诺言的守信行为的伦理正当性才能得到合理的辩护。再者,"诚"强调动

---

① [美]鲁思·本尼迪克特:《菊花与刀》,孙志伟、马小鹤、朱理胜译,九州出版社2005年版,第155页。

机的纯粹性,重心在内而不在外,在我而不在他。道德主体仅需言行举止对得起自己的内在良心,至于外在结果怎样并不看重。但就个体良心而言,却存在较大的主观性与个体差异性。人的自我感觉,自以为是的"纯洁本心"、"赤子之心"有时是不可信的,也即"好心"未必一定"办好事"。"要提升中国人的道德底线,首先要破除的就是这种自以为'诚'的过分自信。未经反思、未经怀疑的诚,要么是幼稚,要么是伪善。"① 新时代,我们讲诚信,要立足道德自我,同时需要建立起一个他者的视角,考虑到他人的在场、他人的需求和感受。在基于契约基础上的现代法治社会之中,人们能够基于理性的反思对法律、制度和规则严格遵守,不因自以为是的"诚"而损害"信",才会使得对他人的行为具有正确的预见性,从而节省交往成本、规避交易风险,维护社会的公序良俗。在新时代,传统诚信的内涵需要与时俱进地创新发展,契约信用、制度信用成为新时代"诚信"美德的重要意涵。

(三) 诚信适用领域范围的延展

古代的诚信观偏重人伦关系,而现代的诚信观偏重于契约关系。中国传统社会的"诚信"更注重强调人与人之间的信用,尤其是朋友之间的伦理道德要求②,以人格品质为担保。在此意义上,我们把"诚信"理解为是一种主要在私人领域起调节作用的私德。现今社会,私人领域与公共领域的适度界分和对公共领域的日益重视,凸显了从熟人社会向陌生人社会的发展趋势。这种社会结构的公共化转型,从客观上要求诚信的适用范围,突破朋友、熟人的私人生活领域而延展至公共生活领域。

新时代,我们讲诚信是建立在现代契约关系基础上的诚信。政务诚信、商务诚信、社会诚信、司法公信、学术诚信、网络诚信等,超越了熟人圈子里的个人诚信范围。长久以来,由于中国人缺乏丰富的

---

① 邓晓芒:《中国道德的底线》,《华中科技大学学报》(社会科学版)2014 年第 1 期。

② 孟子讲"五伦",其中"朋友有信"就是明证。

公共生活实践经验，相应没有建立起一种与公共生活相衔接的公共交往的美德。生活交往之中，许多人与熟人之间能做到诚实守信，对陌生人却另行对待，恶意隐瞒、欺诈、时有发生。这就要求我们在新时代背景下，转变诚信观念，扩展诚信的适用范围，使"诚信"由私德转化为一种在公共生活领域起调节作用的公德。政务诚信、司法公信关系到执政党的形象，关系到国家的长治久安。尤其，政务诚信建设是中国社会诚信重建的关键，政务诚信是社会诚信的根本或标杆。[①] 中国共产党从建党开始就凭借"诚信"赢得民心，获得人们的认同、爱戴和拥护。在新时代，完成民族复兴的重大使命，各级党员干部、政务司法部门公职人员更需要以诚信公正促进安定团结的政治局面。商务诚信、社会诚信关系到国家经济的繁荣发展、社会的秩序和稳定，关系着国民的幸福指数，也是国家文化软实力的重要体现；学术诚信、网络诚信更是一国国民基本素养和文明水准的直接反映和体现。尤其，学术诚信问题成为新时代道德领域的突出问题。《新时代公民道德建设实施纲要》强调指出，要重视学术、科研诚信建设，严肃查处违背学术科研诚信要求的行为。如果说，在传统社会，违背偏重人伦关系的诚信，损害的结果一般仅限于具体交往的对象范围内。那么，在现代社会，违背偏重契约关系的诚信，损害的结果却牵涉众多个体。其破坏力更大、波及范围更广，损害整个社会的公平正义，腐蚀社会的道德根基，进一步影响到民众的政治认同、文化认同，乃至损害国家的经济发展、社会稳定和国际声誉。

网络诚信问题表现尤为突出，是需要重点拓展的领域。诚信意味着诚实、说真话，不欺骗他人。曾国藩曾说："诚者，不欺者也"（《曾文正公全集·日记类钞》卷上）。互联网时代，任何人都可以利用网络平台发表自己的意见和看法，这是人类文明进步的表现。但如果不讲诚信，就会使得网络上存在大量的虚假信息、垃圾信息、诈骗信息。网络诈骗事件花样翻新、层出不穷，网上谩骂诽谤更是司空见

[①] 郝建臻：《政务诚信是社会诚信之本》，《检察日报》2012年6月19日。

惯的事情。网络信息的"去伪存真"成为我们生活中的一大难题和麻烦事。诚信不代表要讲出所有的真话,但诚信一定意味着不去恶意说假话。朱熹指出:"实于为善,实于不为恶,便是诚"(《朱子语类》卷六十九)。诚乃是真诚于善,而非真诚于恶。真心为恶、有意为恶,是地地道道的怙恶不悛。"诚信"之"诚"在于强调真诚的心理动机,出发点是为对方或整体社会利益的考虑,是增益他者好处的良善动机。如果说真话会带来较大的恶的结果,这时选择沉默甚至"说假话",是可以原谅的,即使不被提倡和赞誉。"假话"是与客观事实不相符的表述。说假话存在三种情况:一是,主观上错误以为假话是真话,而把它当作真话去传播;二是,说假话的目的在于虚荣心的驱使,言过其实或胡编乱造,主观上没有欺骗获利的恶意;三是,说假话的目的在于有意欺骗对方,达到某种利益目的或政治意图。显然,第三种情况在当今社会危害最为严重,表现也最为普遍,带来的负面效应尤为突出。清醒地认识到虚假信息的重大危害性,提高甄别真假信息的能力,传播真实可靠的信息内容,做到不了解不清楚的不瞎说、勿乱说,对虚假信息不乱转发、不恶意加工、不恶意煽情,这些都是当今社会网络诚信的基本要求。

诚信建设,意味着社会管理成本、交易成本的极大节省,也是构成一个国家软实力的重要因素。在传统社会靠人格担保的诚信建设在新时代的作用空间明显减少。一些国家建立对个人信用的完整记录以及违背诚信之后的惩罚机制,既提高了公民违背信用行为的社会成本,也提高了人们牺牲诚信以"求利"的风险性,促进人们出于理性考虑而选择遵守"诚信"。通过创建和完善制度、加大惩罚力度促进诚信建设的做法,可以为我国的诚信建设提供经验借鉴。一个不讲诚信的民族,注定自身的组织体系涣散、混乱、无序,也注定了在国际社会声名狼藉、孤立无援。没有诚信的民族,必定走不远。新时代,我们倡导社会交往中"诚实守信",人际间相处"以诚待人",网络媒体互动中"实话实说",工作实践中"忠诚老实","实事求是","说实话、谋实事、出实招、求实效"①,国际交往中"讲信修睦",这些皆是"诚信"美德在新时代的继承和发展。

二 自强

"自强"是个体人生和民族存续都不可缺少的精神支柱。自强不息是中国人民在生活实践中历史地形成的优良品质,是最具有民族特色的传统美德,是中华民族精神的重要组成部分。作为美德品行,自强"是指道德主体(包括个体、人民、民族、国家)在面临困难和挫折时所表现出的无所畏惧、不服输、不气馁、自强自立的品格和情操。"②在新世纪伊始,国家颁布《公民道德建设实施纲要》,"勤俭自强"作为公民的基本道德规范之一被提出来。《新时代公民道德建设实施纲要》中,"自强自律"是个人品德建设的重要内容。习近平总书记指出:"一个健康向上的民族,就应该鼓励劳动、鼓励就业、鼓励靠自己的努力养活家庭,服务社会,贡献国家。"③在中国特色社会主义进入新时代的今天,我们仍旧要继承和弘扬"自强不息"的民族精神。

(一)自强美德仍有重要的道德地位

传统自强美德的思想内容十分丰富。早在《易经》中就有"天行健,君子以自强不息"的说法。春秋时期,屈原在《楚辞》中也有论说"自强"的思想。老子说,"自胜者强"(《老子》第三十三章)。墨子表述了自强对于事物存续的重要性:"赖其力者生,不赖其力者不生。"(《墨子·非命下》)同时,具有平民思想的墨子强调自强对所有人的普遍意义。对于王公大人,"强必治,不强必乱;强必宁,不强必危";对于卿大夫,"强必贵,不强必贱;强必荣,不

---

① 习近平:《决胜全面建成小康社会 夺取新时代中国特色社会主义伟大胜利——在中国共产党第十九次全国代表大会上的报告》,人民出版社2017年版,第69页。

② 张博颖:《中华传统美德对于当代公民道德建设的意义》,《吉首大学学报》(社会科学版)2006年第1期。

③ 《习近平谈治国理政》(第2卷),外文出版社2017年版,第90—91页。

强必辱"；对于农夫、妇人，"强必富，不强必穷"（《墨子·非命下》）。这些论述与儒家从"精英"人物角度阐发不同，体现着追求平等的思想意识，有着较强的现实意义，这也是墨子自强思想的重要价值。近代康有为则更是把自强抬高到"至德"的地位，他直言"人以自强不息为至德"（《论语注》卷五）。

我们深信，人的需要的满足是一个自我解决、自我实践、自我创造的过程。人民自己才是"供体"的创造者。不是政府创造好了"蛋糕"，更不是外国人送来了"蛋糕"，也不会是天上掉馅饼的事。先哲一再强调一个"自"字。陆九渊曾感叹说："圣贤道一个'自'字煞好。"（《陆九渊集》卷三十四《语录上》）这是要人们相信，是非成败由自己决定，境遇处境由自己改变，荣辱祸福由自己把握，人们要自觉激发自强自律的精神。正是凭借"自强不息"的精神，中华民族才能几千年以来历经磨难而始终巍然屹立。战争年代，"自力更生"是革命取胜的法宝。在当代，"独立自主"是现代化建设的精神财富。"可以这样说，几千年的中华民族发展史，一百多年的中华振兴史，都是一部自强史。"①

党的十九大提醒每个中国人，"中华民族伟大复兴，决不是轻轻松松、敲锣打鼓就能实现的。全党必须准备付出更为艰巨、更为艰苦的努力"②。新时代，我们比历史上任何时期都更接近实现中华民族伟大复兴的目标，伟大梦想的实现离不开伟大斗争。应对重大挑战、抵御重大风险、克服重大阻力、解决重大矛盾，尤其需要我们发扬自强不息的精神、增强自胜的自觉意识，做到坚持不懈、持之以恒、久久为功。习近平强调："梦在前方，路在脚下。自胜者强，自强者胜。"③ 这就要求，在新时代的社会主义建设事业当中，继续发扬勤勉不倦的进取精神和忍耐持守的坚毅精神、树立"自胜者强"的自

---

① 张锡勤：《中国传统道德举要》，黑龙江大学出版社2009年版，第293页。
② 习近平：《决胜全面建成小康社会 夺取新时代中国特色社会主义伟大胜利——在中国共产党第十九次全国代表大会上的报告》，人民出版社2017年版，第15页。
③ 《习近平谈治国理政》，外文出版社2014年版，第52页。

觉意识、树立"苟日新，日日新，又日新"的更新观念。传统美德中的"自强"之德在当今时代，完全可以派上用场。我们应该大胆继承和弘扬，用它来激发我国民众的进取精神和坚毅精神，鼓励人们在新时代的社会主义建设事业中，知难而进、迎难而上、开拓新局、创造伟业，让党和人民事业始终充满奋勇前进的强大动力，为中华民族的伟大复兴提供重要的精神支撑。

（二）自强美德的创新发展

继承"自强"美德，要根据时代需要有所创新发展。自强，"就是自己努力、发奋图强，一息尚存，永不停息的意思"，包括自尊、自立、自信和自胜四个方面的意思。① 新时代，弘扬自强精神，要在继承的基础上有所发展创新。具体而言，新时代所倡导的"自强"，包括自强不息、自强自律、自信自胜、艰苦奋斗、顽强拼搏、与日俱新、坚毅有恒等品德。

第一，重视"自强"与"自律"的结合。在传统社会，"自强"主要表现为中华民族勇于战胜自然灾害、抵御外敌侵略的一种顽强力量。在新时代，"自强自律"是作为公民的个体道德品行被提倡。"自强"与"自律"放在一起，并不是偶然的，而是因为两条规范具有内在的联系。"自律"是"自强"的保证，凡能自律者才能最终成为自强者。自律即是孔子所言的"克己"、老子所言的"自胜"，是自己自觉地去克服、战胜自己的缺点、弱点，改造旧我、造就新我，以实现自我完善。自强是一个自我斗争、自我改造、自我约束的过程，严于律己、克己、胜己，敢于否定和重塑自我，方能上进自强。新时代的长征路上，自强者不是犹豫者、懈怠者、畏难者，而是自觉自律的坚定者、奋进者、搏击者。

第二，强调"自强"与"自信"的结合。"自强精神的基本点是要人相信，自身完善与否皆取决于己，与他力无关。"② 自强作为一

---

① 罗国杰：《论勤俭和自强》，《中国教育报》2001年12月10日。
② 张锡勤：《中国传统道德举要》，黑龙江大学出版社2009年版，第289页。

种积极向上的人生态度，包括自信的品德。自信，就是指对自己有正确的认识和估计，相信依靠自己的力量能够实现既定的奋斗目标。自强者必自信，自信者能自强。传统社会中受儒家主流文化的影响熏陶，成就"道德人"被视作是人生的终极理想目标，自信也就主要体现为一种"道德自信"。例如，孟子讲"人皆可以为尧舜"，荀子讲"涂之人可以为禹"，朱熹说"人能有为，则皆如舜"。这些伦理命题皆是中国古代自信思想的理论基石，激发人们通过完善自我、战胜自我、超越自我而达到自强，在历史上曾起了明显的积极作用。

新时代，我们更为强调制度自信、理论自信、道路自信，文化自信，这是每个中国人的自信底色。相信和尊崇人民自主选择的制度、理论、道路、先进文化，是实现民族伟大复兴的重要条件和基本依循，也是对人民群众主体性力量的深度自信。这不再是单一的"道德自信"，而是全方位的、有机统一的，能起"化学反应"的"四个自信"；这不仅是个人的"自信"，更是全社会、全民族、全国的"自信"，是一种"大信"。有了这样的自信，我们就有了强烈的共同体意识和认同感，产生强大的凝聚力和向心力，从而由自信走向自强。国民若缺乏民族自信心，必定对我们的制度、理论、道路以及文化产生质疑和摇摆，从而在对别国的依附中丧失独立，在打压和钳制下步步衰弱。能否坚持"四个自信"关系到国家的自立自强，关系到民族的未来命运。四个自信中，尤以文化自信最为关键。一个不尊重自己历史和文化传统的民族，只能丧失自身特色、模糊自己的身份，从而丧失其独立性成为他国的附庸。当仅以西方所谓具有"普世"意义的价值观念为唯一标准去审视评判中国的制度、理论、道路和文化，毋庸置疑只能得出"己不如人"的结论，由此，衍生出文化自卑、文化矮化心理，这是相当危险、相当可悲的。《淮南子·修务训》说，"自人君公卿至于庶人，不自强而功成者天下未之有也。"一个丧失自强、缺乏自信的人难以成功成才；一个丧失自强、缺乏自信的民族难以立国兴国。新时代，继承"自强"的美德，树立"四个自信"意识、培养民族自强自信的优良品质，尤为关键和重要。

三 贵和

贵和、重和谐是传统美德，也是传统文化的基本精神之一。作为传统美德，"贵和"是指以"和"作为人们行为遵循的原则和追求的目标。古代哲人关于和、和谐的论述甚多。不同思想家的不同文句中"和"的含义不尽相同，但又有共通处。主要含义有三：一是异质间的调试、调和；二是适中、恰当，恰到好处、恰如其分；三是和睦相亲、融洽无间。① 所论和的内容，涉及人和自然的和谐，人际关系、个人与社会关系的和谐，人自身的和谐三个方面。概括讲，"和"指的是不同事物、不同人之间的协调、均衡，是相济相补、相辅相成的理想状态，意指多样性存在的统一性。

（一）扬弃继承儒家倡导的"人和"

古代尤其儒家的和谐论，重点是人际关系的和谐。和谐是人类社会生存和发展的重要目标之一。② 和谐目标的实现必须通过人的合作精神，培养社会成员的和德是其实践途径。人是社会和谐的主体，离开人际交往关系，社会和谐便无从谈起。历史经验证明，人际和谐一旦破坏，社会秩序就混乱；人际关系和谐友善，太平盛世就会出现。古人深晓此理，他们认为，人际关系和谐的破坏危害甚大，必须高度警惕。"贵和"成为当时社会政治家和思想家所提倡的重要美德之一。但我们必须清醒，儒家的和谐论不过是在维护等级制的不平等性，是在"不和"中"求和"，始终以"礼"为基础和准则。按照封建礼制要求，只要人人安分、尊卑有序、长幼有序，尽到自己所应尽的人伦责任，就维护和保证了封建等级制的和谐。显然，在专制制度下，这种安分和尽责，主要是要求下层民众做出妥协、牺牲与隐忍。也就说，儒家所讲的人际和谐所追求的是一种等级之和，这同建立在人人平等基础上的社会和谐存有本质的区别。

---

① 张锡勤：《中国传统道德举要》，黑龙江大学出版社2009年版，第248页。
② 在中国传统社会，"和谐"被看作社会生存和发展的最高价值目标。

"人和"是传统社会"贵和"的主要旨意，现今社会依然要注重和睦的人际关系与和谐的社会结构，人们对道德价值的向往以及社会建设的目标仍以相爱、相敬、和谐、和合为其主要的一个维度。社会主义核心价值观中的"友善"以及"诚信"就内含人际间和谐相处的要求。《新时代公民道德建设实施纲要》中提倡的"助人为乐"的社会公德要求，"夫妻和睦"的家庭美德要求，"宽厚正直"的个人品德要求，也都体现着"和"的精神实质。新时代人际交往中亲和友善、诚信友爱，群体生活中团结求和、和睦相处，社会生活中守礼达和、以和为贵，这些都是"和德"在公民行为方式和修养境界上的体现。

（二）多维度承继传统"和"德

新时代，"和谐"被提炼为社会主义核心价值观中的重要德目。作为国家层面的价值目标，"和谐"具有更广泛、更全面的内容和涵义。新时代继承"贵和"的美德，除了强调"人和"之意，还要注重强调"协和万邦"之和以及"人与自身"之和，尤其需要突出强调"人与自然"之和的时代价值。

第一，承继人与自然之和是新时代建设生态文明的需要。中国先哲早就认识到人与自然和谐相处的重要性，自然不仅是人们认识、改造的对象，更是人们审美的对象。他们怀着谦卑的心怀，把自己看作是自然界有机构成的一部分。老子曰：域中有四大，而人居其一焉。人法地，地法天，天法道，道法自然。（《老子》二十五章）老子一方面肯定人自身的价值和主观能动性，另一方面强调人要遵循自然之"道"的客观法则。在中国两千多年的农耕文明进程中，人与自然始终能够和谐相处。但随着工业文明的到来，人与自然的和谐融洽关系被打破击碎，变得日趋紧张、对立起来。新时代，"生态道德是现代文明的重要标志，是美好生活的基础、人民群众的期盼。"[①] 习近平

[①] 《中共中央国务院印发〈新时代公民道德建设实施纲要〉》，《人民日报》2019年10月28日。

从坚持以人民为中心的立场出发,站在民族未来、人类未来发展的战略高度,强调指出:"建设生态文明,关系人民福祉,关乎民族未来。"① 2012年党的十八大把生态文明建设纳入中国特色社会主义事业总体布局之中,使生态文明建设的战略地位更加明确,同时表明了新时代加强生态文明的紧迫性、重要性。新时代,我们要建设的现代化不是只要物质文明而无视生态文明的现代化,而是人和自然和谐共生的现代化,是能够满足人民对美好生活需要的现代化,是能够为全人类带来福祉的现代化。正如我们先人所理解的那样,人类是大自然和谐整体的一部分,人的存在与自然的存在是相互包含、相互涵养、相互表彰的关系,并非对抗性的征服与被征服的关系、利用与被利用的关系、主宰与服从的关系。人类为了生存发展,固然必须改造和利用大自然,但同时应敬畏自然、热爱自然,与自然和谐共存、圆融无间。假如仅是狭隘地看到自然唯一的经济功用价值,这便是现代人表现出的"近视"病症。主体客体化和客体主体化是一体两面的关联关系。自然于人类有着更为广博的生态价值、审美价值以及精神滋养、文化哺育的价值,这些价值的忽视或损毁,表现为一种隐性的损失,却是更为深层和触及核心的损伤。创建经济与环境协同发展的新型道路,建设美丽中国、美丽城市、美丽乡村,实现中华民族永续发展,是这代人理应承担的深沉责任。从人与自然之和的维度,增强节约意识、环保意识和生态意识,遵从简约适度、绿色低碳的生活方式,做生态环境的保护者、建设者,既造福人民大众与子孙后代,也是对人类的高度负责。

第二,承继"协和万邦"之和是构建"人类命运共同体"的需要。中国人的贵和思想不仅局限于一国范围之内的人与人、人与自然的和谐,它还包含着"协和万邦"的和平主义思想理念。《大学》讲"修齐治平"理论,家、国、天下只是外延范围的扩大,而不是性质上的异质改变。在中国人的思想观念中,"天下"是一个"无外"的

---

① 《习近平谈治国理政》,外文出版社2014年版,第208页。

概念，所有的国家都包含在"天下"之中，没有一个异类的"他者"需要消灭。"无外"便都是"自家人"，也即"四海之内皆兄弟"。人与人之间不是你死我活、一决高下的竞争关系或斗争关系，如同霍布斯所言的"人对人是狼"。历史上，即使中国在国力最为强盛的时期，也从未称霸一方，从未侵略或欺凌过其他弱小国家。孙中山曾反复声明，爱好和平是中国人的一个"大道德"。他说，"中国更有一种极好的道德，是爱和平。现在世界上的国家和民族只有中国讲和平，外国都是讲战争，主张帝国主义去灭别人的国家"。① 这就是历史上中华民族和其他民族在道德精神上的最大不同之处。习近平继承发展中华传统美德"贵和"的思想，提出在合作共赢、融洽共存的基础上构建"人类命运共同体"。他曾多次表示，我们中华民族向来是爱好和平的民族，"协和万邦"仍然是当今社会我们处理国际关系的重要理念和实践原则。"中国人自古就推崇'协和万邦'、'亲仁善邻，国之宝也'、'四海之内皆兄弟也'、'远亲不如近邻'、'亲望亲好，邻望邻好'、'国虽大，好战必亡'等和平思想。爱好和平的思想深深嵌入了中华民族的精神世界，今天依然是中国处理国际关系的基本理念。"② 面对世界各国愿意同舟共济，共同应对人类难题的客观需要，我们应该大胆走出冷战思维和零和博弈的旧框架，和平、发展、合作、共赢观念将成为时代的主潮流。新时代，推动构建"人类命运共同体"正是中国人的使命担当。中国共产党有信心领导中国人民为世界文明发展、人类未来前景做出更大贡献。我们主张各国和各国人民共同享受人类尊严，共同享受发展成果和安全保障。各国文明不仅"各美其美"，而且摒弃傲慢和偏见，坚持不同文明交流互鉴、平等相待、互相促进，做到"美人之美，美美与共"。

第三，承继人与自身之和是实施健康中国战略的需要。党的十九

---

① 孙中山：《三民主义》，东方出版社2014年版，第67页。
② 习近平：《在纪念孔子诞辰2565周年国际学术研讨会暨国际儒学联合会第五届会员大会开幕会上的讲话》，《人民日报》2014年9月25日。

大报告指出，"人民健康是民族昌盛和国家富强的重要标志。"① 新时代加强和创新社会治理，必须始终把人民利益摆在至高无上的地位。身心健康无疑是人们追求美好生活的物质前提，也是保证社会安定有序与实现国家富强的人力基础。当今社会频发的恶性道德事件，固然反映出社会治理效能与国民教育方面存在的问题，但事件背后隐藏的个体心理因素也绝不可忽视。比如，发生在乘客与司机之间、医生和病人之间的肢体冲突与殴打事件。从道德层面去分析，似乎是规则意识差、缺乏仁爱友善的品质，甚至可以说，是维护个人权利意识的增强。但究其深层心理原因，反映的却是心理健康问题的凸显，是把长期累积的怨气与内心焦虑感、不安全感向外宣泄的一种不当方式。除了法治和教育，我们很容易忽视人的情绪和本能对人的道德行为的影响力量。能够保持内心平和愉悦状态，是防止出现恶性道德事件的心理基础。生活中一个理性、健康、平和的人，很少会出现过激反应以及极端行为方式。尽管人的内心平衡和谐状态，可能由多种因素促成，但主体自我努力调试却最为根本、最为有效。人与自身和谐，即是身心和谐，说到底，是人的物质欲望与道德理性和谐，关键在于处理好理欲关系。首先，要修养身心。做到清心寡欲、心境平和，对自己的情绪作适度的宣泄，谨防遇事感情冲动和表现暴戾之气。孟子说"养心莫善于寡欲"（《孟子·尽心章句下》），西汉董仲舒说"外无贪而内清静，心和平而不失中正，取天地之美以养其身"（《春秋繁露·循天之道》）。"心必和平然后乐"，"和"才能身心愉悦，从而冷静思考、宽厚待人。再者，"和心"同时还要"和性"。纠正性格上的偏失，调和个性，达致"刚柔均平"，使人格日趋完美。

四 勤俭

勤俭是最具中国人精神标识的传统美德，影响最为深远，为人民

---

① 习近平：《决胜全面建成小康社会 夺取新时代中国特色社会主义伟大胜利——在中国共产党第十九次全国代表大会上的报告》，人民出版社2017年版，第48页。

大众所广泛认同和践行。《新时代公民道德建设实施纲要》中,"勤俭持家"是家庭美德的重要内容,"勤劳善良"是个体品德的基本要求。

(一) 新时代需要继承勤俭美德

勤俭主要包含两个方面的内容:"勤"(勤劳、勤奋、勤勉)和"俭"(俭约、俭朴、节制),取自古代大禹治水的传说,"克勤于邦,克俭于家"(《尚书·大禹谟》)的千古佳话。勤,是指对所从事的事业尽心竭力,不畏艰辛,孜孜不倦的态度行为;俭,是指对物质财富的珍惜,在消费上取合理的标准。① 概括说,勤俭就是勤劳和节俭,两个方面相辅相成、相互为用。先秦各主要学派都崇俭。《墨子》书中有《节用》篇,抨击统治者奢靡享乐的生活,提倡节俭。《老子》将慈、俭、不敢为天下先列为"三宝"(《老子》第六十七章)。《左传》有言:"俭,德之共也",把"俭"视作德行中最大的美德,为德之首。勤与俭二者之间,由"勤"而知"俭","俭"则必须"勤"。劳动人民之所以珍惜粮食,很少浪费,就缘于他们在艰辛的劳动过程中体验到粮食的来之不易。崇尚俭约的生活,则必须通过勤于探索、勇于创新,利用新技术节约资源的使用和消耗。古希腊"四元德"中的"节制"与"节俭"有相通之处。节制主要体现为对人的物欲的克制,是柏拉图针对生产者阶层提出的美德要求;节俭"指的是人们对待个人欲望的理性态度,它要求人们节制自己非分的物质需求,约束自己不合理的消费欲望,俭约生活,节约财用"②。节制与节俭均强调对"物欲"的克制,沉溺于任何一种感官的欲望都会引起"费"。节制或节俭作为古老的德性,尤其在劳动产品供应不够充沛的古代社会更显现出重要性。中国人的智慧在于强调"俭以养德",把节俭与人们的所有德性以及道德修养关联在一起,使得"俭"更具有基础美德的意义。同时,中国人把"勤"与"俭"连

---

① 张锡勤:《中国传统道德举要》,黑龙江大学出版社2009年版,第230页。
② 唐凯麟:《继承与弘扬中华廉洁文化的优秀遗产》,《政治学研究》2014年第2期。

用，强调"勤"与"俭"的密切关联性。勤俭既重视扩大生产，又重视节约和社会积累，这种既重节流又不忘开源的辩证思想至今仍具有重要的指导意义。新时代的历史条件下，决胜全面建成小康社会、实现全体人民的共同富裕，仍然不能丢掉古老的勤俭美德，只是随着时代的变迁需要进一步创新发展。

社会主义核心价值观中并没有明确列出"勤俭"的德目，但"勤俭"的要求暗含在其他价值目标之中。其一，国家层面的"富强"，需要国民的勤俭美德为支撑。"勤"才能有所作为，"俭"才能节约成本产生巨大效益。荀子言："强本而节用，则天不能贫……本荒而用奢，则天不能使之富"（《荀子·天论》），此处所讲就是此理。其二，"和谐"目标的实现，需要国民崇尚勤俭的生活方式。社会主义核心价值观中的"和谐"是全局性的、全方位的和谐，但对应于"五位一体"总体布局中的生态文明建设，和谐主要指向人与自然的和谐。正确处理人与自然的关系，需要人们以勤劳俭约作为一种生活方式。一个人在俭朴的生活中，最容易养成一种淡泊享受的思想品德。厉行俭朴、崇尚简约，就能拒绝奢华和浪费、抵制各种物欲的诱惑，自然从根本上能够做到节约资源、净化环境。其三，"民主"价值的实现，离不开为政者的勤俭美德。民主需要通过权力行使者的清廉正义行为来实现，勤俭之德是为政的必要道德基础。"俭以养德"是中国官吏修养的古训。孟子在《孟子·离娄上》中曰："俭者不夺人"，已有"俭以养廉"之意。宋代政治家范纯仁明确说："惟俭可以助廉"（《宋史·范纯仁传》）。从此意涵上去理解，"勤俭"是政治民主、社会公正能够实现的品质保证。《新时代公民道德建设实施纲要》中，"勤俭持家"仍是家庭美德的主要内容。勤俭既是公民道德的一个基本规范，又是一个国家安邦治国之策。勤俭持家、勤奋劳动、诚实劳动、艰苦奋斗、勤俭克难、勤俭立志、勤俭拒贿、俭约自守，都是勤俭美德的新时代表述内容。

（二）勤俭内涵的微调和拓展

传统社会，劳动人民对"勤俭"美德的崇尚，更多是出于一种生存之道，是在外部环境和经济发展水平制约下，带有某种强制性的被动选择。新时代，我们倡导的"勤俭"则带有更多的主动选择成分，更多体现为一种道德自觉，没有外部生存条件的压迫。穷而能守俭是一种为人的本分，富而能守俭则是一种道德境界。宋代司马光说，"由俭入奢易，由奢入俭难。"（《资治通鉴·训俭示康》）新时代，意味着中华民族迎来了从站起来、富起来到强起来的伟大飞跃。在此历史条件下，倡导"富而能俭"，虽然有些困难，却善莫大焉。

第一，由偏重"私德"向偏重"公德"的拓展。古代社会，"勤俭"的被提倡首先用于治家。传统社会，由于改造外在自然界的能力水平有限，需要人们在日常生活中对劳动产品和劳动成果合理有效使用，杜绝浪费。明代陈录说，"成家之道，曰俭与勤。"（《善诱文·省心杂言》）在以农业为主的传统社会，人与自然处于一种相对和谐的关系之中。随着工业化的发展，人与自然环境之间的关系问题凸显出来。尤其在新时代历史背景下，环境污染、生态环境的破坏成为人们追求美好生活的重要羁绊。道德作为一种实践精神，它来源于人们的实践活动。每个时代的道德文化，都是在继承前人道德传统的基础上，根据自己时代的需要进行创新发展。随着人类实践领域的扩大，道德的作用范围也随之扩展。新时代，调节人与自然之间的关系，成为道德调节的主要对象。生态环境问题的凸显，节约和保护资源成为一种社会共识。新时代，随着我国社会主要矛盾的变化，人们的需求已然超越单一的物质层面，扩及关系到人们生活品质的优良生态产品。为人民谋幸福是党的初心和使命。为满足人民对优美生态环境的迫切需要，以"美丽"为价值目标的生态文明建设成为新时代"五位一体"总体布局的重要一项。习近平提出"生命共同体"的命题，强调生态文明建设的重要性。掷地有声的"绿水青山就是金山银山"的价值判断，强调了生态环境对于社会进步发展的重要时代价值。从环境美德角度，勤俭是一种公共伦理要求。"勤俭"由私德向公德方向发展，不再局限于"勤俭持家"的内涵，也即不仅关系到个人自家经济状况与消费开支，不仅是一个关联个体私人生活的问题。新时

第二章　新时代中华传统美德的继承发展

代提倡勤俭,针对的是现今社会普遍存在的过度消费、奢侈、享乐主义生活方式。"节俭"作为新时代的美德,不仅指对劳动产品或劳动成果的节约,还应包括对自然资源的节约。倡导俭约适度、绿色低碳的生活方式,目的在于保护人们共享的生态环境,节约有限的公共自然资源。此举维护的是全体人民的共同利益,甚至关涉到后代人的生存利益,具有明显的公德性质。

生活实践中还存在着"于家俭于国奢"和"于私俭于公奢"的背离现象。宋代晁说之在《晁氏客语》中就一针见血地指出:"财用于国则奢,于家则俭,人之病也。"应该说,这个批评至今仍有现实意义。随着社会进步和公共事业的发展,公共服务越来越人性化,公共设备设施配置齐全,普通民众有了更多免费共享公共资源的机会,但浪费的现象却大量普遍存在。"慷"国家之"慨","吝"个人之"私",并非美德,实属自私败德。这也是勤俭之德由偏重"私德"发展为偏重"公德"的重要意义。

第二,由偏重"官德"向偏重"民德"的下移。一方面,勤俭是反映中国人精神特征的标识之一,无论为政为官者还是普通黎民百姓都需要勤俭。于统治者而言,勤俭关系到"治国";于普通百姓而言,勤俭关系到"齐家"。司马光说:"俭,德之共也。侈,恶之大也。共,同也,言有德者,皆由俭来也。夫俭则寡欲,君子寡欲,则不役于物,可以直道而行;小人寡欲,则能谨身节用,远罪丰家,故曰:俭,德之共也。侈,则多欲,君子多欲,则贪慕富贵,枉道速祸;小人多欲,则多求妄用,败家丧身,是以居官必贿,居乡必盗,故曰:侈,恶之大也。"(《司马文正公传家集·卷六十七·训俭示康》)无论君子还是小人,"俭"则寡欲、节欲,"奢"则多欲、纵欲。多欲、纵欲便需要物质供应上的充沛方可满足,在合理收入所获财力有限的条件下,极有可能铤而走险践踏法律、违背伦理道德。"俭"作为成就其他美德的基础性品德,为社会中的每个人皆所需要,而"奢"对人们的德性养成却极具破坏性作用。另一方面,古代思想家倡俭,主要旨意也是为了向统治者特别是向君主说教,指向的是"官德"。杜甫的"朱门酒肉臭，路有冻死骨"，是对当时贵族人家与穷人生活现状的真实反映。一个人懒惰和奢侈的前提条件是衣食无忧、家境殷实。对于普通百姓而言，勤俭则是保障生命存续的必要德行。传统社会只有少数官员或贵族才有条件豪华享受、骄奢淫逸。在专制体制下，"官德"是政治统治合理性的重要依据。古代先哲理解到"惟俭可以助廉"，把倡俭戒奢看作是培养官员廉德的下手处。他们希望统治阶级特别是君主能够克制物质贪欲、力戒生活的奢靡享乐，爱惜物力、人力，达到"养廉"的目的。

在新时代，政治民主制度的建立，反腐防腐从根本上主要依靠制度的建设和保障，"勤俭"作为官德的重要性相比传统社会在降低。但随着社会生产力的不断释放、国民经济的飞跃发展，促进了大众消费时代的到来。同时由于西方物质消费主义、享乐主义、流俗主义思潮的负面影响，普通民众的消费热情愈发势不可当，使得赚钱、消费，消费、赚钱成为大多数人的全部生活目的。借助"互联网+消费"模式，人们的消费行为越来越方便，也越来越随意任性。过度消费正在瓦解着社会可持续发展的根基，节俭美德对普通人的重要性日渐上升。餐桌浪费、水电资源浪费、一次性包装浪费等，这些与百姓生活方式和生活习惯息息相关的浪费现象，需要全民自觉加以改善，仅凭少数有德性、有文明素养人的合理消费行为，作用效果甚微。"勤俭"是对一切人的共同要求，但对于不同职业和阶层的人来说，"勤俭"意味着侧重于不同的内容和要求。对于为政者而言，"勤"就是勤于政事，尽职尽责；"俭"就是要力戒奢靡之风、杜绝公款吃喝。对于人民大众来说，"勤"意味着勤于生产，耐得劳苦；"俭"从消费量上，指"不浪费"，消费有度，有所节制；从消费形式上，强调"不繁杂""不浮夸"，简约素朴。概言之，消费水平控制在收入增长的相应幅度之内，消费内容侧重于身心健康、知识学习、技术培训和精神境界提升等方面。尤其文化娱乐消费方面，注重高雅健康，达致净化心灵的目的。作为时代新人，从节约国家资源、保护生态环境、尊重人类的劳动、关注代际公平的角度，应该树立勤劳节俭观念。

第三,由偏重"他律"向偏重"自律"的提升。中国人具有勤俭之美德,久为世界所公认。但传统社会的"勤俭",是受生存条件所限制而不得已选择的生活方式,表现为"他律"性的道德,缺乏道德自觉性。孟德斯鸠就认为,中国人口繁衍迅速,谋生道路艰难,出于这种特殊理由,"因此在中国,奢侈是有害的,……必须有勤劳和俭约的精神。"① 新时代,中华民族迎来了从站起来、富起来到强起来的伟大飞跃,国内生产总值稳居世界第二,对世界经济增长贡献率超过了百分之三十。承继"勤俭"美德不再是迫不得已的选择,而是体现我们主动、理性的选择。人的尊贵之处不在于人能驾驭和主宰外在的自然界,而在于人的理性能认识自然规律,从而因循客观规律创造人类的美好生活。"我们决不像征服统治异族人那样支配自然界,决不像站在自然界之外的人似的去支配自然界——相反,我们连同我们的肉、血和头脑都是属于自然界和存在于自然界之中的;我们对自然界的整个支配作用,就在于我们比其他一切生物强,能够认识和正确运用自然规律。"②

当今社会,我们提倡俭约自守,是对"俭以养德"思想的继承和发展,同时凸显"自律"性的要求。自守是一种德操,是自律、自守规矩,没有外在的强迫性,能做到慎独。出于自律的勤俭不是占有和消费,彰显的是人类的本质性力量,成就的是人的一种主动性人格。《礼记·乐记》有言:"好恶无节,则是物至而人化物也。"人化物意味着人变成物欲的奴隶,是人的一种异化状态。"人只有充分表现自己,当他充分利用了他自己的能量时,人才会存在。如果它不这样做,如果它的生活只是由占有和使用而不是由生存所构成,那么,他就是退化的;它变成了一件东西;它的生命就无意义了。"③ 消费

---

① [法] 孟德斯鸠:《论法的精神》(上册),张雁深译,商务印书馆 1959 年版,第 121 页。
② 《马克思恩格斯文集》(第 9 卷),人民出版社 2009 年版,第 560 页。
③ [美] 埃里希·弗洛姆:《生命之爱》,王大鹏译,国际文化出版公司 2007 年版,第 25 页。

的目的是促进人的发展和成长，而奢侈往往让我们变得被动，没有人格。"人变成了物，成为自动机器：一个个营养充足，穿戴讲究，但对自己人性的发展和人所承担的任务却缺乏真正的和深刻的关注。"[①]人不应该通过崇拜生产和消费的方式去体验自己的力量。提升消费水平也不应该是欲望驱动、虚荣攀比的结果，而是社会文明进步的结果，理应是兼顾生态环境的绿色消费。苏轼说，"人间有味是清欢"。十九世纪，美国哲学家梭罗（Henry David Thoreau）也主张人们回归本心、亲近自然，选择一种"简单、简单、再简单"的简约生活。倡导贴近"自然状态"的生活方式，要求现代人回到古老的智慧，重思老子的"复归于朴"，重建"天人合一"的理性世界。

　　古人讲"勤能补拙"、"俭以养廉"，寓意是十分深刻。一个人在事业上的成就，离不开他的勤奋努力和坚持不懈；一个人要保持清廉的品德、培养严格的自律，离不开俭朴的生活方式。"勤俭"体现的是对人类主体性的尊重，是对生产劳动巨大意义的肯定。《新时代公民道德建设实施纲要》中倡导弘扬的改革开放精神、劳动精神、劳模精神、工匠精神、优秀企业家精神、科学家精神，都是对传统勤劳美德的现代继承与创新。中国特色社会主义进入新时代，但处于社会主义初级阶段的基本国情不变，"共同富裕"与"伟大复兴"强国梦的目标有待最终实现。"俭"的标准随着时代的发展应有所变化，但物尽其用、崇俭禁奢是不能丢弃的优良传统。无论对于执政者还是普通百姓，艰苦奋斗、勤俭节约的美德要继续发扬光大。

五　廉洁

　　思想史上，《管子》对"廉"尤为重视，将其列为"国之四维"，视作关系一个王朝生死存亡的重要根基之一。此后，"廉"一直受后人提倡，为各级官吏从政的最基本的道德修养要求。与一般平民相

[①] ［美］艾·弗洛姆：《爱的艺术》，李健鸣译，上海译文出版社2011年版，第162页。

第二章　新时代中华传统美德的继承发展

比，执政者、在位者、当权者掌握着更多的政治权力资源，因此，有更多机会与便利对公私财物苟得、妄取。为官者若不能清正廉洁，而是利用职权侵蚀国家府库或吸吮民脂民膏、收受贿赂，就会使国家法律、社会公正和政治清明遭到严重破坏。中国古人一再论说"廉者，政之本也"（《晏子春秋·内篇·杂下》），即是强调廉洁品质对各级官吏尤显重要性。"廉洁是人们对待财利的一种正确态度，它的基本要求是不取不义之财，不贪不义之利。"[①] 新时代我们所提倡的"廉洁自律"、"廉洁勤政"、"清正廉洁"、"廉洁奉公"、"廉洁知耻"都是古代"廉洁"美德的继承发展与现代表述。

（一）"廉洁"的道德地位更加凸显

廉洁对执政、在位、当权者更显重要性。传统社会，廉洁是对各级官吏的基本道德要求。在我国社会主义民主制度下，中国共产党作为执政党是社会主义事业的领导核心。党的十九大强调指出，党政军民学，东西南北中，党是领导一切的。十九届四中全会进一步强调，坚持党的集中统一领导是我国国家制度和国家治理体系的显著优势之一。截至目前，中国共产党党员的人数已经超过了九千万。相比传统社会，廉洁的适用范围在人群上有了极大扩展，廉洁的道德地位也随之上升。

习近平总书记强调，"廉洁自律是共产党人为官从政的底线"，"道德上失足有时比某些工作失误杀伤力还要大。"[②] 党员干部道德上的失足，就会失信于民，造成干群关系紧张，国家政策难以贯穿执行，工作无法顺利开展。时下，随着社会民主意识和权利意识的增强，懒政和腐败成为民众最为深恶痛绝的事情。民众对党员干部廉洁美德的诉求声、期望值越来越高，廉洁的重要性更为突显。虽说从根本上，反腐需要依靠法律和制度建设，但党员干部自身的道德修养也必不可缺少。再完善、再健全的制度体系，仍然需要从政者美德的内

[①] 张锡勤：《中国传统道德举要》，黑龙江大学出版社 2009 年版，第 205 页。

[②] 《习近平总书记重要讲话文章选编》，中央文献出版社、党建读物出版社 2016 年版，第 247—248 页。

在支撑。对于一个缺少廉洁美德的党员干部来说，法律与制度规范对他的约束效果几乎等于零。

新时代继承发展廉洁美德，一者是必须把廉洁和勤政紧密结合起来。"党的干部都是人民公仆，自当在其位谋其政，既廉又勤，既干净又干事。"① 2014 年，习近平总书记对党员干部提出"三严三实"的基本政治要求，"严以修身、严以用权、严以律己"就是廉洁的具体要求，"谋事要实、创业要实、做人要实"就是勤政的具体细化。由于怕出错、怕担当，怕被批评和追究责任，现在不少党员干部为官一任，却"为官不为"，奉行明哲保身。这个问题的出现已经引起广大民众的极大不满，引起全社会的广泛关注。在位者清廉自律，足以让人赞誉景仰，但不可抱有"少干活少出错"的思想观念。不搞假大空、欺上瞒下，能够兢兢业业、真干实干是一个党员干部的基本担当和责任；二者是倡导俭约自守，狠刹奢靡之风。"俭以养廉"是中国古人反思经验的伦理智慧，体现着他们对人性与人道的深刻把握和认知。2013 年，习近平总书记为深入改进党的作风问题，提出反"四风"的号召。"四风"中"享乐主义"、"奢靡之风"就与我们尚俭的传统美德相背离。党风问题关系党的生死存亡，只有不正之风离党越来越远，群众才会离党越来越近。狠刹党员干部的挥霍享乐和骄奢淫逸之风，惩治以权谋私、腐化堕落的行为，倡导培养俭约自守、廉洁自律的美德，将有助于改善党群干群关系，营造风清气正的政治氛围，从而增强党的号召力和凝聚力。

（二）继承"廉德"推进反腐倡廉建设

党风廉政建设和反腐败斗争是国家治理的重要内容。在十九届中央纪委三次全会上，习近平正式提出要一体推进"不能腐、不敢腐、不想腐"的明确要求。②"三不"之中，"不想腐"最为根本，解决的

---

① 《习近平总书记重要讲话文章选编》，中央文献出版社、党建读物出版社 2016 年版，第 176 页。

② 《中国共产党第十九届中央纪律检查委员会第三次全体会议公报》，《人民日报》2019 年 1 月 14 日。

是腐败的动机问题。要求党员干部通过自我道德修养，从思想源头上打消贪腐之念想。严惩腐败、从严治党"需要积极借鉴我国历史上反腐倡廉的宝贵遗产。"① 传统"廉"德与公正、忠、俭、耻之德有联系又有交叉，相互渗透、相互补充、互为前提。这就要求在反腐倡廉的实践中，注重以其他德性促进廉洁美德的养成。

首先，树立正确的义利观。能够正确认识和对待义利之间的冲突，是反腐倡廉、培育廉洁之德的前提。一个能做到"见得思义"、"见利思义"、"义然后取"的人自然是清正廉洁者，而许多为官者贪污腐败正是其见利忘义、以利至上的结果和表现。孔子曰：不义而富且贵，于我如浮云。(《论语·述而》)孟子更进一步要求："非其义也，非其道也，一介不以与人，一介不以取诸人。"(《孟子·万章上》)无疑在人类社会发展的现今阶段，财富对人的诱惑力仍然是巨大的。但我们应该承继先哲的人生智慧，做到"非其义不受其利"，既不"苟得"也不"妄取"，以"克己"来抗拒诱惑，提升自我道德境界奉行"以不贪为宝"(《左传·襄公十五年》)。

其次，养廉要知耻。"廉"与"耻"关系密切，故常常并称合用为"廉耻"。知耻是能够廉洁的思想前提，廉洁是知耻的行为表现。顾炎武曾说："廉耻，立人之大节。盖不廉则无所不取，不耻则无所不为，人而如此，则祸败乱亡，亦无所不至。况为大臣，而无所不取、无所不为，则天下其有不乱、国家其有不亡者乎！"(《日知录》卷十三《廉耻》)有无廉耻之心，是判断一个人是否具有大气节的重要维度，无廉耻者人格自然矮化。一个"无耻"之人，行为便没有边界，无所谓"可为"与"不可为"，唯以"有利"与否作为行为的价值目标取向。但凡有利可图，不管是否符合"正义"都会力争苟取，廉洁之德自是无从谈起。思想观念是支配行为的动机先导。养廉首先要有知耻之心，不知耻之人行为没有约束则养廉失却根基。

---

① 《习近平谈治国理政》，外文出版社2014年版，第390页。

此外，养廉也需尚俭。廉与俭的关系，古人多有论述。他们认为官吏之所以贪污腐败，大多由于他们生活的腐化和奢靡。顾炎武有言："大臣家事之丰约，关于政治之隆污。"（《日知录》卷十三《大臣》）为官者的俸禄是有限、可计量的，平日里吃穿用度的奢华程度远超出收入水平，就自然会放弃操守、无视政治规矩，处心积虑中饱私囊、搜刮民财、滥用职权。倡导奉行简约、淡泊、健康的生活方式，克制过分的物质欲，追求精神澄明的境界，才会忠于职守、不贪不占、爱民利民。故，俭以养廉是著名古训，也是新时代历史条件下我们应该承继的优良传统。

（三）借鉴政治美德概念深化理解

西方社会从马基雅维里、孟德斯鸠、阿伦特就提出和多次使用政治美德的概念，以警示人们勿用家庭或私人美德去解决公共政治领域内的问题。近些年，国内学者万俊人、高兆明、詹士友、吴俊等也借鉴使用政治美德并用于深化美德伦理学的研究。某种意义上，中国的"德"一开始就蕴含着浓郁的政治美德意涵。在我国西周时期，就有"敬德保民"、"以德配天"的说法。唯有人之"德"才配享有"天命"，"德"是权力合法性的唯一根据。春秋末期，孔子继承发展西周文化，在《论语》中强调"为政以德"的政治思想。官员的道德修养与政治的紧密关联性，由此，可窥见一斑。由于私人美德只与具体的个人相关，其发挥功能的作用范围相对来说比较狭小，违背这种美德原则带来的破坏力相对弱小。但政治美德与众多抽象的公民全体相关联，此种德性的缺失将会影响到整个社会机制系统的稳定性，带来更严重的破坏后果。[①] 在政治美德的视域下，廉洁无疑属于从政者所需要具备的基础美德。这也是从古至今，中国人一直强调官德、强调廉洁美德的价值依据之所在。但与传统的宗法分封社会或中央集权君主专制社会不同，新时代是人民当家作主的民主制社会。政治美德

[①] 闫咏梅：《政治美德：思想政治教育的着力点》，《教育理论与实践》2020年第18期。

是参与公共政治事务所需具备的美德，既包含官德也包含一般公民应该具备的美德，比如理性、宽容、公正等。同时，廉洁并不是从政者唯一的政治美德，并非评价党员干部的唯一标准。党的十九大指出，"我们党既要政治过硬，也要本领过硬。"廉洁、清正、勤勉、自守之外，党员干部尚应具有"不忘初心、牢记使命"的忠心和服务于民的才干。借鉴西方的政治美德概念，更有助于我们对传统美德的分析和认识，以廉政建设推动我国的政治民主进程。"中外历史上，政治清明的时代，通常是廉政的时代，而廉政势必促进政治清明。这一历史事实值得今人高度重视。"①

六 勇敢

"勇敢"是儒家强调的"三达德"之一，也是古希腊"四元德"之一。在所有美德中，勇敢受到的赞美是最普遍的，这种声誉不依附于社会，不依附于时代，也几乎不依附于个人。可以说，"勇敢"是人类最基本、最重要的德性之一，是各种美德赖以存在的条件。它"是特有的枢德，因为它像枢轴与铰链（cardo）承载着门一样承载着其他各种美德"②。20世纪80年代中后期兴起的美国新品格教育认为，"勇敢"是社会生活中普遍公认的核心道德价值观之一。在我国，"见义勇为"是20世纪90年代伦理思想家重点提倡的美德品质。蔡元培从学业精进的角度，认为勇敢品质必不可或缺："人生学业，无一可以轻易得之者。当艰难之境而不屈不沮，必达而后已，则勇敢之效也。"③ 新时代历史条件下，仍需继承勇敢美德。一方面，需要继承传统勇敢美德的合理成分、借鉴域外的文明成果；另一方面，在继承基础上需要契合新时代价值理念和实践要求有所创新发展。

---

① 张锡勤：《中国传统道德举要》，黑龙江大学出版社2009年版，第208页。
② ［法］安德烈·孔特－斯蓬维尔：《小爱大德——美德浅论》，赵克非译，作家出版社2013年版，第47页。
③ 《蔡元培全集》（卷二），中华书局1984年版，第180页。

(一) 有扬弃地继承传统勇德

勇是一种积极进取的精神,勇是任何时代必须肯定的道德。① 人类的生存过程会面临诸多艰难恐惧,具备勇敢的品质,个体才能成就大事业、人类才能生生不息。新时代相较传统社会而言,是一个风险无处不在的社会,人类将遇到更多的复杂性与不确定性,更为严峻的挑战甚至灾难。从这个意义上,当今和平时代,绝不意味着要忽略或淡化勇敢德性,恰恰相反,仍然需要重视提倡继承和弘扬勇敢的精神品质,重塑新时代的勇德。

第一,承继传统"勇"德的合理成分。勇敢的基本涵义就是不怕可怕的事物。当然,勇敢不是没有恐惧,而是具有面临恐惧时用更强和更仁慈的意志克服恐惧的能力。在所有文化中,都认为勇敢单独不成为一种美德,因为勇敢可以为一切事情效力,既可为恶效力,也能为善效力。在儒家伦理中,"勇"需要与"义"相结合,以"义"规定"勇",即"义勇"。先秦儒家就区分了勇敢德性的类型②,只有以义统领的勇才是真正的勇,无义之勇势必犯上作乱。正所谓:"君子有勇而无义为乱,小人有勇而无义为盗。"(《论语·阳货》)孔子还认为勇敢需要智慧,要善于谋略,而不是一味地鲁莽。"暴虎冯河,死而无悔者,吾不与也。必也临事而惧,好谋而成者也。"(《论语·述而》)荀子有类似的表述:"悍戆好斗,似勇而非"(《荀子·大略篇》)。勇敢不是仅仅表现为不怕死的临危不惧,而是在"恐惧"之中利用人的智慧战胜恐惧。新时代继承勇敢的美德仍旧需要强调这一点。正如我们品德教育中,强调的重点从"见义勇为"转向"见义智为"。"见义勇为"的表述方式,清晰明确地肯定义勇的价值,强调行为目的的正当性,但也遮蔽了儒家思想中对"智慧"的强调,即对如何表现勇敢的方式方法的忽略。亚里士多德认为德性就是一种

---

① 张岱年:《试论新时代的道德规范建设》,《道德与文明》1992 年第 3 期。
② 孟子在《孟子·梁惠王》中就区分了匹夫之勇、文王之勇和武王之勇;荀子在《荣辱篇》中区分了狗彘之勇、贾盗之勇、小人之勇、士君子之勇;《性恶篇》中又区分了上勇、中勇、下勇。

符合中道的"命中","过"与"不及"是处于两个极端的恶。对于勇敢德性,怯懦是"不及",鲁莽就是"过","不及"与"过"都是恶而不是善。如何"命中"德性,则需要发挥人的理智德性的作用。勇敢的人"对那些超出人的承受能力的事物感到恐惧,他仍然能以正确的方式,按照逻各斯的要求并为着高尚[高贵]之故,对待这些事物。"① 在这一点,孔子与亚里士多德的认识一致,都强调勇敢德性需要智慧保驾护航。"见义智为"的说法,旨在克服勇而无谋造成的不必要的、本来可以避免的悲剧伤害,尤其对于身体力量处于弱势、处事经验不足的未成年来说,这种强调更为意义深远。但不可否认的是,"勇"的意涵在这种表述中也几乎被完全吞噬掉了。反映在当今的教育实践中,尤其对未成年人的"勇敢"品德培育正在被淡化甚至忽略。中华传统美德发展转化过程中,首先需要由古代道德概念范畴转化为现代语言形式,表达要明晰化,以免产生歧义误解其原本的真实含义。但同时也需要注意语义的涵盖性,以免理解上出现偏差,损害对德性的整体性把握甚至走向德性的反面。事实上,传统的"勇"本身涵盖"智"的要求。

第二,抛弃传统"勇"德的不合理意涵。在传统礼治社会,"勇"需要符合"礼"的要求。孔子言:"恭而无礼则劳,慎而无礼则葸,勇而无礼则乱,直而无礼则绞"(《论语·泰伯》)。"义"是统治者所理解之"正当适宜";"礼"作为传统社会的基本规范,是"义"的具体化、规范化的要求。但作为维护统治阶级集团利益和等级制度的"义"与"礼",无疑都是文化精英道德理性的结晶。他们所提倡的勇敢是极力维护本阶级利益的勇敢,这与劳动人民所倡导的反抗阶级压迫的勇敢是完全对立的。由于阶级对立的存在,勇敢在等级专制社会的阶级局限性不可避免,这一点是我们时下应该抛弃和转化的内容。

---

① [古希腊]亚里士多德:《尼各马可伦理学》,廖申白译注,商务印书馆2003年版,第79页。

（二）借鉴域外的文明成果

"勇敢"作为美德，在不同文化语境中，对它的理解和规定存在差异性。例如，美国学者鲁思·本尼迪克特从人类学的角度，揭示出在美国与日本文化中对勇敢意涵的不同理解。"美国人对一切救援行动，一切救助走投无路的人的行为总是非常感动的。如果一种勇敢的行为是为了救助'受害者'，那么这种行为就更被认为是一种英雄主义。然而按日本人的英勇气概来说则是要否定这种救助行为的。……日本的报纸和无线电台一次又一次地重复这一论调。只有从容不迫地迎接死亡的危险，才是美德。小心谨慎是可耻的。"① 美国文化认为救助"受害者"、挽救生命，最为直接展现勇敢的美德。但军国主义时代的日本人却认为，战争中无所畏惧迎接死亡才是勇敢的、可赞誉的。显然，美国文化中的勇敢德性体现了一种浓厚的人道主义关怀，而日本所倡导的勇敢表现出一种民族英雄主义的自尊、自立、自强的气节。体现在两种文化中的区别，表现的是异质文化对待生死问题的态度以及对人生价值意义理解上的区别。但文化的差异性，并不妨碍也不能否定人们对某种德性优劣高低的比较和评判。"在国家、民族、领袖之上，还有人类……日本则还没有跨过国家和民族这条线"。② 在倡导走出国家和民族的狭隘性，倡导人类普遍之爱的现代文明社会，显然，无所畏惧地施以人道主义救助值得我们借鉴和提倡，毕竟它代表着人类文明未来发展的一种走向。中华传统美德的现代转化既要立足中国、不忘本来，又要文明互鉴、吸收外来，还要关怀人类、面向未来。

（三）新时代的拓展创新

首先，由"律己"向"律他"的拓展。在新时代的民主政治制度下，勇敢美德的重塑意味着它不仅是一种"自律"的道德，还应

---

① ［美］鲁思·本尼迪克特：《菊花与刀》，孙志伟、马小鹤、朱理胜译，九州出版社2005年版，第29页。
② 邓晓芒：《中国道德的底线》，《华中科技大学学报》（社会科学版）2014年第1期。

发展为"律他"的道德。这种律他性体现为在交往关系中道德主体具有"勇敢"的美德不是为了自我约束,而是为了约束他人,是以自我权益为核心的意识、意志和能力。但在中国传统文化思想中,尤其在儒家道德中,"勇敢也不是一般的勇气,更不是在维护自身权益时表现出来的勇气,而是在道德修养和道德实践中表现出来的勇气。"① 在个人权利意识缺乏而道德教化盛行的传统社会,勇敢表现为一种克己、"律己"的德性,强调的是维护统治阶级的统治秩序和阶级利益。中国特色社会主义进入新时代,以人民为中心是我党的基本价值遵循。人民不再是专制制度框架下的工具性存在,人民的正当权益既被道德认同也被法律保护。法国哲学家安德烈·孔特-斯蓬维尔认为,没有勇敢,不仅其他美德可能是空洞的或懦弱的,而且没有勇敢,正义会无法伸张;没有勇敢,人们就不知道如何去抵御自身或他人身上最坏的东西。② 一方面勇敢是个体培养和实践其他美德的基础,没有它,所有的美德都不可能存在,或说没有效果;另一方面勇敢也是保护个人合法权益,实现正义、克服他人身上最坏东西的有力武器。勇敢德性由"律己"的要求同时拓展为"律他"美德,是时代进步的要求,也是完善人性、实现社会正义的强烈需求。

其次,由战争、生活领域向政治领域的拓展。20世纪德国政治理论家汉娜·阿伦特(Hannah Arendt)"把勇气作为政治的基本美德",即"不恐惧羞辱与失败,敢于在社团中从事公共事务,在遵守法律和宪法的框架内实施自己的活动"③。这是勇敢向政治领域拓展的较早思想观念的表达。在古希腊以及日本军国主义时期,勇敢品质适用在战争领域,表现为为着城邦或本国利益而敢于英勇杀敌、不畏死亡。亚里士多德曾明确指出,在海上落水时和在疾病中敢于面对死

---

① 贾新奇:《论德治论的传统形态与现代形态》,《天津社会科学》2007年第3期。
② [法]安德烈·孔特-斯蓬维尔:《小爱大德——美德浅论》,赵克非译,作家出版社2013年版,第46—47页。
③ [德]沃尔夫冈·霍尔、贝恩德·海特尔、斯特凡妮·罗森穆勒:《阿伦特手册》,王旭、寇瑛译,社会科学文献出版社2015年版,第561页。

亡并不属于勇敢的表现。"那么在哪些场合敢于面对死亡才算是勇敢？也许是那些最高尚［高贵］的场合，也就是在战场上。"① 中国传统文化中，勇敢适用的领域范围比古希腊人理解得更为宽泛，除了战争中的英勇顽强，在生活领域表现出的不向厄境屈服、勇于自强、自立、自胜也是勇敢美德的体现。但事关公共事务和政治事务，勇敢德性被排除在外。正如清初石成金《天基遗言》所教诲的："人只要勤俭谨慎，安分过日，就是极大快乐。但凡灯头会首、公呈公举、代人干政、敛分出头做事等类，每遭祸害无已，都是自寻苦吃。"② 这是警告子孙后代：参与公共事务、管他人闲事、介入他人事情都是有风险的，莫要出头露面惹祸上身。当今和平时代，随着民众政治觉悟的提高和对民主政治的热切渴求，勇敢美德的适用范围由战争、生活领域延展至政治领域。

　　勇敢表现为一种政治美德，对于政治家以及党员干部来讲：一要有处理国际重大事务的政治勇气。"一带一路"、"人类命运共同体"的提出，不仅仅是习近平总书记政治智慧和个人魅力的展现，更是我国综合实力、民族自信以及国际交往态度的一种真诚表达。它既表达我们与邻邦国家和平共处，共同繁荣、共同发展的"美美与共"态度，又表达在人类共同应对全球性问题时中国的责任和道义担当。在国际社会中，勇于担当重任、敢于表明自己的正义观念和积极合作态度，显然是一种恰当处理国际关系、维护世界和平有序所需要的重要政治美德。二要有敢于处理国内重大事务的政治勇气。对于社会治理中反映出的突出问题，要敢作敢为敢当，勇于"啃硬骨头"。对于意识形态领域中的错误思潮、错误观念，要树立"斗争"意识，不怕斗争、敢于斗争，旗帜鲜明地坚持自己的立场和观点。一如习近平总书记在反腐倡廉、打击社会黑恶势力、坚持深化改革开放以及意识形态领域斗争中表现出的政治魄力和无畏勇气。三要勇于自我革命。作

---

① ［古希腊］亚里士多德：《尼各马可伦理学》，廖申白译注，商务印书馆2003年版，第78页。

② 转引自徐贲《政治是每个人的副业》，东方出版社2013年版，第63页。

为党员干部，要不畏惧工作实践中遇到的问题，敢于暴露自己的缺点、敢于自我否定，并勇于知过改正，这是党员干部先进性和自觉性的体现。宋代二程讲"克己自胜，非君子之大勇不可能也"（《河南程氏粹言》卷一）；李觏说"知而不能改，是不勇也"（《李觏集》卷三《易论第九》）。讳疾忌医、知而不改是怯懦无勇的表现。"要兴党强党，就必须以勇于自我革命精神打造和锤炼自己"。①

对于普通民众而言，"勇敢"的政治意蕴有三：其一，敢于表达自己的政治意愿和主张，真正而严肃地行使选举权。选举权是公民的基本政治权利之一，是人民主权"化整为零"的一种表现形式。普通公民只能通过选出的代表表达自己的政治主张，影响公共事务的决定。这就要不屈从外在权威压迫以及物质利益诱惑，选出能真实代表广大人民群众利益、反映群众利益诉求的人民代表，有勇气拒绝并揭发贿选行为，促进国家政治民主建设。其二，有勇气监督和制约行使公共权力人的行为，积极参与政治，而不是置身事外看热闹。我们有理由认为，"即便是'最佳'的政府行使，对于民众的自由权利也不是充分安全的。因此，全体民众要随时对政府保持一种明达的、不松懈的警觉，否则不可能把政府权力关进笼子里去。"② 例如，民众有勇气要求政府官员公开他们的收入和财产状况，有勇气要求政府政务的公开和透明化。其三，有勇气阻止、消解和抵御部分政府官员以势欺人、以权压人的恐吓和胁迫。不惧怕官员的打击报复、不惧怕打官司带来的经济损失，恰如其分地运用自己的公民身份，用诉诸法律的形式寻求正义，保护个人正当权益或维护其他民众的合法权益。政治民主不仅是一种制度形式，而且应当是一种全民积极参与的公共生活方式。"拥有坚实基础的民主，它的根本条件不是哲学家们想象的以政治为最好职业的少数政治精英，而是千百万以政治为副业，并对民

---

① 习近平：《在省部级主要领导干部学习贯彻十八届六中全会精神专题研讨班开班式上发表重要讲话强调：以解决突出问题为突破口和主抓手推动党的十八届六中全会精神落到实处》，《人民日报》2017年2月14日。

② 徐贲：《政治是每个人的副业》，东方出版社2013年版，序第7页。

主政治相当精明的普通公民。"① 没有普通民众的广泛参与，没有民众的政治勇气，政治难免不会变成污泥浊水。

总之，道德传统不是僵死固化的封闭体系，而是开放的、不断扬弃创新的道德发展过程。每一代人都把他们的生活经验和理想追求融入传统之中，使得道德传统不断丰富发展。从社会哲学角度，新时代的价值取向不再是以往社会或选择"和谐"或选择"富强"的单一价值取向，而是转向"富强"与"和谐"二者并重。大略来说，自强和勤俭服务于"富强"的价值目标；诚信、贵和、廉洁、勇敢服务于"和谐"的价值目标。当然，除了这六项与现代社会生活距离较近的传统美德，还有一些与现代社会生活的距离较远，需实现创造性转化，使之融入中国特色社会主义道德体系，共同服务以文化人的新时代任务。

---

① 徐贲：《政治是每个人的副业》，东方出版社2013年版，序第3页。

第三章　新时代中华传统美德的现代转化

道德是社会时代的产物。一个时代的政治、经济、文化、教育、科技、意识形态诸因素的交叠互动，决定一个时代道德的基本面貌和价值体系。传统社会与现代社会是异质的，一些传统美德必然与现代社会基础存在冲突，因此不能通过简单复制或微调拓展融入新时代社会主义道德体系，而必须经过意识形态意义上的改造和转化，才能激活其新的生命力。习近平总书记指出："中华优秀传统文化与社会主义市场经济、民主政治、先进文化、社会治理等还存在需要协调适应的地方。"① 这就提出了中华优秀传统文化与中华传统美德现代转化的必要性、原则方向、实践要求等问题。

第一节　中华传统美德现代转化的必要性

习近平总书记强调指出："传统文化在其形成和发展过程中，不可避免会受到当时人们的认识水平、时代条件、社会制度的局限性的制约和影响，因而也不可避免会存在陈旧过时或已成为糟粕性的东西"②。这样的论述同样适用于中华传统美德。中华传统美德现代转化的必要性，在于以新时代的历史条件和道德主体认知去审视，中华传统美德存在不少局限性。

---

① 《习近平总书记系列重要讲话读本》，学习出版社2014年版，第101页。
② 习近平：《在纪念孔子诞辰2565周年国际学术研讨会暨国际儒学联合会第五届会员大会开幕会上的讲话》，《人民日报》2014年9月25日。

一 克服历史时代局限性的必要

中华传统美德生发、存续于中国古代社会,曾经对社会的发展起过积极作用,但也带着传统社会的印迹,受传统社会政治、经济、文化以及习俗风尚的决定和影响。其中既有积极内容,也有消极因素;既具有时代价值的东西,又有过时的东西。从整个社会态势来看,新时代的社会制度、时代条件已经发生了重大变化,这就需要对中华传统美德进行创造性转化,克服历史时代局限性,由传统伦理形态转化为现代伦理形态,由封建道德体系转化为社会主义思想道德体系。

(一) 经济视域下的局限性

从历史唯物主义观点出发,对于人们的道德观念而言,比人类先天的关系、血缘亲情更为根本的就是社会经济关系。恩格斯说:"一切以往的道德归根到底都是当时的社会经济状况的产物"。[①] 这就揭示了一个基本事实:需要从人们的经济关系中,找到其道德观念,包括道德感情和道德规范的最终根源。

生产是人类活动的中心,有什么样的生产活动就有什么样的生活习俗和道德理想。马克思说:"他们是什么样的,这同他们的生产是一致的——既和他们生产什么一致,又和他们怎样进行生产一致。"[②] 中国传统社会的生产方式有一个根本性的特征,那就是"小农经济"。其主要特征:一是劳动者和他的生产资料——耕地相结合;二是以个体家庭为单位进行生产和消费,即把生产和消费统一于个体家庭范围之中;三是具有分散、孤立和自给自足的性质。与此小农经济的基本生产生活方式相适应,传统伦理观念和道德规范带有明显的时代局限性。

第一,"家庭"本位是中国传统伦理道德的出发点,个体缺乏人格上的独立自主性。家庭作为基本的生产单位,家庭内部人员关系的

[①] 《马克思恩格斯文集》(第9卷),人民出版社2009年版,第99—100页。
[②] 《马克思恩格斯文集》(第1卷),人民出版社2009年版,第520页。

建立必然要服从于经济生产与再生产的需求。传统家庭结构中存在一个"家长",必定是家庭中的男性,拥有绝对的权威和权力,这就自然强化"父权"和"夫权"的重要性,尊卑观念与孝悌、贞节规范由此形成。同时,既然家庭是最基本的生产单位,那么经济再生产的实现方式必须依靠家庭人口数量的壮大,尤其是生产能力较强的男性成员增加。也就是说,当时小农经济生产生活方式条件下,人口自身再生产与经济再生产同等重要。孟子讲,"不孝有三,无后为大"(《孟子·离娄上》)。从社会再生产的角度,"孝"德的提出和强调,显然是为了防止男性人口断代造成家庭内部人伦秩序的失衡以及组织生产的管理者角色的缺失。当人们生存的主要凭借手段是以家庭为单位的小农经济,家庭就会成为每个人生活的中心。一个人的生活意义、生命价值就要在家庭生活中实现。家庭生活成为个体的全部生活,个体只能是家庭中的成员,离开家庭,他就什么也不是。剥离了家庭赋予的意义,个体无法理解自己,社会也无法识别他。家庭本位主义,意味着个体只能依附于家庭而存在,仅仅作为家庭中的一员而存在,不可能作为独立"个人"自主存在。他是一个人,但不是一个"个人",不是一个独立的主体。诚如有学者中肯地指出的,以儒家文化为核心的中国传统道德,它的辉煌是有代价的。其中最大的代价就是压抑个人,无视个人的权利,试图用血缘、亲情、等级、名分来取代个人的自由的精神和社会生活。①

第二,"自给自足"的特征决定着人们很少与陌生人交往,美德内容大多聚焦于熟人间人际关系的调整,重点是家庭内部人伦关系。在家族性的大家庭结构关系中,决定着家庭安定和睦的核心关系是父子关系,其次是兄弟关系,"孝悌"成为道德体系中的根本。孟子讲"五伦",其中父子、夫妻、长幼的"三伦"都是家族伦理,属于私德的范畴。梁启超说:"新伦理之分类曰家族伦理,曰社会伦理,曰

---

① 周宪、童强主编:《现代与传统之间》,北京大学出版社2010年版,第40页。

国家伦理。旧伦理所重者，则一私人对于一私人之事也"。① 梁启超的批评，旨在指出传统美德内容偏重于"私德"建构，而相对忽视社会公德、国家伦理层面的思考。

第三，"自给自足"的特征决定着社会经济增速缓慢，限制社会整体文明素养水平的提升。自给自足的小农经济，生产的目的仅是满足家庭范围内生活和再生产消费的使用，而不是为了商品交换，生产始终维持着简单再生产的规模，社会经济增长十分缓慢。如果以较小的时间尺度去衡量，甚至社会生产力常给人以停滞不前的印象。当代著名的英国经济学家阿瑟·刘易斯认为，经济增长使人类具有控制自己环境的更大能力，因此能够增加人类自由。经济增长使社会财富增加，使人类生活可以很大程度上摆脱自然的威胁，增加人们选择空闲时间的自由，得到的服务也会增加，同时享受到更多的人道主义。② 经济增长，增加了人们选择的可能性，拓展了人们选择的范围，带给人类更多的自由，使人们有闲暇追求丰富的精神生活，过有德性的生活。另一方面，经济增长，使得社会能够提供更好的服务和救助，为提升国民整体道德水平提供机会和保障。最后，在传统农业生产过程中，长者直接的生产经验关乎族人的生死存亡。尊老敬长，长老至上成为传统美德的精神要求。而长者的权威极端化，则会压抑年轻人的个性发展，扼杀他们的自由创新能力，形成一种因循守旧、抵触新生事物、恐惧变化的思想观念和心理模式。青年人代表着国家的前途和民族的未来，青年人缺乏锐意进取、积极创新的精神，就会使得整个社会缺乏生机、缺乏活力、缺乏进步的动力。

现代社会的生产方式、经济制度发生了重要的变化。过去自给自足的小农经济被大规模生产的商品经济所取代，家庭结构与社会结构也因之发生了时代变迁。一方面，传统社会重视并突出强调的家族伦理，已无法有效地调整没有宗法血缘关系的公民之间的利益关系，进

---

① 《梁启超选集》，上海人民出版社1984年版，第213页。
② [英]阿瑟·刘易斯：《经济增长理论》，周师铭、沈丙杰、沈伯根译，商务印书馆1996年版，第458—461页。

而不能充分调动时代新人的生产积极性。生产方式的变革，使得现代人的社会生活也日趋公共化，社会公德建设成为社会主义道德建设的核心重点。另一方面，社会经济突飞猛进的发展，为现代人提供了更大物质基础保障和自由选择空间，追求有德性的幸福生活成为大部分人的理想。中国特色社会主义建设进入新时代，更好地构筑中国精神和中国力量，对传统美德进行创造性转化，需要充分利用中华优秀传统文化资源，还需要与新时代的生产生活方式相协调、相适应。

（二）政治视域下的局限性

传统社会是封建专制主义的政治制度，维护封建宗法等级制度是传统道德的基本特征。"儒家的纲常名教，是封建专制主义的意识形态，是为专制主义的合理性作论证的工具"①，自由、平等、民主、法制等价值观念，既不被提倡，也很难实现。

其一，个体自由被限制。"自由"历来是人们追求的终极价值目标之一。只有赋予人们充分自由的社会，才能激发每个人的创造潜能，实现个体的社会价值最大化。但在传统社会里，与专制统治相适应，家庭本位与社会本位思想被灌输和倡导，使得个体绝对服从大家族利益和社会秩序的需求。作为普通民众，在很大程度上个人自由被限制、个性得不到充分发展，他们只不过是宗法血缘关系网络中的一个固定存在者，被塑造成失去自由的奴性之人。李大钊曾批判说："孔子的政治哲学，修身齐家治国平天下，'一以贯之'全是以修身为本；又是孔子所谓的修身，不是使人完成他的个性，乃是使人牺牲他的个性。"②

其二，自然的平等性被破坏。封建等级制度的存在，社会尊重和推崇的是蕴含着等级地位的"身份"价值。每个人都处在一定的等级秩序之下，每个等级都有严格的规定性。身份地位不同，也就意味着吃穿住行用度的标准和规格不同。"在专制的重轭下，中国民众变

---

① 姜林祥：《儒学价值传统与现代化》，齐鲁书社2002年版，第220页。
② 参见陈旭麓《近代中国社会的新陈代谢》，中国人民大学出版社2012年版，第377页。

得愚昧、盲从、迷信，根本没有办法设想人可以有另一种活法。中国民众身上有着太深重的奴性。"① 他们每个人都被各种人伦关系所厘定，在等级伦理中为自己定位，从而安伦尽分，不得犯上作乱、不得有任何礼乐僭越。

其三，不讲政治民主。皇帝或君主作为人主，他是世俗的权威；作为天子，他是神圣的权威；作为君父，他是伦理的权威。司马迁在《史记》中曾说："天下之事无大小皆决于上。"在君主之下，没有独立自由的个体，每个人的身份都是"臣民"而不可能是"国民"或说"公民"。皇帝君临天下，臣统统是他的奴仆，民则不过都是他的奴隶。对于臣民来说，一切皆皇帝的恩赐，被处死还得"谢龙恩"，称"赐死"。君主及其权力人物掌握着生杀予夺的大权，主宰历代臣民的命运。

其四，缺乏法制观念。普通民众对自己命运掌握着少有的主动权，他们寄希望于统治阶级的慈惠和仁爱，政治家或思想家特别强调统治者德性的重要性，提出"敬德保民"、"为政以德"等命题，都是明证。由于皇帝或君主高踞权力金字塔的顶端，他既代表着国家，又是法律的化身，这就使得法律只是维护部分统治阶级的整体利益。依靠道德而不是法律保障民众的合法权益，整个社会的法律意识极其淡薄。

新时代的政治制度是社会主义的民主制度，自由、平等、民主、法制是社会主义核心价值的重要内容。人是作为平等自由的"主体"身份出现，其基本特征是认同和推崇人自身的价值，这是与传统社会的根本区别；公民而非臣民的身份，更是赋予人民充分的民主政治权利。"有事好商量，众人的事情由众人商量，找到全社会意愿和要求的最大公约数，是人民民主的真谛。"② 人民以主人的姿态，自觉提高自身的道德修养，共同建设社会主义法制文明，共同构建公平正义

---

① 徐贲：《政治是每个人的副业》，东方出版社2013年版，序第11页。
② 《习近平谈治国理政》（第2卷），外文出版社2017年版，第292页。

的社会环境。

(三) 思想文化视域下的局限性

文化的进步是人类迈向自由的前提条件。马克思说"最初的、从动物界分离出来的人，在一切本质方面是和动物本身一样不自由的；但是文化上的每一个进步，都是迈向自由的一步。"① 随着社会文化的进步，人类逐渐脱离了动物性，体现出人自身的主体性力量。传统社会，由于人们思想观念的落后性，使得伦理道德文化倾向于保守、狭隘、片面和封闭性。

第一，传统道德文化趋向保守性。思想观念、文化传统是由一定的经济基础决定的。小农经济的生产，人们世代与土地打交道。土地是相对稳定的缺少变化的存在物，人们的生产生活方式由此也相对固化、缺乏变化性。"在变化很少的社会里，文化是稳定的，很少新的问题，生活是一套传统的办法。""文化像是一张生活谱，我们可以按着问题去查照。"② 时代在进步，当人们固守着一些落后保守的道德习俗害怕变化，社会发展就缺乏精神动力。

第二，传统道德文化趋向狭隘性。男女只是自然性别上的区分，并不存在人格上的尊卑。传统社会的男性在小农经济生产方式中占据主导地位，男尊女卑思想由此流行，女性对男人而言处于绝对服从地位，针对女性有专门的"三从四德"伦理要求。到了宋代，随着"三纲"观念的深化，保持"贞节"成为对妇女的重要德性要求。男人可以三妻四妾、三宫六院，但对女人的要求却是从一而终、死不弃节。"失节"与"改嫁"成为可耻的事情，正所谓"饿死事小，失节事大"，表现出传统道德狭隘性的一面。

第三，传统道德文化趋向片面性。在等级贵贱观念支配下，传统社会把体力劳动看作是卑贱的事情，从而轻视社会物质资料的生产，限制科学技术以及社会经济的发展。孔子讲"君子喻于义，小人喻于

---

① 《马克思恩格斯文集》(第9卷)，人民出版社2009年版，第120页。
② 费孝通：《乡土社会》，人民出版社2015年版，第83页。

利"(《论语·里仁》),即是说,君子当以大"义"为重;小人目光狭隘,只关注自身的利益。君子、小人不仅是在德行方面有区别,而且是身份贵贱的区别。樊迟问稼穑,孔子评价樊迟是"小人"哉(《论语·子路》)。这是批评樊迟没有士的志向,只是拘泥于现实的生存之力。对于有志之士,应该进德修业,而"稼穑"与"为圃"则是小人的本职。因此,孔子提倡"安贫乐道"的生活方式,认为"士志于道,而耻恶衣恶食者,未足与议也"(《论语·里仁》)。儒家甚至把科技看作是"奇技淫巧"(《礼记·制命》),使得科技意识在中国民族精神传统中属于一个薄弱环节。"在道德至上的国家,道德必然充满形而上学的特征,进而具有了反物质的特征。"①

第四,传统道德文化趋向封闭性。中国是一个大陆国家,由于地理位置的相对隔离以及当时交通信息技术的落后,古代中国人一直以为自己处在地理位置上的中心地位。另一方面,在世界中世纪史上,以儒家文化为代表的传统文化始终居于领先地位,古代中国人也把自己看作是文化与文明的中心,并在此意义上称为"中国"。在这里,"中"有"中庸"、"中和"的文化意蕴,体现了中国人的思维方式和行为模式特点,但更为重要的是意指地理位置上的"中心"以及文明的"中心"。耽溺于自我中心的想法,难免过于强调自我文化的优越性,观念上就会产生过度的文化自信、文化自尊,从而导致传统道德文化的相对封闭性。封闭性,意味着与外来道德文化的隔绝性,对外来文化一律采取排斥和防备的态度。正是中国古人自傲的偏见,使得中国封建伦理道德"先天缺少与异域或异域性文化交流冲撞的氛围,缺乏在不同文化冲突中自省自创的外部转换压力和自我更新的内在机制。"②

新时代历史条件下,人们的思想观念发生了变化。一是男女平等观念深入人心,男性与女性享有同等的道德权利、承担同等的道德义

---

① 孙绿江:《道德的中国与规则的日本》,中华书局2010年版,第14页。
② 龚爱林:《变革中的道德》,湖南教育出版社2000年版,第90页。

务；二是认为体力劳动和脑力劳动、物质生产与精神生产只存在劳动形式上的差异，并无等级贵贱之分；三是认识到社会道德一方面需要具有超越性，同时需要具有实用主义的功效，否则就表现出片面性。物质基础是道德观念的决定因素，一味地提倡道德的纯粹而轻忽经济生产，道德理想只能是不切实际的纸上谈兵；四是适应封建分割和封闭的机制被打破，自我中心观念不复存在，人们清醒地意识到：任何一个民族的新文化建设都离不开对其他异质文化的批判性接纳和借鉴，文化的开放性成为文化建设的重要条件之一。随着社会的新进展新变化，古代社会一些传统美德导引人们生活的效力显然会降低，这就需要我们有创新意识，有发展思维。

（四）社会治理视域下的局限性

众所周知，不同时代需要协调不同的社会关系、解决不同的社会问题、化解不同的社会矛盾、应对不同的社会风险。由此，不同时代的社会治理在理念、目标、主体、方法上也表现出差异性。传统社会由于社会治理理论和实践的局限性，使得道德教化的目的、所倡导的道德内容、道德本质的体现、道德功能的发挥等同样具有局限性。

第一，治理理念的落后性，使道德教化旨在培养"臣民"。传统社会治理理念的最大的缺陷，就在于没有充分肯定人的中心地位。从统治阶级的角度，培养安分守己的"臣民"和"愚民"是道德教化的主要目的。诚如徐贲所言，当美德被权力利益所绑架，美德教育就成为一种培养顺民的安分守己的教育。[1] 传统社会管理观念中，虽然也强调民本思想，提出过诸如利民、裕民、养民、惠民、尊民、敬民等口号，但是它说的以人为本的重心却是君主，而不是人民。君主之所以重视人民，究其背后的原因，是统治者的治国安邦之道，是为了巩固自身的统治地位，其着力点只在于民力。当今我们处于社会主义社会，实行人民民主专政，在价值层面注入以人为本的精神内涵，从根本上复原了人民应有的居于价值核心的重要位置。社会的治理理念

---

[1] 徐贲：《政治是每个人的副业》，东方出版社2013年版，第60页。

强调的是人民至上、以人为本，道德教育的目的是培养社会主义国家崇德向善、孝老爱亲，忠于祖国、忠于人民的好公民。新时代的历史条件下，我们不仅承认人民的力量，而且强调善待人、敬重人，强调权为民所用、情为民所系、利为民所谋。这是中国共产党在马克思"人学理论"指导下，为实现所有人的自由全面发展所做出的不懈努力。

第二，治理主体的阶级性，使道德本质体现为外在约束性。传统社会，社会管理者是以皇帝为最高权威的各级官吏，人民只能被动地服从统治阶级的管理。传统道德作为维护封建统治的主要手段，对于广大百姓而言，并非是出于自身的道德需要，而表现为一种外在的约束性力量。当今社会，人民当家作主，人民真正享有广泛的政治权力，不再是被动的管理对象，而成为社会治理的主要力量。治理主体多元化是中国特色社会主义本质的体现。党员干部、政府机构、企事业单位、社会团体、人民群众都发挥着各自的社会治理功能。在传统社会，多元主体、共治互治，既没有实现的社会基础，也是被置于公众生活理想之外的东西。治理主体实现多元化，人们主人翁意识增强，道德于人民群众而言，不再表现为外在强制的东西。它不仅是社会发展的需要，也是人们实现自身自由全面发展的需要，是"人自身为自己立的法"。

第三，治理目标的单一性，使道德价值倾向于和谐性取向。每个时代的人，都有他们关于优良生活的标准和理想。在传统社会，和谐取向的治理目标无疑是主流观点。古人所希望的优良生活只是边疆安宁、庄稼丰收、丰衣足食、温饱无虞而已。"充裕的物质生活，特别是物质生活的持续改善，并没有成为古人所理解的理想生活的一个必要因素。"[①] 在当今社会，人们对好生活的理想，最基本的要求就是物质文化的充分满足，物质生活条件不断随人们欲求的增长而得到改善。坚持以人民为中心的社会治理理念，实现人民对美好生活的期

[①] 贾新奇：《儒家和谐取向社会哲学的现代审视》，《人文杂志》2005年第5期。

盼，社会哲学理念已经由以往单纯的"和谐"取向转向"增长—和谐"二者并重。反映在治理目标取向上，呈现出多元性的特性，和谐、有序、自由、公正、活力等实现了有机统一。既保障社会充满活力，极大激发人民的创造能力；又在自由公正的前提下，能够保持社会和谐稳定，人民安居乐业。这即是说，新时代的道德建设不仅要维护社会的和谐稳定，又要发扬新的时代精神，激发人们的竞争力和创造性。

第四，治理手段的片面性，使道德治理效能受到限制。传统社会的社会管理主要依靠道德，道德甚至具有凌驾法律之上的权利，人们的一切行为都被纳入道德领域去解决。"德主刑辅"是传统社会治理的主要模式。虽然法家也主张依法治理社会，但毕竟在漫长的封建社会历史长河中并不占主流，影响范围小、作用时间也相对短暂。传统社会的人们居住地相对稳定，生活群体也固定化，很少流动。这样，传统社会的人们就生活在一个熟人圈子中。传统美德是一种身份伦理，以人们的社会生活角色确定人们应该履行的相应义务。同样是"仁"的要求，对不同身份之人都履行不同的仁德的内容。君之人为"惠"，臣之仁为"忠"，父之仁为"慈"，子之仁为"孝"。现代社会不同传统社会的熟人社会，它是一个陌生人的社会。人们的居住地不再世代固定在一个地方，人们的生产与生活也不再固定在某个共同体之中。我们通过现代通信设备、借助现代交通工具、利用现代科学技术，与越来越遥远的地方的人们发生着各种交往和交流、交易。当下的陌生人社会，再凭借以往的身份伦理，显然难以发生有效的约束力。人们不再生活在一个狭小的道德共同体中，我们无法确定对方的伦理身份，每个人都是平等的公民身份。当今社会，人们需要履行以契约为基础的道德义务。从社会管理的角度来看，要维持社会的良善秩序，法律要在人们的社会生活中发挥重要的作用。"全面依法治国是中国特色社会主义的本质要求和重要保障，是国家治理的一场深刻革命。"[①] 新时代是一个更具开放性的时代，人们的生活打破了以往

---

① 《习近平新时代中国特色社会主义思想三十讲》，学习出版社2018年版，第183页。

传统社会狭隘的地缘、亲缘范围和关系下的片面性,不再生活在狭小的熟人圈子中,面对着一个更加广泛、更加复杂、更加广阔的生活层面和道德空间。社会结构发生了变化,社会治理方式会相应发生变化。现代社会治理路径多元化,表现为群众监督、权力约束、法律保障、道德濡化、顺从人心等多种路径的综合治理。

现代社会的社会管理说到底是对人的管理和服务,涉及广大人民群众的切身利益。中国特色社会主义进入新时代,我们支持人民团体参与社会管理和公共服务,发挥群众参与社会管理的基础作用;加强和完善党和政府主导的维护群众权益机制,形成科学有效的利益协调机制、诉求表达机制、矛盾调处机制、权益保障机制,切实维护群众合法权益;加强完善流动人口和特殊人群管理和服务;加强和完善公共安全体系、信息网络管理、思想道德建设;完善以保障和改善民生为重点的社会建设。应该说,相比较传统社会,社会管理工作被摆在更加突出的地位,国家高度重视培养各类社会管理人才提高社会管理水平。社会管理多元主体,多元方法,多元目标的特色都是传统社会管理所不具备的。传统美德的现代转化就是要体现这种时代变迁的趋向,契合现代的社会管理目标和管理理念,使得道德对行为主体的制约性具有更加普遍和深刻的内涵。

二 克服主体认知局限性的必要

"传统依靠自身是不能自我再生或自我完善的。只有活着的、求知的和有欲求的人类才能制定、重新制定和更改传统。"[①] 传统美德不是自然赋予的,它是人类创制的行为规范和准则。人类作为认识主体,并非是超越时空限制的抽象存在物,而总是现实地生活在一定社会历史条件中,有着不同的身份意识、历经不同的生活实践,形成不同的认识成果。由于传统社会的道德认知主体,受到阶级立场、认知

---

① [美] E. 希尔斯:《论传统》,傅铿、吕乐译,上海人民出版社1991年版,第19页。

水平、认识能力等限制,他们的认知成果带有一定的褊狭性与局限性,这是构成部分传统美德现代转化的重要缘由。

(一)道德认知带有阶级烙印

马克思主义经典作家认为,"某一个阶级的各个人……他们不是作为个人而是作为阶级的成员处于这种共同关系中的。"① 阶级社会的思想家代表的是他们所属的阶级共同体的利益,因此,他们的认识天然地存在阶级狭隘性和局限性。反映在道德认识成果方面,表现为道德的阶级性。恩格斯在批判费尔巴哈的道德观念时,已把这个道理讲得非常清楚。他说:"每一个阶级,甚至每一个行业,都各有各的道德"。② 那种认为道德在一切时代、一切民族、一切情况都普遍适用的观点,只看到了道德的绝对性而完全忽略了道德的相对性问题。随着社会结构的变化,调整人们之间利益关系的道德观念、道德规范也会发生变化,永恒不变的道德观念是不存在的。如果把道德看作是普遍适用的"绝对命令",不仅道德本身无法充分发挥作用,同时道德本身的阶级性被掩盖,统治阶级的政治压迫、经济剥削本性也被掩盖。因此,恩格斯站在无产阶级的立场上,不遗余力地揭示道德的阶级性。这是恩格斯关于道德认识的重大贡献。"社会直到现在是在阶级对立中运动的,所以道德始终是阶级的道德;它或者为统治阶级的统治和利益辩护,或者当被压迫阶级变得足够强大时,代表被压迫者对这个统治的反抗和他们的未来利益。"③

传统社会是阶级对立的社会,思想家、伦理学家或政治家必然代表着一定的阶级利益,服务于一定的阶级统治。广大劳动人民没有自己的思想认识成果的表达权,记载在经典文本中的传统道德观念都是统治阶级利益的反映。虽然也存在着某些共同的、进步的道德观念和思想,但主流仍是服务于阶级统治和阶级压迫的工具手段。由此,传

---

① 《马克思恩格斯文集》(第1卷),人民出版社2009年版,第573页。
② 恩格斯:《路德维希·费尔巴哈和德国古典哲学的终结》,人民出版社1997年版,第32页。
③ 《马克思恩格斯文集》(第9卷),人民出版社2009年版,第99—100页。

统道德免不了多多少少都带有阶级的烙印。比如，像"俭"这种我们看起来最具人民性的美德，由于产生存在于传统社会，也表现出那个时代的阶级局限性。在儒家的伦理观念中，俭德是与寡欲以及后来的禁欲主义紧密相连；后儒提倡"俭"德，又具有让民众安贫、安分、勿犯上作乱的政治意图。马克思主义认为："只有在不仅消灭了阶级对立，而且在实际生活中也忘却了这种对立的社会发展阶段上，超越阶级对立和超越对这种对立的回忆的、真正人的道德才成为可能。"①

（二）道德功能被人为夸大

在传统社会，以儒家为核心的传统文化观念认为人在应然上是"道德人"。人的可贵之处在于人有"道德"，人的价值体现在追求实现"道德价值"，人的生活是过"道德生活"。"人之所以异于禽兽者"，就在于人性的崇高和伟大，人生的意义便是完成道德使命，实现伦理目的。由于强调道德的优先和至上性，传统道德给人最明显的外观就是对个人德性的孜孜讲求，也就同时具有非常发达的道德范畴和一系列道德修养内容。这些思想在一定层次和范围内具有合理性，但是一旦将其功能过分夸大，尤其赋予具体的封建内涵，就使之变得不合理。

泛道德主义倾向的存在，把所有的问题都纳入道德的领域去审视，人成了服膺道德的工具，极大压抑了人的个性发展和创造才能的实现。这种思想认识，投射在义利关系中，表现为"义以为上"、"重义轻利"，某种程度上，阻滞社会进步、国力富强，使得经济发展处于缓慢的进程中；投射在政治统治和社会治理方面，以"德治"作为主要的凭借方式，在实践中就滑向缺少法制意识的"人治"。事实上，人除了"道德人"的维度，还有"政治人"、"经济人"等维度。经济学家以及道德哲学家亚当·斯密就意识到经济与道德的二律背反现象，这一问题也被德国历史学派的经济学家概括为"斯密问

---

① 《马克思恩格斯文集》（第9卷），人民出版社2009年版，第100页。

题"。当今的社会,由于社会关系、经济形态的变化,经济与伦理的共荣成为社会发展的理想,为道德而道德的"道德至上主义"与新时代的经济社会表现出某种不适应性。

(三)道德价值认识出现偏颇

毋庸置疑,个人美德的形成过程是对外在的、社会的"道"或"理"的内化过程,由此,产生两种不同的价值取向和内化方式:一种是无条件地认同社会的"理",内化为个体自身的需要;一种是先反思"理"本身的合理性与正当性,然后再内化。前者追求的就是个体至善,"穷则独善其身,达则兼善天下"。强调个体的道德修养、强调克己复礼,就是此种价值观的体现;后者注重的是作为社会规范要求的"道"与"理"的科学性,对自己行为的道德要求是放在次要的、第二序列的位置。"中国道德的基本取向是只追求个体至善,其确切的内涵就是只求改变自己的欲望,不求改变社会的秩序。"[1] 每个人都奉行"明明德、亲民、止于至善"的大学之道,"人人皆可为尧舜"或说"涂之人可以为禹"。当每个人都成为善人,整个社会就自然达致至善。当社会中的每个人把道德价值作为绝对的唯一价值,执意追求个体至善的实现,注重向内探求的道德修养,而不考虑社会道德规范本身的正当性与合理性,轻忽向外追索的道德反思,那么,在封建专制制度下就会出现个体至善和社会至善之间的悖论现象:"个体越修养,越至善,政治越专制,社会越不合理。这不能不说是中国传统道德的悲剧。"[2]

(四)德目确立、解释缺乏说服力

科学本身不是道德,但科学有助于道德德目的厘定、解释和实行。由于传统社会的人类学、心理学、社会学以及精神分析学知识的局限性,使得人们对人性的理解并不科学完整。不懂得"人性",就

---

[1] 樊浩:《论中国道德的精神》,《孔子研究》1994年第1期。
[2] 同上。

不可能建立人可顺利行之的德目。在特定的文化中,哪些是人所喜好的,哪些是人所厌恶的,这些都可以通过社会学工作科学测定。从人类学的角度,某一条道德规律会产生什么样的社会影响和实际效应,这也是需要科学去研究的事情。从心理学的角度,一项道德的要求所加于个人的压力有多大,个人的行为如何与社会道德规范要求相整合,也需要做实际的社会调查以求客观了解。诸如妇女"贞节"的要求是否好、"改嫁"是否坏,这类德目的确定,不能仅请教于道德家、思想家,而需要请教心理学家、社会学家。没有科学并非没有德目,但有了科学认知,对德目的科学确定与合理解释却大有增益。道德假使离开了科学知识,不是与现实人生毫不相干,便是根本在社会上无法行得通。

传统美德的诸德目"德"、"孝"、"忠"、"仁",都是较早出现的德目。但由于科学文化水平的极大局限性,古人对德目的解释难免存在一些不当之处。比如,"仁"是先秦孔子伦理思想的重要概念,也是最重要的道德规范之一。孔子最早以"爱人"解释仁,此后历代伦理学家都对仁爱思想有所解释和阐发。宋代理学家程颢在《识仁篇》中说:"仁者浑然与物同体"。这就是说,仁爱是天地万物的美德和本性,人与万物融为一体,人只要体验到此理,"天地之用,皆我之用"。程颢以此颂扬仁爱之德的光辉伟大。如若深究其理,却发现此命题不过是将自然法则和价值取向混为一谈的道德形上学。自然法则具有客观性,而价值取向则具有主观性,它们之间并不直接通约。当今社会人们的文化知识水平已经远远超过古人,如果以此理解和解释进行仁义道德的说教,由于理论明显缺乏说服力,显然会收效甚微。

综上,古代传统美德无论从历史时代或道德认知方面都存在着局限性,如果不能随时代变迁而转化发展,也根本只会被现实所漠视或说变成舌尖上的空头宣传。"任何文化对其文化价值之违离生物逻辑的忍受程度都是有一条最后忍受线的。一过此线,任何文化价值的要求,都会打回票,或变成呆账,或根本被推翻。……复次,当违离生物逻辑的文化价值不复有社会基础。然因其尚为一形式条件，因心理惯性而使它余威犹存，很少有人敢正面反对时，很容易变成舌头上服务的词令。"① 中华传统美德作为一种文化传统，能够为现代人提供解决类似问题的方便性，也能满足人类对过去依恋的普遍情感的需求，它的魅力即在它的方便性与本根性。但当社会生活日新月异发展变化，依附社会而生存的个人之愿望发生了新变、满意标准随之提高，遵循传统的道德规范可能产生不了现在想望的理想好结果，那么，曾经产生先前标准上的满意结果的道德规范将不再受人们的绝对信赖，契合人们当下需求和满足标准的现代转化也就势在必行。这是道德发展的必然规律性要求。

第二节　中华传统美德现代转化的理路

中华传统美德的创造性转化，并非是随心所欲的转化过程，而是社会道德生活内在必然性的表达。把握这种必然性要求，并把这种要求以新时代道德的形式表达出来，这些道德规范才能被人们普遍接受和遵循。由此，实现中华传统美德的现代转化，首先要确立转化的根据、遵循的原则和因循的方法，只有将这些"转化"的基本条件梳理清楚、研究透彻，才能为中华传统美德的现代转化提供总体思路框架以及学理支撑。

一　现代转化的依据

中华传统美德的创造性转化，目的是服务于新时代中国特色社会主义思想道德建设，使之成为涵养社会主义核心价值观的重要源泉，推进中国特色社会主义先进文化建设。但同时，"创造性转化"绝不意味着与自身的道德传统、道德谱系的彻底绝断或革命。也就是说，中华传统美德经过创造性转化之后，既保持着传统美德的连续性，又

---

① 殷海光：《中国文化的展望》，上海三联书店2002年版，第65页。

符合当今时代社会发展的需要,可以融入新时代社会主义道德体系之中。由此,中华传统美德的创造性转化,既有依循的理论依据和价值依据,亦有其现实依据。

(一)理论依据:马克思主义的立场、观点和方法

以科学辩证的态度对待中华传统美德,就要坚持马克思主义的立场、观点和方法。习近平在主持十八届中央政治局第十二次集体学习时的讲话中提出"实现中华传统美德的创造性转化、创新性发展",同时强调转化和发展的思想前提是"坚持马克思主义道德观、坚持社会主义道德观"。① 党的十九大报告中,他更为明确地指出:"发展中国特色社会主义文化,就是以马克思主义为指导,坚守中华文化立场"。② 实现中华传统美德的转化,就是要立足现今的视角审视和看待转化的条件和可能,正确把握中华传统美德在当前道德建设和文化建设中应有的合理地位。习近平总书记的讲话立场坚定地表明:实现传统美德的创造性转化必须以马克思主义为指导,以马克思主义的立场、观点和方法为理论依据。"马克思主义是指导党和人民事业的理论基础,也是我国文化发展的根本指针。只有旗帜鲜明坚持马克思主义指导地位,中国特色社会主义文化才能固本开新、永葆生机,否则就会失去灵魂、迷失方向。"③ 背离或放弃马克思主义,就会背离科学社会主义方向、背离广大人民群众的共同意愿。

首先,坚持马克思主义的立场。站在马克思主义的立场上,就是站在人民群众的立场上,站在自由、平等、公正、进步的立场上,而不是站在落后、等级、偏见、愚昧的立场上。立场对了,才能搞清中华传统美德转化的方向和目的。新时代道德建设和文化建设的终极目的是实现人的自由而全面的发展。人类之所以需要道德,是自我实

---

① 《习近平谈治国理政》,外文出版社2014年版,第160页。
② 习近平:《决胜全面建成小康社会 夺取新时代中国特色社会主义伟大胜利——在中国共产党第十九次全国代表大会上的报告》,人民出版社2017年版,第41页。
③ 黄坤明:《坚持马克思主义在意识形态领域指导地位的根本制度》,《人民日报》2019年11月20日。

现、自我完善的需要，是脱离动物的自然性而"成人"之需要。人绝对不是为了道德而道德，从而成为道德的奴隶和工具。中华传统美德创造性转化的实质在于其封建道德体系的转化，转化的目的在于适应新时代条件下人民的社会生产和生活，满足人民的道德需要和追求，充分发挥道德的文化功能而不是阶级统治的政治功能。另一方面，中华传统美德的现代转化需要借鉴域外文明成果，但要保证其符合中国社会的客观需要，以社会主义价值观、道德观为基本价值方向，这就需要以马克思主义的立场去审视和筛选，否则"一个文化因素，在它的本土的社会体内本是无害或是有利的，但是在它闯进的另一个社会体中，却很容易产生意外的、极大的破坏作用。"① 社会存在决定社会意识，不同文化制度背景下的道德文化必然带有意识形态的特征，借鉴的目的是为了激发中国传统美德的活力，这就必须以马克思主义为根本指导思想，才能壮大中国当代的文化软实力，有助于社会主义先进文化建设。

其次，坚持马克思主义的观点。马克思主义的观点是唯物的、辩证的、历史的、阶级的观点。坚持马克思主义的观点实现中华传统美德的转化：一是，正确理解社会道德与社会制度的关系问题。马克思、恩格斯认为，不从根本上推翻资本主义制度，空谈道德建设问题就是一个无意义的问题。资本主义制度下，所谓永恒的道德不过是资产阶级维护其自身利益的"伪善"与"矫饰"。同样，在中国传统社会中，道德的主要功能目标就是为维护等级专制统治培养安分守己的"顺民"。只有确立了社会主义制度，才能使道德成为人们自身发展的需要，而不是一种异己力量的存在。二是，理性把握道德具有阶级性与共同性的双重特征。在阶级社会，各阶级之间，既有对立的利益、也有共同的利益，"而且这种共同利益不是仅仅作为一种'普遍的东西'存在于观念之中，而首先是作为彼此有了分工的个人之间的

---

① ［英］汤因比：《历史研究》（下册），曾未风等译，上海人民出版社1964年版，第269页。

相互依存关系存在于现实之中。"① 阶级社会的政治家或思想家，出于维护自身长远利益的考虑，他们也会打着共同利益的旗帜抵抗外来的侵略，利用共同利益制定维护社会稳定的道德规范，根据共同利益的需求兴修水利、开发自然等。这就使得阶级社会的道德既有阶级性，也有共同性。从特殊利益出发，道德规范主要是维护统治阶级的根本利益和等级尊卑秩序；从共同利益出发，道德规范也要着眼于维系社会的整体生产生活关系，以实现社会稳定有序和国家长治久安。阶级性决定了传统美德转化的必要性，共同性又为传统美德在新时代的继承提供理论根据。

最后，坚持马克思主义的方法论。历史唯物主义和唯物辩证法是马克思主义的重要方法论。运用马克思主义方法论实现中华传统美德的现代转化：一是，坚持具体问题具体分析法。五千年的文化积淀，使得传统道德具有鲜明的两重性和矛盾性。有的基本上属于精华部分，有的基本属于糟粕部分，有的精华和糟粕交织融合在一起。对于传统道德的不同部分，我们就要具体分析、具体对待。属于精华部分，我们主要在继承的基础上，坚持创造性发展；属于糟粕部分，我们理直气壮地批判拒斥；精华与糟粕紧密结合的部分，我们要有鉴别地对待，有扬弃地继承，以契合新时代的核心价值理念进行创造性转化。二是，坚持辩证思维方法。文化建设进程中，我们的思维方式要发生转变，以辩证思维取代简单、僵化、教条的非此即彼的思维方式。既要允许文化多样性的存在，又要坚持一元化的指导思想；对待传统美德，既要继承其超越时空的永恒价值又要转化其具有时代局限性的内容，而不是不加分析地全盘否定或照搬照抄式的复制肯定。三是，坚持两点论与重点论的方法。既要解决好继承问题，又要与时俱进地发展转化，其中创造性转化和创新性发展是重点。毛泽东说，"自从中国人学会了马克思列宁主义以后，中国人在精神上就由被动

---

① 《马克思恩格斯文集》（第1卷），人民出版社2009年版，第536页。

转入主动。"① "创造性转化"体现的就是中国人在精神上的主动性，它是正确处理马克思主义与中国传统道德关系的枢纽。"而创造性转化的理论和方法论原则，就是坚持马克思主义的基本理论和方法指导。"②

（二）价值依据：社会主义核心价值体系、价值观

传统美德孤立地看似乎具有普遍性的品性，但是在整个传统伦理体系的笼罩之下，它们难免不被该体系所限制和规定，从而成为该体系的一个有机组成部分。中华传统美德基本上产生于奴隶制和封建制社会，占据主导地位的儒家文化是封建主义价值体系的主要代表。从整体而言，古代传统美德在本质上是属于封建宗法等级社会的内容。实现传统美德的现代转化，就是要实现传统美德从传统伦理体系向现代伦理体系、从封建主义价值体系向社会主义价值体系转化。核心价值观是国家和民族的魂，对于一个国家、一个民族的兴衰存亡至关重要。从实然的角度察视，我们并不否认文化多元和价值多元的存在是不争的客观事实，但从应然的角度审视，并不意味着所有"元"的存在都具有正当合理性。对于"元"的涵义的理解，不能简单等同于"种"、"类"、"样"等。种、类、样是用于客观描述性的字词，"元"则是具有价值性限定的字词，它意味着根本，是一种根本的原则，一种根本的指导思想。对于根本性的重大思想理论问题，我们只能保持"一"，而绝不能使其"多"。特别是核心价值观，它是决定文化性质和方向的最深层次要素，我们必须坚持统一，必须保持其"一元"的价值指导性，这样才能保证其强大的感召力，才能发挥其凝魂聚气、强基固本的作用。

2006年10月，党的十六届六中全会通过《中共中央关于构建社会主义和谐社会若干重大问题的决定》，第一次明确提出"建设社会主义核心价值体系"。党的十八大对社会主义核心价值观做出了简明

---

① 《毛泽东选集》（第4卷），人民出版社1991年版，第1516页。
② 陈先达：《马克思主义和中国传统文化》，《光明日报》2015年7月3日。

扼要的概括与凝练,自此,社会主义核心价值观成为国民日常工作生活的基本遵循。2014年5月4日,在北京大学师生座谈会上习近平指出:我们提出的社会主义核心价值观,继承了中华优秀传统文化,也吸收了世界文明的有益成果,体现了时代精神。① 正所谓"世易时移,变法宜矣"。一方面核心价值观植根于中华优秀传统文化的沃土,吸收传统价值观的有益成果;另一方面又克服其历史局限性,结合时代发展要求,增添了反映时代精神的新内涵和新要求。社会主义核心价值观的表述,大都与传统价值观有关,但像富强和民主就是传统价值观强调不到位的地方,自由、平等也是传统价值观的弱项。中华传统美德的现代转化,就是以社会主义核心价值体系和价值观为价值依据,"在旧体系中发现蕴藏其中的道德力,即蕴藏在那些能够掩盖其内在本性的形式下的道德力"②。

(三)实践依据:新时代中国特色社会主义建设事业

实践是认识的基础,是检验真理的标准。正是在实践过程中,我们确定人类文化和道德遗产中哪些已经过时成为糟粕,哪些属于仍然具有时代价值的传统精华。离开实践,对待传统文化和道德遗产的问题就变成一个纯粹思辨的问题,无异于纸上谈兵。尽管一个社会时代及其实践活动与道德的关系是十分复杂的,但我们不可否认的事实是:社会时代是道德替嬗的动力和基础,是道德变化的深厚动力资源。不同的历史时期,国家的中心任务不同,政治活动、经济体制、价值观念、认识水平等现实形势显然不同,中华传统美德不可能原封不动地直接拿过来服务当今的社会现实。

马克思曾讲到,现代社会主义的理论形式"同任何新的学说一样,它必须首先从已有的思想材料出发,虽然它的根子深深扎在经济的事实中"③。社会主义的思想理论需要从"已有的思想材料"中有

---

① 《习近平谈治国理政》,外文出版社2014年版,第169页。
② [法]爱弥儿·涂尔干:《道德教育》,陈光金译,上海人民出版社2006年版,第14页。
③ 《马克思恩格斯文集》(第9卷),人民出版社2009年版,第19页。

所继承，但社会主义制度的建立从根本上说是社会生产力发展的结果。传统美德的现代转化也要"深深扎在经济事实中"，"转化"是为了与社会主义社会性质的相契合而不是相背离。新时代的伟大历史使命是实现中华民族的伟大复兴；党的初心是满足人们日益增长的美好生活的需要；发展战略是实现"两个一百年"的奋斗目标；最终任务是把我国建设成富强、民主、文明、和谐、美丽的社会主义现代化强国。具体到民生、生态、党建方面，仍旧任重而道远：要坚持在发展中保障和改善民生，保障"幼有所育、学有所教、劳有所得、病有所医、老有所养、住有所居、弱有所扶"；保障全体人民在共建共享发展中有更多的获得感、满足感和幸福感；坚持人与自然和谐共生，把建设生态文明看作是中华民族永续发展的千年大计；加强党的执政能力建设，夺取反腐败斗争的压倒性胜利等。新时代，以实现中华民族伟大复兴作为我们正确对待道德遗产的立足点和出发点，在此基础上，挖掘、整理、提升、丰富中华传统美德的内涵意蕴，使传统美德为新时代社会主义现代化建设事业真正提供坚实的道德支撑。

中华传统美德的创造性转化过程，就是立足中国特色社会主义建设实践与中国特色社会主义道德建设相结合的过程。建设中国特色社会主义与实现中华民族伟大复兴，是新时代中华传统美德转化的最大的"体"与"源"。离开了"体"，中华传统美德的现代转化成为无本之木；离开了"源"，中华传统美德的现代转化成为无源之水。传统美德的现代转化是与时俱进的过程，是不断融入社会主义道德体系的过程。立足本土实践，"化"其时代局限性，赋予新的内涵意蕴，方可焕发新的活力。

二 现代转化的原则

原则，指说话或行事所依据的法则或标准。传统美德的创造性转化需要依循现代化原则、生活化原则、开放性原则和创造性原则。

（一）现代化原则

现代化原则是中华传统美德需要遵循的最为根本和首要的"转

化"原则。坚持现代化原则，就是要抛弃传统道德封建国家政治伦理的糟粕，发掘其个体道德、家族道德、社会道德中的合理成分，以与当代社会文化相适应、与现代社会生活相协调，从而为新时代公民的生产与生活实践提供行为规范和价值引导。

首先，与现代社会的价值诉求相契合。传统社会是农业社会、中央集权专制的政治制度，强调封建专制的价值观，要求人们尊卑有序、安伦尽分。而现代社会是建立在民主政治、市场经济、多元文化基础上的社会，自由、平等、民主、法制、公正等是现代社会的主要价值诉求。与传统道德强调家族精神不同，现代社会的道德主体已经从家族的束缚中解放出来，现代伦理讲求的是契约精神、平等精神与公意精神。传统美德的创造性转化首先就是要摒弃掉那些已然不适应于当今社会的价值理念和道德精神，立足于当今社会改革开放和现代化建设的实践，进行挖掘、改造和重建。例如，以传统伦理中的"回报"机制为结合点，实现在市场经济条件下的现代伦理转化。回报与人情互动本质上也是一种交换，与市场经济的生活原则在深层文化原理上是吻合的。[①] 总而言之，即是要按照是否有利于推动中国特色社会主义建设事业的发展，是否有利于社会主义先进文化建设，是否有利于社会主义核心价值观的培育推广，是否有利于培养时代新人的标准，赋予传统美德以新的时代精神和价值内涵。

其次，与现代社会的生活现实相融通。传统美德所面临的时代背景与今天的生活现实存有很大的差距。居住城市化、生产消费商业化和文化大众化是现代社会生活的鲜明特征。城市化的生活使得人们的生活节奏越来越快，人际关系变得越来越淡薄，同时对公共服务的质量要求也越来越高；商业化的发展，社会财富大量增长，贫富差距却持续扩大。对个人利益的过分关切，使得人们行为的选择也越来越趋向于功利化，社会诚信随之不断削减；文化大众化的发展，激发了民众的创作激情和热情，促进了文化产业的蓬勃发展，同时也使得文化

[①] 樊浩：《论中国道德的精神》，《孔子研究》1994年第1期。

生产和文化消费出现了庸俗化、泛娱乐化的倾向。这些都是现代社会生活带来的伦理道德的新问题、新挑战。中华传统美德的现代转化，要适应现代人的文化精神需求与行为实践模式，不断引入问题意识，不断拓宽研究视野，中华传统美德才能获得持续发展的创生力。

（二）生活化原则

生活世界是人们始终置身于其中的境域。生活化原则，就是强调以生活世界为背景实现中华传统美德的现代转化。一方面，转化要符合大众的生活实际，为完成转化寻找到鲜活的载体，但同时也需要保持一定的超越性。另一方面，要求转化成当代的话语表述形式，为人民大众所理解与认同。

首先，传统美德的内容要贴近民众生活实际。最好的道德不是远离生活的道德，而是贴近生活的道德。明末清初的伦理学家李贽提出："穿衣吃饭，即是人伦物理"（《焚书·答邓石阳》）。伦理道德就耦合在日常生活之中，而不是隔阂于日常生活之外。一种道德如果已经和民众的生活没有关联，那就只能是一种道德的"装饰品"。儒家道德传统之所以能够绵延千年，就在于"儒家传统本来不注重本体的思辨，而是注重文化、人生与社会的关怀。只有有效地'干预'生活来影响公众，而不是仅仅建构一种形而上学，才可能真正复兴那'活泼泼底'儒学"[①]。儒学的复兴不在于知识化的儒学体系的建构，而在于着力复兴其人文化、生活化的特性，发挥其对生活的有效"干预"。离开了民众的社会生活，中华传统美德就会变得"那样的隔膜和生硬，那样的高高在上，有如身外之物和天外来客，只是一种冷冷的理性法则和体面的思辨玄学"[②]。生活化原则强调中华传统美德的现代转化要从彼岸移至此岸，从"天道性命"回到"日用常行"，从"精英伦理"转向"大众伦理"。这是一个由"空洞"到"丰满"、由哲理化到生活化的回归过程，是在伦理思想观念和社会大众心灵关

[①] 陈来：《传统与现代——人文主义的视界》，北京大学出版社2006年版，第23页。
[②] 戴茂堂：《道德自觉·道德自信·道德自强》，《道德与文明》2011年第4期。

切之间架构一座桥梁通道。比如对"忠"的转化，要发挥忠诚于事、忠诚于人的精神；对"孝"的转化，发挥其讲究亲情孝道，和睦团结的精神；对"礼"的转化，发挥其在全社会讲究礼仪、维护秩序的精神等等。道德文化的理想如若高悬空中，完全无视新时代民众生活的新要求及其新的演化，也无心寻求沟通二者的合理途径，结果就只能成为少数人的孤芳自赏或者愤世嫉俗，同时遭遇曲高和寡、居高临下的尴尬。新时代的人们是自己生活的主人，他们拥有自己的经济生活、职业生活、个人休闲娱乐生活、社会公共生活等，这种民众日常生活具有私人性、民间性、个体性、公共性等特点，这就要求传统美德的现代转化必须尊重民众生活的新特点、具有现代意识，体现在人伦日用的实际生活中，指导民众的日常生活。远离民众的生活世界，中华传统美德就失却生活的亲和力，只能成为抽象的伦理玄谈或是干瘪的道德说教。只有从形上、高明的理论趋向平实、中庸的生活，弥合精神文化理想和民众现实生活之间的分裂，才更有利于发挥传统美德对现代生活的调控作用。同时，我们需要注意，中华传统美德是先人留给我们的好东西，承载着我们民族的文化理想。尽管人们不能期望文化理想能够直接变为现实，但只有理想与现实的互动才能够为文化的发展、更新注入能量和活力。一种文化如若缺少文化理想的引导和规范，难免不会流于保守、庸俗、凝固和僵滞。因此，在坚持生活化原则的同时，不能放弃精神文化的理想性与超越性。

其次，传统美德的概念范畴要转化为大众话语。中华传统美德的文本载体是经典古籍，语言表述精炼简短，语义丰富、广含。由于古代哲学家惯用名言隽语、比喻例证的形式表达自己的思想，这些元典著作就显得明晰不足而暗示有余。富于暗示，就需要我们能读出言外之意，读出书的"行间"之意。在几千年的文明历史的发展过程中，诸多思想家就是通过对古代典籍做出新的诠释和注解来发展、表达自己的思想观念。历代先哲的损益创造活动使得古汉语的语义更为丰富和复杂，呈现出一种时代的流变性，这就给现代人理解经典的原本含义和真正意图带来极大的困难。另一方面，经过五四的白话文运动和后来的汉字简化，中国传统文化与现代文化在语言形式上存在某种程度上的断裂，这也增加了现代人阅读和理解古代经典文本的困难。新时代的人们有新时代的语言表达习惯和话语范式，中华传统美德的概念范畴只有转化为大众话语，简洁明了、语意清晰、易记易行，既具有群众所喜闻乐见的民族特色，又有鲜明的时代精神，才容易被人们所理解和认同，从而使广大民众信奉并内化为发展自我德性的自觉需求。

（三）开放性原则

建构和繁荣社会主义新文化，需要以科学态度对待人类的文化遗产，遵循人类文化发展的一般规律。坚持开放性原则就是从自我完满的心态中摆脱出来，以开阔的视野和宽广的胸怀来对待古今中外一切优秀的道德文化，萃取精华、为我所用。

在现代历史条件下，任何一种文化都不可能孤立存在，不得不面临其他外来文化的冲击和挑战。因此，中华传统美德的现代转化，不仅需要进行现代诠释和合理性论证，而且必须在多元对话的语境中进行实现。这就要求我们具有开放性的对话与自我更新机制。孔子讲："有朋自远方来，不亦乐乎"。这种"乐"不只在于沟通友情、缔结友谊，更是在于可以分享来自不同维度、不同视角，不同的文化和文明群体的经验、知识和智慧。当今社会，随着全球经济一体化的发展，各民族国家的交往和合作日益频繁，同时国际间的矛盾与摩擦也日益增多，寻求共同的价值共识成为解决问题的关键。这就要求我们不仅要了解中国历史上的道德文化，还要睁眼看世界，了解世界上不同民族的道德文化。"一种缺乏外部压力和自觉应战精神的文化，就可能因其缺乏危机感和竞争心而丧失其自我反省、自我调整和自我更新的内在动力，就会因此而停滞、僵化甚至衰落。"[1] 人作为"类"存在，无论其具体生活的历史条件如何不同，总有着相似或一般的社

---

[1] 唐凯麟：《坚持马克思主义对待人类文化遗产的科学态度和原则立场》，《伦理学研究》2018 年第 1 期。

会背景和活动条件,总要面对某种共同的本根性问题。不同民族国家对这些共同问题的合乎逻辑的现实解释,形成不同民族的文化、知识、理论系统。显然,任何一种文化类型既有其内在系统的特质,又具有解决人类共同问题的可供共享的理念和价值因素。对一种异质文化可分解、可重构的内容我们完全可以经过改造使其相容于自身文化系统,服务自身的文化建设。坚持开放性原则,要求传统美德与世界接轨实现现代转化,要辩证扬弃外来道德文化传统,为中国社会主义道德文化提供有益的养料,但同时保持自身的独立性和民族性的特征,增强中华传统美德的国际影响力和道德感召力。习近平指出,"强调承认和尊重本国本民族的文明成果,不是要搞自我封闭,更不是要搞唯我独尊、'只此一家,别无分店'。各国各民族都应该虚心学习、积极借鉴别国别民族思想文化的长处和精华,这是增强本国本民族思想文化自尊、自信、自立的重要条件。"[①] 以开放的姿态与多种文化交融互鉴,以多元文化作为民族道德文化增量的催化剂,使本民族文化特点得到更加清晰的彰显,同时也使得我们的传统美德能够充分适应时代发展的新需求,展现时代的新风骨和新风貌。

(四)创造性原则

人通过自身所拥有的自由,用自己决定的行动创造未来生活的新样态以及未来发展的新方向。现代转化就意味着一个从旧到新、从无到有,从隔膜到适应的创造过程。创造性原则是现代转化的内在本质需求。坚持创造性原则,就是要结合新时代的历史条件,创造出过去的中国人不曾有过的现代的民族文化心理结构,对中华传统美德进行新的诠释和阐发、赋予其新的意涵、构建新的实践模式。

人是文化的产物,也是文化的创造者。每一代人在学习自己文化的同时,也在经历一个重新发现和理解的过程。人们总会根据变化了的生活现实的需要重新缔结自己的文化。这个重新结构文化的过程,

---

① 习近平:《在纪念孔子诞辰2565周年国际学术研讨会暨国际儒学联合会第五届会员大会开幕会上的讲话》,人民出版社2014年版,第9页。

表现为人对文化世界的价值和意义的重新判断、识别与自主选择。中华传统美德的现代转化是实现人的文化创造活动的一项重要内容。"对人类创造的有益的理论观点和学术成果,我们应该吸收借鉴,但不能把一种理论观点和学术成果当成'唯一准则',不能企图用一种模式来改造整个世界,否则就容易滑入机械论的泥坑。"① 寻求适合自己的改造模式,避免陷入机械论的泥坑,我们就必须依据新时代中国特色社会主义实践的独特性进行理论创新。习近平总书记站在新时代的战略高度,对中国特色社会主义实践问题做出新的性质判断和规律总结。"当代中国的伟大社会变革,不是简单延续我国历史文化的母版,不是简单套用马克思主义经典作家设想的模板,不是其他国家社会主义实践的再版,也不是国外现代化发展的翻版,不可能找到现成的教科书。"② 没有现成的教科书,客观上需要我们进行理论观点和学术成果的创新。简单地依照"母版"、"模版"、"再版"和"翻版"中任何一个版式,都是轻忽中国特色社会主义实践本身的特性,缺乏理论创新的表现。依据一种既定的"版式",不论是古代的或现在的,至多得到的是一个仿制品。但这绝不意味着任何一个版式都于我们的文化创新活动没有任何意义。母版中有我们的文化根基,模板中有马克思主义的指导思想,再版与翻版中有可资借鉴的活力因子。理论观点和学术思想创新对于中国特色社会主义文化建设和道德建设而言,就是实现传统文化和传统美德的创造性转化创新性发展。站在道德建设的立场,一要坚持马克思主义中国化,与中华传统美德紧密相结合,形成中国特色的社会主义道德规范体系;二要与未来相对话,经过创造性转化,要能够回应新时代人类共同面临的诸多全球性问题,关心人类社会的可持续发展问题、关注人类的共同命运和整体性利益。道德文化创造的过程,既不是复古泥古,也不是简单的"拿来主义",而是创造出过去从未存在过的东西。在此过程中,就要把

---

① 《习近平谈治国理政》(第 2 卷),外文出版社 2017 年版,第 340 页。
② 同上书,第 344 页。

握中国传统文化和社会主义先进文化的平衡、中国文化和西方文化的平衡，将传统文化和现代文化有机结合、将外来文化和本土文化有机相结合。简言之，道德文化创造的过程既是更新、改建本土文化的过程，又是汲取、改造外来异质文化的过程。

中华传统美德虽然总体上倾向于服务专制等级制度，且表现为"重义轻利"的道德至上主义，但其中仍然蕴含着可以与现代社会生活相融通的联结点，这是传统美德能够转化的内容基础。创造性转化的目的既不是为了全盘否定，也不是为了转化得面目全非，而是为了使得中华传统美德与现代道德相接轨。这就要求"转化"必须遵循一定的标准和原则，在科学辨析、精心萃取的基础上，找准中华传统美德与现代道德的共通点和融合点，充分挖掘其时代价值和现实意义。

三 现代转化的方法

新时代社会生产生活条件下，如何实现传统美德的现代转化，是一个具有直接现实性和方法论意义的话题。新时代，习近平总书记继承和发展我们党对待中华传统美德的思想主张，吸收学术界的研究成果，富有创造性地提出要实现中华传统美德的"创造性转化创新性发展"，为全面继承和发展中华传统美德指明了新方向。"创造性转化"的重点在"创造"，意味着一个从有限到无限、从封闭到开放的过程。这一重大历史使命的完成，既有赖于整体宏观层面伦理观念和伦理意识的转化，又有赖于具体微观层面核心德目的理解、筛选、分析、还原和转化。

（一）根本方法：创造性转化

美国华裔学者林毓生在1971年面对"五四"时代激进的文化思潮，提出了"创造的转化"这一概念。他认为"'创造的转化'是一个极为艰难的过程，但只有这样做才能不再陷入'五四'全盘性反传统与一些新儒家们在传统里找安慰的窠臼。"[①] 林毓生旨在吸取五

---

① 林毓生：《中国传统的创造性转化》，生活·读书·新知三联书店1988年版，第389页。

四的经验教训，处理好"传统"和"文化认同"二者间的关系问题。就其问题意识本身，至今仍然具有深远的意义。但他"创造的转化"方法因只有一个"有利于自由和民主"的向度，再者缺乏"继承"意识的表达，表现出其局限性。面对当今世界多元文化和多元价值观的挑战，我们必须致力于寻找传统道德资源迎接新时代生活挑战的合理回应方式与自我创新方式，继承传统的同时使之承载现代的价值。

首先，"创造性转化"是古今对话基础上的"接着讲"。"历史事件的意义往往要在历史后来的发展进程中得以显示，古典文本的意义同样要在今天的视域中展开。所谓'接着讲'就是以今天的视域说明、充实、提升古典文本的意义，从而打通古今。"[①] "接着讲" 而不是"照着讲"的态度表现为一种高度的理论自觉和文化自省意识。"接着讲"就不能抛弃传统道德文化的根脉，要打破新旧文化、新旧道德二元对立的观念，倡导古今道德和文化的平等对话，建立古今道德和文化的历史联结，打开由传统文化、传统道德向当代先进文化和社会主义道德转化的可能性通道。传统美德的创造性转化自觉连带着文化传统的明显"胎记"，但同时要讲传统之未讲，促进道德文化生命的延续和成长。它是更高层次上的一种自我确认和调适，而不是完全变成了另外一种道德伦理文化。

其次，"创造性转化"是道德文化价值增量的过程。道德文化的批判并不等于道德文化的创造。"批判"是"破"的过程，但"破"只是"立"的前提，"破"之后的"立"才是最终的目的。从这个意义上说，"破"是手段，"立"是目的。我们要制作桌子，前提是树木的"破"，但将一棵树木破裁为一堆散木材并非我们行动的"完成"意义。由木材的筛选、分类到"尽其材"，到桌子的制作完成，是人类才情智慧的"物化"过程，是人类创造力的"外显"过程。无"破"的"立"没有根基，但无"立"的"破"几乎是负向的价值，是对一种既定秩序的破坏，在非常狭隘的理解上才具有积极意

---

① 崔宜明、朱承：《中国伦理十二讲》，重庆出版社2008年版，总序第5页。

义。从"树木"到"桌子"是一种形式上的转化,"桌子"的合目的性或说于人的"合意"性使其价值增量。在马克思的政治经济学理论中,"劳动"是价值的源泉,唯有劳动可以使价值增量。而深究其原因在于劳动创造了合目的性的劳动产品,满足了人们的物质或精神上的需要。"创造性转化"就是充分利用传统美德的丰厚资源,使其"合意"于新时代社会实践发展的需要,"合意"新时代价值观、道德观的要求,实现道德文化的价值增量。创造新的东西并不需要彻底地摧毁旧有的事物,"道德传统的生长过程应当是传统道德的更新和再生过程,其生命力源于这种更生和再生过程中道德资源的积累和转化。"① 创造性具有超越的性质,创造意味着朝向一个无限的可能性和广阔性,超越过去甚至现在的状况,直至未来。中华传统美德的创造性转化,才能在原有的基础上增加新的势能,从而蓄积新的生命力。

近代社会的"附会"思潮,是在外来文化的冲击下一种文化保守主义和文化防御主义的表现,其背后表现的恰恰是一种文化自卑的心理。从西方价值的概念中对应中国传统文化和传统美德寻求其包含的民主、自由、平等思想,这样的诠释和牵连只是道德文化系统内的自我调整,并不能使道德文化增量。也许有学者疑问,传统美德的新增量还属于传统吗?可能还会有学者担心,在"创造性转化"的过程中传统美德的本来意义上的内容是不是就会被完全否定。"创造性转化"又在什么样的标准尺度上仍旧能够被称作还是"传统美德"而不是"西方道德"、"资本主义道德"或其他的什么道德。应该说,每个时代的人都接受着传统,同时又创造着传统,形成续而不断的传承。传统本不是固定凝滞不变的,传统是一个不断生成、变化、发展的过程,是在历史发展长河中契合时代要求而有所"损益"的过程,是稳定性与变化性的统一。"如果中国传统文化无需在实践中被激活、无需转化、无需发展,表面上是尊重传统文化,实际上是贬低传统文

---

① 万俊人:《现代性的伦理话语》,黑龙江人民出版社2002年版,第375页。

化。一种既不能转化又不具有当代价值的传统文化是僵死的文化,是没有生命活力的文化。"① 陈先达先生这段关于传统文化现代转化的论述,同样适用于传统美德。不能创造性转化的传统道德与当代现实毫无关涉,而只与它产生的传统社会相关,标志着它已经在历史中死亡。中国传统道德文化的价值正在于它是新时代道德的源头活水,能够生发出与新时代适应的新的诠释,而不是一潭没有生命力的死水。同时,创造性转化一定是植根于自身文化脉络中的再造,是自我文化生命的延续和成长。这个转化过程自觉地打上文化传统的因子,是更高层次上的一种自我确证和调整,而不是完全变成了另外一种东西。

再次,"创造性转化"是"自否定"的过程。辩证法思想是黑格尔思想的精髓,他认为任何事物的发展都经历一个"肯定—否性—否定之否定"的过程。正是事物的自我否定,才有事物自身的发展和完善。"自否定"是积极的意义,此种否定不是完全的取消而转化为一个毫不相干的"他者"。"自否定","就是自己否定自己,走向自己的对立面;但由于它是由自己来完成这一过程的,而不是由外来因素的强迫,所以它并没有把自己完全取消,而是改变了自己的形式,提升了自己的层次。"② "自否定"不仅需要强烈的自觉意识,客观的自我认知,更需要自否定的勇气和宽广容纳的胸怀。古希腊的苏格拉底认为"认识你自己"是人的最高智慧。苏格拉底的智慧在于他认识到自身认识的局限性和相对性,认识到自己的"无知"才是最高明的"有知之人",即"自知无知为有知"。正确的认知是完善与进步的开始,如果自满于"有知"就会陷入人类的傲慢。"创造性转化"体现的是在自觉意识基础上的自我认知、自我完善的需求,恰恰契合中华传统美德自身的包容性和谦卑传统。"所谓现代转化本身也绝不意味着传统伦理的断裂和死亡,而是伦理传统自身的再生和充实"③。对于现今中国社会,传统美德的创造性转化是一种必要而且

---

① 陈先达:《文化自信中的传统与当代》,《光明日报》2016年11月23日。
② 邓晓芒:《批判与启蒙》,崇文书局2019年版,第4页。
③ 万俊人:《儒家伦理传统的现代转化向度》,《社会科学家》1999年第4期。

及时的道德文化意义上的自我调适与自我救赎。

最后,"创造性转化"的活力源于中西文化的交流与对话。中华传统美德的现代转化,一方面要发扬传统美德资源的优势,防止出现西方社会现代化过程中的各种弊端;另一方面,又要对话西方价值观和道德观,促生中华传统美德的活力。鸡蛋可以孵化出小鸡,石头却无论如何不可能变成小鸡。转化的前提条件是其包含着能被转化的"因子",就传统美德而言,是其包含着"道德真理的因子"。在此前提下,转化还需要一定的外在条件,使转化具有可能性。中国民间大家都熟知一个广为流传的日本故事,日本的渔翁在市场上出售一种味道鲜美的鳗鱼。但在从海边运输到市场的路途中,鳗鱼大多数都会中途死亡,死鱼价格自然下跌。一个有经验的渔翁却因在鱼舱中放进了几条不同类的狗鱼,而使自己捕捞的鳗鱼始终保持很高的存活率,鱼价远远超过同行。他的秘籍并非玄妙莫测的高深理论,而只是强调多样性、差异性是创造之源、活力之源。如果千人一面、万物同质同类同构,这个世界就只能一片死寂没有蓬勃生机、没有更新和发展。"鳗鱼效应"的小故事蕴含着大哲理,启迪着我们:传统伦理观念的创造性转化往往是在与异己传统或域外文化的交流、遭际、吸收、调试的过程中实现的,这是其创造性转化的外部动因或外在条件。

新儒家面对儒家思想在现代社会日渐衰微的命运,提出"返本开新"的口号,试图维护儒家的传统价值,使儒学在现代社会仍然可以发挥主导性的作用。新儒家所做的创造性工作,为守护中国传统文化所做出的艰辛努力,应该被我们肯定和承认,他们自觉肩负的使命具有非常崇高的价值,他们的责任意识和民族担当值得每个中国人尊重和敬仰。但"返本开新"并非开放性的姿态,是拒绝文明对话的自我封闭。他们的道德哲学在精神上不过是儒家学说的延续和展开,仍旧坚持用超验的东西理解和说明人自身、人的世界和人的存在,固守着"天人关系"、"心性关系"、"义利关系"和"知行关系"的既定知识系统,拒绝与现代哲学的理性精神相对话。新时代中华传统美德的"创造性转化"要坚持不忘本来、吸收外来、面向未来的文化方略。吸收外来，就是要敞开心怀，以开放包容的姿态吸收人类文明的一切优秀成果。传统美德的现代转化需要在个人德性观念和社会价值理念等层次上，充分汲取现代西方伦理价值观念中的"自由、平等、公正"等理念和西方现代公民美德观念中的合理因素。把西方现代伦理价值观念当作一种有益的外部刺激，吸纳其有益成果，实现自身的现代转化。面向未来，就是要以具有超越时代、超越时空，具有永恒价值的人类共同价值审视并转化我们的传统道德文化。但同时，我们必须坚守自己的社会主义文化立场，在文化交流中严防西化。邓小平曾说："我们要向资本主义发达国家学习……一切对我们有益的知识和文化……但是，属于文化领域的东西，一定要用马克思主义对它们的思想内容和表现方法进行分析、鉴别和批判。"①

总之，"创造性转化"就是按照新时代特点和要求，对那些至今仍有借鉴价值的内涵和陈旧的表现形式加以改造，赋予其新的时代内涵和现代表达形式，激活其生命力。② 这种"转化"是契合社会主义核心价值理念的转化，不仅仅是"民主"、"工业化"或"革命道德"等某一个单一的维度，而是全面的、全方位的，考虑到人们的生活方式、行为模式，社会民主、经济条件、文化、生态等各个方面。

（二）具体方法：微观分析转化

"创造性转化"不是与"去粗取精、去伪存真，古为今用、推陈出新"的"转化"方法相割裂，而是继承基础上的方法创新，是正确对待传统美德的一个根本的指导性方法。在实际认知和践行过程中，需要将这个根本方法具体化。

1. 立场与理解：传统美德是新时代的"道德资源"

传统美德之于现代社会和现代人类的意义肯定是多方面的，它可以表现为一种可资利用的宝贵道德资源，也可能是道德文化负担，甚至表现为行为价值的约束力。对于传统美德的现代转化，首先要确立

---

① 《邓小平文选》（第3卷），人民出版社1993年版，第44页。
② 《习近平新时代中国特色社会主义思想三十讲》，学习出版社2018年版，第207页。

一种道德文化立场或态度。我们认为传统美德是一种丰厚的道德资源，并且把传统美德的转化过程理解为道德资源的积累过程。学者万俊人提出"道德资源"的概念。事实上，令人遗憾的是，我们在很大程度上缺乏道德资源的意识，对它的理解也并不清晰。中国社会的发展，解决中国的现代性问题，"首先应当从中国文明和文化本身入手，寻找可能转化的'现代性'资源。……在最现实的意义上，向内寻求的自觉转化才可能开出真正有意义的中国'现代性'，从而创造真正具有普遍价值的中国'现代性'知识。"① "现代性"并不仅仅是一种社会模式概念，同时是一种社会发展和文化知识进步的概念，展示和标举的是一种具有全新性质的人类文明和文化，力图超越传统和古典。现代性的生成不能仅靠模仿或引进，必须依赖特定社会及其文明或文化的既有条件和可以利用的资源，也就是说，现代性的展示只能诉诸历史的语境和传统文化的创造性转型。值得我们认真考虑的是：中国"现代性"知识的生产，迄今为止仍然是在巨大的资源消耗的基础上进行的，尤以文化和道德资源的消耗为甚。我们长期积累的以儒家道德为核心的道德资源"到今天也已消耗得差不多了，而且一直是一个加速浪费却不曾添增新的储蓄的局面"。② 我们必须清醒地认识到，文化和道德作为一种资源，同样具有稀缺性的特征，同样不可能取之不竭、用之不尽。这就需要我们回到传统文化和传统美德，合理吸取人类文化和道德资源的一切文明成果，通过现代诠释和转化使其实现内在资源的生殖和积累。"资源的产生不仅靠已有的贮备，更要靠资源的内在生殖和增长。"③

对传统美德的现代转化，即是一个激发其自身活力，使其达致内在增量的过程，以充实丰盈道德资源的府库。中国现代性道德文化资源的创造，不仅需要以开放姿态面向世界，吸收人类各种道德文化传

---

① 万俊人：《现代性的伦理话语》，黑龙江人民出版社2002年版，第169页。
② 余英时：《中国思想传统及其现代变迁》，广西师范大学出版社2004年版，第246页。
③ 万俊人：《现代性的伦理话语》，黑龙江人民出版社2002年版，第175页。

统的优秀养分，更为重要的是需要传统道德自身的转化和滋养，需要我们民族伦理精神的丰厚积淀和社会道德生活的经验积累，需要伦理学自身的理论建构和创新。"缺少对道德传统资源的更新转化，社会伦理资源的短缺势所必然；而缺乏社会主义现代道德伦理的创造性建设，社会的道德资源便出现只有消耗没有积累的递减状态。"① 传统美德的现代转化就是为了提升我们道德文化的创造性建设能力，"充分利用中国传统道德丰富的思想资源，弘扬中华民族优秀的道德传统，建立和完善有中国特色的社会主义现代道德"②，以防社会道德资源的短缺和递减，这是我们对待"传统美德现代转化"首先需要肯定的立场或态度。

2. 甄别与筛选：确立需要"转化"的合理对象

随着社会制度和时代条件的变迁，我们提倡的新时代美德与传统美德有重合的内容，也存在着差别。于新时代中国特色社会主义思想道德建设而言，并非所有的传统美德都有转化的价值和必要。这就需要我们契合新时代社会生活的道德需要，理性冷静地进行甄别和筛选，确立需要"转化"的合理对象。比如，在传统社会的大家族或大家庭社会结构中，父子和兄弟之间的人伦关系对整个家族和家庭的和睦稳定有着至关重要的影响，"孝悌"美德无疑会被重点提倡和强调。随着现代社会家庭结构和功能的变化，"孝"仍具有时代价值，但"悌"的要求明显被淡化，也就没有转化的必要性了。

对待传统道德，从大体方向上，我们应该把民族主体的利益作为价值尺度去甄别、筛选。这个尺度就是有利于"我"活下去，即有利于国家和民族的存续和发展。传统社会以"秩序"或说"和谐"为社会价值目标，凡是有利于实现稳定秩序的道德品质都被社会大力提倡，温良恭俭让就是典型的体现。从近代开始，中华民族以谋求富

---

① 万俊人：《世纪回眸："道德中国"的道德问题》，《天津社会科学》2001年第3期。
② 张怀承、邓名瑛主编：《中国传统道德文化的现代转型与创新研究》，湖南师范大学出版社2013年版，第243页。

强作为社会的主要价值目标,道德观念发生了变化,传统道德被作为"新道德"的对立面遭到批判,"自由"、"平等"、"独立"等道德价值观念被强调。中国社会进入社会主义建设和改革时期,"人民日益增长的物质文化需要同落后的社会生产之间的矛盾"是社会的主要矛盾。要解决社会主要矛盾,从根本上说,就要大力发展生产力,"效率"原则被优先考虑。唯有国家经济实力的增强,才能满足人民物质文化需求,否则都是空谈。这个时期,奋斗进取性①的道德精神和道德品质就会被重点提倡。进入新时代,我国社会主要矛盾转化为人民日益增长的美好生活的需要和不平衡不充分的发展之间的矛盾。加强公民道德建设、提高全社会道德水平,就要适应社会主要矛盾的变化、满足人民对美好生活向往的迫切需要。经过三十多年的改革开放,经济实力、科技实力有了大幅度的提升,落后的社会生产问题基本得到解决,人们有了更高、更全面的生活品质的需要。当发展不平衡不充分的问题凸显出来,解决"公平"、"正义"的问题就变得尤为迫切和必要,也就是说,在蛋糕已经足够大的情况下,合理分配问题成为最为突出的焦点问题。2013年11月,习近平在中共十八届三中全会第二次全体会议上指出,"人民群众的公平意识、民主意识、权利意识不断增强,对社会不公问题反映越来越强烈。"② 不抓紧解决公平正义的问题,就会影响到人们对改革开放的信心,甚至影响人们对中国共产党的执政信任度,从而影响整个社会的大局稳定。另外,实现社会公平正义由多种因素决定,但最根本的还是要解决经济发展问题,这就仍然需要我们同心协力、艰苦奋斗,而这些都可以从中华传统美德中找到思想源头,当然也就由此确立了我们需要转化的合理对象。

---

① 进取性道德是相对协调性道德而言的。勤劳、勇敢、进取、自信等属于进取性道德,维护公共秩序、扶弱济贫、尊老爱幼、邻里和睦等属于协调性道德。参见张耀灿《思想政治教育学科建设研究》,中国人民大学出版社2017年版,第328页。

② 《习近平谈治国理政》,外文出版社2014年版,第95页。

3. 分析与批判：把握德性的质料和形式两要素

传统美德具有永恒价值和时代性格的两重性特征，在实际生活实践中两者是融合在一起。这就要求我们对待传统美德能善于分析其历史的和逻辑的内容，防止倒向片面的两极端。冯友兰早在1927年，发表《中国之社会伦理》一文即指出，忠臣、孝子、节妇，其精神已在柏拉图的观念世界，而不在具体世界的具体人。1932年的《新对话》进一步讲"道德无所谓新旧"，忠臣不是忠于君主个人，而是忠于"名分"，忠于"理"，忠于"君"的共相。到50年代，他提出抽象继承问题，都是力图通过由个别上升到一般、由特殊性上升到普遍的方法引出对传统美德的某些肯定。在筛选出需要转化的核心德目的基础上，我们必须认真分析这些德目中包含的封建性的内容和形式，以及具有的民主性、科学性、人民性的真理因子，做到有鉴别地对待，有扬弃地继承。

对传统美德如何去分析和分类，跟每个人对美德本性的理解有关。在此，我认为大部分美德可分为"质料"和"形式"两个要素。所谓"质料"就是情感，所谓"形式"就是情感的程度、对象等规定性。比如，儒家的仁爱，其质料就是爱人的情感，其形式就是来自宗法、等级制度的规定性。质料往往有更强的普适性，而形式则有明显的时代特征。对人的同情、爱，古今都需要，但今天对爱的规定明显不同于古代。又比如，传统美德的"正义"含有"公平"、"公正"的意义。但古代社会理解的"义"与新时代的涵义存在一定的差异性，"正义"的形式必然需要进行转化。公忠、孝亲之类，情况大体相似。分析批判传统道德的阶级和时代局限性，有扬弃地继承，保留其质料的合理性，赋予形式的新规定性以及现代表达形式，所谓转化，重点即在于此。

4. 还原与转化：挖掘道德精神价值赋予新释义

"还原"与"转化"是处理传统美德中"可变"与"不可变"因素的辩证方法，是处理继承与创新关系的方法论要求。"还原"和"转化"并不意味着传统伦理的断裂和死亡，而是灌注其以新鲜血液，使其在新的历史条件下获得新生。"还原"是其自身生命力的复活，"转化"是其自身生命力的再生。

"还原"是一个"去蔽"的过程，是向人文精神的还原，就是要把具有普遍适用性的质料挖掘出来、彰显出来，表现为对特殊差异性的克服和超越。古代典籍是先哲们创造出来的具体成果，离开这些具体成果，我们无法追寻他们的智慧。但我们不是把这些成果当作是自在的、给定的东西，我们把它视作蕴含着伟大智慧的东西。"还原"就是通过这些具体成果来追寻其中蕴含着的伟大智慧。我们可以用孔孟讲的"杀身成仁"、"舍生取义"，来表达为革命牺牲的高贵品德。但这种通过保留民族语言文字的表达方式表现新道德内涵的做法，是一种"旧瓶装新酒"的转化方式，难免将问题简单化了，忽视了其中所蕴含着的永恒价值观念和深刻的人生哲理。孔孟的这两句名言，关系到如何看待个人幸福和生命的价值问题，认为生命的意义不在追求个人的福利，而在于实现其所向往的理念，追求一种精神的满足。诚如"宁可做痛苦的苏格拉底，也不做快乐的猪"的精神价值的选择。正是依据这种具有永恒价值的幸福观，鼓舞着历史上的许多仁人志士为祖国的生存和发展敢于抛头颅洒热血，写下可歌可泣的历史篇章。

陈来认为文化价值系统从生活方式、礼节风俗、科学技术、政治制度、人文科学到道德、审美、宗教构成一个由低向高、由外向内的价值序列。越是外在的价值越容易随时改变，而越是内在的价值越具有超越时代的意义。因为从存在主义的立场看，人对生死、善恶、美丑、个人与社会的价值信念具有超越具体历史时代的特性。[①] 生活方式是外在的、低阶的价值，而道德是内在的、高阶的价值。传统美德的创造性转化，就是要找到传统美德与新时代道德的连接点与转折点，在继承其内在超越价值的基础上，改变其受生产方式、生活方式与交换方式影响的外在形式规定性，"开发道德作为人伦原理、人生

---

① 陈来：《传统与现代——人文主义的视界》，北京大学出版社2006年版，第52页。

智慧、人文力的效用价值，从而克服道德的无力感"。①

第三节　中华传统美德现代转化的主要德目

根据马克思主义历史唯物论的观点，任何一种文化都有它存在的物质和精神基础。基础如果变了，这种文化当然就要与时俱进地发展变化。从这个意义上，我们说传统是生长的、活的生命。要守望传统、尊重传统，同时也要反省传统、创新传统。中华传统美德转化是创新传统的一种基本形式，但并非所有德目都有转化的必要性。根据时代发展的客观需要，立足深化改革开放和现代化建设的实践，我们确立公忠、正义、仁爱、孝慈、明礼、知耻为转化的主要对象。大体而言，公忠、正义属于公民美德②的内容，仁爱是社会公德的要求，孝慈是家庭美德的要求，明礼、知耻是个人品德的主要内容。从"公忠"依次序到"知耻"，道德地位和重要程度呈递减状态。

一　公忠

春秋时代，"忠"便被人们视为美德。《左传》有记载："忠为令德"（《左传·成公十年》），"孝、敬、忠、信为吉德"（《左传·文公十八年》）。"忠"与"孝"是最具中国特点的传统美德，起源早、影响最为深远，几乎是中华传统美德的精神标识。但在整个传统道德体系中，对忠与孝的价值判断又是最受人们争议的问题。一方面，忠与孝在传统社会发挥着重大的作用，是维护家庭和睦美满、社会安定有序、国家团结统一的重要道德力量；另一方面，忠与孝又是封建道德观念"三纲"的具体化德性，批判"三纲"自然会连带性地批判

---

① 樊浩：《论中国道德的精神》，《孔子研究》1994年第1期。
② 公民美德是公民身份决定的一种政治美德，政治性与公共性是公民美德的基本特征。公民美德与人类美德的差异在于其鲜明的政治性。一般"爱国"被视为最重要的公民美德，社会公德的部分内容也属于公民美德，但政治意味相对较弱一些。参见吴俊《公民美德特征及其意义》，《道德与文明》2009年第2期。

和拒斥忠孝,尤其是为首的忠德。因之,传统"忠"德的现代转化更具典型性和代表性。"忠"是人们普遍地对伟大事物、现象和人物,发自内心地去仰慕、维护和追求的一种真挚情感。这是属于"忠"的质料。忠于什么事物和人物,如何表现"忠",则属于"忠"的形式的规定性。质料是我们要保留的内核,需要转化的是其受到历史条件辖制的形式。

(一) 消除对忠德的成见和顾虑

"忠"的基本意涵是为人处事真心诚意、竭近全力,做到知无不言,尽心无遗。就"忠"的初始含义而言,包括尽心无遗之"忠"、专一不二之"忠"、爱君利国之"忠"与大公无私之"忠"。忠德作为非特殊性或专门性的道德价值和规范,具有普遍的适用性。王夫之曾提出:"不以一时之君臣,废古今夷夏之通义"的命题。严复说:"忠之为说,所包甚广,自人类之有交际,上下左右,皆所必施,而于事国之天职尤为重。不缘帝制之废,其心德遂以沦也。"[1] 孙中山批判"忠君"之臣德,但同时认为,"照道理上说,还是要尽忠,不忠于君,要忠于国,要忠于民……忠字的好道德还是要保存"。[2] 忠作为人类交际的日常美德和对国家尽职的政治美德是任何时代、任何民族都需要的,乃古今夷夏之通义。

在部分人思想深处,总认为"忠"不是褒义词,内含封建杂质太多,愚的成分不少。事实上,长久以来,现代人对"忠"的心理认知和实际接纳,"往往直接源于对封建伦理道德的绝对拒绝式的非辩证性批判"[3],未免带有偏狭性。撇开专制制度下对"忠德"工具性价值的利用和诠释,传统"忠"德实际上蕴含着超越时代和阶级局限的永恒价值,这也是忠德现代转化的基点和支撑点。《新时代公民道德建设实施纲要》中,爱国奉献是个人品德的首要内容。新时代历史条件下,摒弃"忠"蕴含的绝对忠君观念,还原其原初的本真义,

---

[1] 严复:《严复集》(第2册),中华书局1986年版,第343页。
[2] 孙中山:《三民主义》,东方出版社2014年版,第65页。
[3] 牛京辉:《"忠"的历史演变和基本内容》,《中国人民大学学报》1996年第2期。

契合新时代需求进行现代转化，以丰富社会主义道德与核心价值观的内涵，不仅是必要的，而且是可能的。

(二) 回归忠德本真含义

在中国两千多年的文化发展中，"忠"的涵义可谓经历了富有弹性的曲折变化，其中内涵由多元到一元、范围由宽泛到狭窄是其明显的特征。作为"三纲"之"君为臣纲"的具体化德性，"忠"德的词性也由褒义走向贬义，在近代的"道德革命"中受到人们持久而激烈的批判。

除去君臣关系中表现出的非平等性，忠德的原初含义主要是积极的。其一，春秋时期，忠是对一切人的要求，包括君。忠的对象具有多元性的特点。孔子讲"与人忠"（《论语·子路》），曾子每日反身自省"为人谋而不忠乎"（《论语·学而》），显然是针对所有人而言，并非对某一特殊角色的要求。《左传·桓公六年》曰："上思利民，忠也"，《管子·五辅第十》曰："薄税敛，待以忠爱，而民可使亲"。这是明确讲到，君要忠于民，要时刻想着为人民谋求利益。其二，主张忠君同时，对君臣双方都提出了道德要求。孔子认为就君臣关系而言，"君使臣以礼，臣事君以忠"（《论语·八佾》）。孟子则认为臣对君的态度完全取决于君对臣的态度。他说："君之视臣如手足，则臣视君如腹心；君之视臣如犬马，则臣视君如国人；君之视臣如土芥，则臣视君如寇雠。"（《孟子·离娄下》）如果面对昏暴之君，自然不会要求臣有尽忠的义务。"君者择臣而使之，臣虽贱亦得择君而事之。"（《晏子春秋·内篇·问上》）臣亦有择君的自由，因此并不存在"忠臣不事二主"的观念。《管子》曰："为人君者，中正而无私，为人臣者，忠信而不党。"（《管子·五甫第十》）在君臣关系之中，君与臣被要求各尽各的义务。总之，原始儒家虽拥护君权，但他们所主张的君臣关系带有一定的自由度和人格平等的色彩。其三，除了人际关系方面的要求之外，忠的内容也比较广泛。孔子所言"居之无倦，行之以忠"（《论语·颜渊》），就是指为政者执行政令要忠；"临危不忘国，忠也"（《左传·昭公元年》），则是指对国家要忠；孟子说："教人以善谓之忠"(《孟子·滕文公上》),其内涵是要求忠于道义、正义,放下自身利害的计较,劝人以善。

回归忠德的本真含义,就是要由"忠"的"单向义"回归它的"双向义"、由"片面义"回归它的"丰富义"。明清之际,一些进步的思想家在认同忠德的道德价值前提下,猛烈抨击"愚忠",力求重新改造和诠释忠德。黄宗羲在《明夷待访录》中明确主张恢复到先秦时期道德义务具有对等性的"君礼臣忠"的正道。他说:"吾以天下万民起见,非其道,即君以形声强我,未之敢从也","治天下犹曳大木然,前者唱邪,后者唱许。君与臣,共曳木之人也"(《明夷待访录·原臣》)君臣是为万民服务的同事,没有高下之分,只有分工不同。"为臣之道"是按照道义公理而行,君若不为天下兴利除弊,臣则理应抵制反对君主的不义之行,而不应克尽愚忠。在近代,谭嗣同也主张恢复忠德的原始义或说本真义,他批判狭隘化、单向义的忠德,同时以"为人实诚"、"心无偏私"诠释忠德的涵义。他说:"古之所谓忠,以实之谓忠,下之事上当以实,上之待下乃不当以实乎?……古之所谓忠,中心之谓忠也。'抚我则后,虐我则仇',应物平施,心无偏袒,可谓中矣,亦可谓忠矣。"① 黄宗羲、谭嗣同通过批判"专责之臣下"的忠,正是主张回归忠的本义;孙中山指出转移忠的对象,"不忠于君,要忠于国,要忠于民","忠于事又是可不可呢?"②,这些都为忠德的现代转化提供了一种思路与启迪。当今新时代,我们转化"公忠"美德,除了抛弃其"单向义"、"权威义",回归其"双向义"、"平等义",还要还原、挖掘忠德客体对象本来的丰富性和广泛性:忠于国、忠于民;忠于事、忠于业;忠于理、忠于义。

(三)"公"之意蕴的转化

春秋战国时期,由"忠"德的客体对象性质不同,人们区分了

---

① 《谭嗣同全集》(下册),中华书局1981年版,第340页。
② 孙中山:《三民主义》,东方出版社2014年版,第65页。

"公忠"与"私忠"。"私忠"是忠于某个个体(君主或主人、上司),是封建人伦伦理的体现;"公忠"是忠于代表"公意"的公共利益,在古代社会就意味着忠于社稷、忠于公家之事、忠于人民。荀子有言:"出死无私,致忠而公,夫是之谓通忠之顺。"(《荀子·臣道》)忠的基本内容就是为公利而尽心竭力、无私奉献。韩非子最先把"公"与"忠"并称连用,他说:"群臣持禄养交,行私道而不效公忠,此谓明劫。"(《韩非子·三守》)但韩非子讲"公忠",强调的是对于国家和君主的忠。在封建社会,国家的利益是全民利益形式上的代表,而君主又是国家利益在形式上的代表。在此道理上,忠于国家和忠于君主具有公忠的意义。但封建国家和封建君主代表全民的利益具有很大的虚幻性和欺骗性。新时代讲"公忠"需要进行创造性转化,原因即在于此。

首先,含有私意的"公"转化为纯粹的大公。传统社会的"公忠"是一种整体主义的价值取向,体现为对"公"的利益的忠诚,但其实质代表的是少数统治阶级的共同利益,是皇帝和奴隶主或地主阶级的"公",这个"公"实属打着"公"的名号谋取"私"的利益。这是封建社会"公"的虚假性和虚伪性的表现。从整体与部分的辩证关系来讲,虽然国家社稷的稳定繁荣客观上也有利于保障民众的生命安全、改善民众的生活条件,但这个"整体"利益因蕴含着更多的统治者阶层的"私意"、"私利",存在着和民众利益根本对立的一面。对大部分民众来说,整体主义的价值取向是"无我"的局面,对独立"自我"构成极大压榨或压抑。当代有学者针对传统整体主义道德教育的价值取向对"自我"的压迫,就提出构建面向"他者"的集体主义的道德教育理念。[①] 集体主义与整体主义相比对,区别在于前者包含着"他者"的视野,"集体"是一个有机的构成,并非"整体"的铁板一块的机械构成。没有自我与他者,就没有集

---

① 李建国:《教化与超越:中国道德教育价值取向的历史嬗变》,中国社会科学出版社2014年版,第231页。

体，集体是体现"公意"的最大公约数。新时代的公忠是坚持"以人民为中心"的"公忠"。这个"公"真实代表着全体人民的共同利益，其核心是人民大众的"公意"、"公利"。应该说，这个"公"剔除了统治阶级的剥削性因素，体现着"全民性"和"民主性"，是纯粹的"大公"。

其次，在"公""私"相对的划分中坚守"大公"。用"公"限定"忠"，旨在强调忠的基本内容是"大公无私"、"无私奉献"。但对"公"的理解，却存在极大的弹性范围和解释空间。公与私相对，个人是私，家庭就可理解为公；家庭是私，国家就可理解为公；国家是私，天下就可理解为公。毛泽东在《读苏联〈政治经济学教科书〉的谈话》中说："公是对私来说的，私是对公来说的。"在《论十大关系》中，他提出要正确处理国家、生产单位和生产者个人的关系，其实质是强调正确处理公私之间的关系。国家是公，生产单位就是私；生产单位是公，生产者个人就是私。"公"与"私"只是相对的划分结果，并不存在绝对性。在民族国家存在的当今世界，国家和人民的利益无疑是"大公"的核心内容。新时代所言"公忠"之"公"是真正代表民众利益、民族利益的"公利"。在"小公"与"大公"冲突的情况下，必须绝对服从和维护"大公"。绝不能以"忠于"小团体或某单位集体的利益为名头而损害整个国家和全体人民的长远利益、全局性利益。

（四）"忠"之对象的转化

"忠"于何物、忠的情感程度如何，是忠德的形式。忠德原初含义的指向性是自上而下的君臣忠于民。春秋中期以后至明清，忠德的指向性发生了根本改变，自下而上的臣民忠于君被强化。忠作为臣德，本来丰富的涵义也逐渐狭隘化，逐步演变为对臣子单方面要求的政治伦理。宋明时期，忠君之德被推向极端，发展成为被后人一再诟病的"愚忠"。忠德被批判的重要理据在于："乃是'以己属人'的

'奴隶道德'，而且对于维护君主专制起了'辅桀助纣'的作用。"①"忠君"的绝对化、纲常化、无条件性，蕴含着浓厚的不识是非对错、盲目服从的"愚忠"意味，是维护宗法君主专制制度、保证君主统治的重要思想武器。对臣民而言，它则是压抑人性的心理枷锁，臣民不过是一个消除自我一切权利的形式化主体的存在。君主专制社会，"忠"的对象所指为君主及其代表的封建国家，君国利益往往趋同一致。"对帝王来说，'忠'是维护政治秩序的主要纲纪，而专制主义的凶虐、愚鄙、黑暗能连续上演二千年之久，成为一种反理性的政治原则与此不无关系。"② 由此，公忠转化的重点就是要贯注新时代的理性精神，形成独立的判断能力。

"忠"就要忠于"可忠"的事物，也就是说"我们所'忠'的对象必须是具有终极价值，能够体现真、善、美的事物和人物。"③"愚忠"的愚昧就在于缺乏理性的独立思考能力，无法正确辨识真正伟大的人物和事物，表现为盲目的臣服和牺牲精神。马克思主义是人们自觉选择的科学理论，社会主义是人们自愿选择的正确道路，中国共产党是人们理性选择的领导力量。没有以马克思主义为理论指导的中国共产党，没有社会主义制度的建立，就没有中国今天的辉煌和成就。"中国特色社会主义最本质的特征是中国共产党领导，中国特色社会主义制度的最大优势是中国共产党领导。"④ 正是忠于中国共产党的领导，中华民族才迎来了从站起来、富起来到强起来的新时代。《新时代的爱国主义教育实施纲要》强调指出，爱国主义要"坚持爱党爱国爱社会主义相统一"。无论中华人民共和国、还是社会主义，还是中国共产党，都体现着真、善、美的统一，是伟大的、值得国人忠诚的事物或人物。

---

① 张锡勤：《中国传统道德举要》，黑龙江大学出版社2009年版，第108页。
② 赵炎才：《中国传统忠德基本特征历史透视》，《山东大学学报》（哲学社会科学版）2013年第4期。
③ 陈瑛：《"忠"德新说》，《光明日报》2013年7月9日。
④ 习近平：《决胜全面建成小康社会 夺取新时代中国特色社会主义伟大胜利——在中国共产党第十九次全国代表大会上的报告》，人民出版社2017年版，第20页。

(五)赋予公忠以新意

新时代的"公忠"应主要体现为忠于祖国、忠于人民的爱国精神,忠于事业、忠于职业的敬业精神和忠于真理、忠于正义的坚守真理的品质。

其一,公忠爱国。习近平强调,"爱国主义是我们民族精神的核心","自古以来就流淌在中华民族血脉之中"。①"爱国"在核心价值观的个人道德层面位列其首,是新时代公民应具备的最重要的美德。新时代的"公忠"应由传统的"忠君爱国"转化为爱国守法、爱国奉献、爱国实干、爱国敬业、爱国创新等优良的规范和品质。君主专制制度下,君主往往代表着国家,是否忠君也体现着对待国家的态度和行为。当今时代,人民民主专政的社会主义国家真正服务于全体国民,国家与人民以及中国共产党的利益相一致,爱国就是尊重和维护人民的共同利益。爱国从来不是抽象的,新时代的公忠爱国意味着爱国、爱社会主义与爱中国共产党相统一。忠于维护祖国统一民族团结,坚决反对"台独""藏独""疆独"的分裂行为。同时既要忠于传承我们民族的历史和文化,又要推进构建人类命运共同体,既立足于民族维护国家发展主体性,又面向世界维护人类共同利益。

源于不同的生活历史以及文化传统的传承,"爱国主义"在中国人和西方人的心灵中、思想中并不尽相同,不仅内涵方面存在着区别,重要的是蕴含着不同的深意。在西方,爱国主义是进入现代社会的产物;但在中国,爱国主义是中华民族抵御侵略实现主权独立、走向现代文明和建设现代社会的重要动力源泉。中国传统社会是用家庭来理解社会和国家的,所谓"家国一体","国"像"家"一样亲切温暖。这种理解方式表达着中国人心灵中最美好的期待和愿望,具有强大的感召力。新时代,我们倡导的公忠爱国就情感形式而言,表现为一种矢忠不二的强烈的"热爱"感情,意思是全身心去爱,无怨无悔去爱,投注高涨热忱去爱,没有任何附加条件地去爱。爱有所回

---

① 《纪念五四运动100周年大会在京隆重举行》,《人民日报》2019年5月4日。

应,我热爱;爱得不到回应,我还热爱。"热爱"就尽心竭力,敢于且自愿为所爱承受无尽苦难,甚至为所爱付出鲜血和生命。诚如孙中山所言:"我们做一件事,总要始终不渝,做到成功,如果做不到成功,就是把性命去牺牲亦所不惜,这便是忠。"① 这是传统忠德的核心精髓在新时代的继承与转化的体现。

其二,忠诚敬业。除了爱国,敬业也是新时代忠德的重要内容。在春秋之际,忠德就有对公事敬业忠诚、忠于职守等隶属职业道德的含义。"公家之利,知无不为,忠也。"(《左传·僖公九年》)反之,从否定性的角度规定"忠",不能尽心尽力于本职工作,就是不忠。"违命不孝,弃事不忠。"(《左传·闵公二年》)尽于公家之事的忠,与敬守其业的信,一般说来与社会伦理关系中的特定角色较少关联,是具有普遍性的品质。新时代历史条件下,决胜全面建成小康社会进而全面建设社会主义现代化强国,需要我们每一个人不懈奋斗。习近平总书记指出敬业、乐业是一种美德,勉励人们要"忠诚敬业、锐意进取、勇于创新、乐于奉献,努力作出无愧于时代、无愧于人民、无愧于历史的业绩。"②《新时代公民道德建设实施纲要》中,"爱岗敬业"是职业道德的首要内容,"爱国奉献"是个人品德的首要内容。"敬业"就是忠于职守、尽职尽责,对自己所从事的工作具有高度的责任心和荣誉感;"奉献"就是要不计报酬地为社会、他人、集体服务。和平时代,对于每个国民而言,敬业奉献就是对国家最起码的尊重和热爱。"奉献"是"爱国"规范的逻辑延伸。这就要求我们忠于社会主义建设事业、忠于所从事的本职工作,怀着真挚的感情,投入全部的身心精力,毫不保留贡献我们所有的智慧和力气。

其三,忠于信仰。忠有"一"义,即忠诚无二,一心一意,坚定不移之意。《忠经·天地神明章第一》曰:"忠也者,一其心之谓也。"忠于信仰是忠于真理、忠于正义在新时代的要求和体现,即要

---

① 孙中山:《三民主义》,东方出版社2014年版,第65页。
② 习近平:《对邹碧华同志先进事迹作出的批示》,《人民日报》2015年3月3日。

忠于对马克思主义、对共产主义理想的信仰。古代社会的人们相信"善恶报应","从善"的原动力在于追求"行善"所带来的功利效果,同时畏惧恶行带来的灾难性后果。但随着人们对事物发展的规律性认识的深化,"善恶报应"的信念发生了动摇。旧的信仰崩塌,新的信仰如若不能及时建立起来,这个社会就处于极度的危险境地。一个没有信仰的社会,就会没有底线、没有敬畏、没有精神气量。"共产党人的本,就是对马克思主义的信仰……我们要固的本,就是坚定这份信仰、坚定这份信念、坚定这份忠诚。"① 我们所说的信仰不是盲目的轻信,而是建立在理性确认基础上的笃定。坚持马克思主义的辩证唯物主义者认为,检验理论的真理性不是在理论自身的圈子里打转,而是要跳出理论,用贯通于主观世界与客观世界之间的实践桥梁去检验,从而证明思维的彼岸性。实践证明,中国共产党正是坚持以马克思主义为指导,才完成了变革中国社会的艰巨任务,救人民于水深火热之中,走出了王朝易姓、改朝换代的老路。革命胜利之后,中国共产党又用70年时间探索中国特色社会主义建设和改革之路,谋求中华民族的伟大复兴。同样,在这个过程中,正是运用马克思主义的基本理论和方法,才解决了中国特色社会主义理论、道路、制度建设问题,实现了从站起来到富起来、从富起来到强起来的宏大目标。伟大的实践,证明了马克思主义的科学性和真理性。忠于真理、忠于正义的品质,要求我们有科学的认识和理性的判断,能够坚定不移、忠一不二地以马克思主义为指导,以共产主义为最终奋斗目标。"产生信仰需要勇气,也就是要能承受风险和准备受到痛苦和失望。一个把苟安和无忧无虑作为生活基本条件的人永远不可能有信仰。"② 在新时代中国特色社会建设事业进程中,无论存在怎样的缺点与不足,无论遇到怎样的困难和挫折,都需要有勇气忠诚我们的信仰而毫不动摇。

---

① 《习近平谈治国理政》(第2卷)外文出版社2017年版,第326页。
② [美]艾·弗洛姆:《爱的艺术》,李健明译,上海译文出版社2011年版,第154页。

爱国奉献、爱国敬业、爱国守法、大公无私等都是公忠的新时代继承转化。"一个忠于理想、忠于道义、忠于事业、忠于祖国和人民的和谐社会充满无限希望。"① 传承传统忠德的合理内核,改造、转化陈旧的形式规定性,赋予其新时代的意涵,将为中国特色社会主义建设事业提供强大的精神力量和道德支撑。

二 正义

孟子和宋儒讲仁义礼智"四德",《管子》讲礼义廉耻"四维",秦汉人讲仁义礼智信"五常"。在这些常见的提法中,"正义"是非常重要的一项美德,既是判断人在对待"利"的问题上的一个重要标准,也是判断个人道德境界高下的衡量尺度。孟子讲"羞恶之心,义之端",人人都有羞恶之心,这种道德情感具有稳定性和普适性,不会随着社会制度、经济条件的变更而改变,是"正义"美德的质料部分;对于"义"本身的规定性以及如何理解和阐释,却呈现出历史性和时代性的特征,为"正义"美德的形式。"正义"美德的创造性转化就在于对"正义"德性之形式的转化,尤其需要从公正的角度理解正义,因为"公正是我们中国人最缺乏的一种观念,经常被摆在非常次要的地位"。②

(一)"义"之意涵的转化

"'义'作为中华传统美德范畴,古代贤哲对'义'有多种不同论述和理解,义德也体现为多种具体行为。其基本内涵是威仪、友谊、情谊、美善、公平、正义、适宜。……义德的具体内容为尊兄、敬长、敬上、尊贤、公平、正义、无私、禁民为非、尊重和保护财产,反对侵凌、兼并、残民的不义战争等。"③ 但对"义"最通行也最为大家认可的解释还是"义者宜也。""宜"的基本涵义是合适、

---

① 王泽应:《忠德论》,《河北学刊》2012年第1期。
② 周宪、童强主编:《现代与传统之间》,北京大学出版社2010年版,第43页。
③ 荆惠民主编:《中国人的美德——仁义礼智信》,中国人民大学出版社2006年版,第72页。

正当、应该,但在不同的价值观念体系中"宜"之标准却存在差异性。儒家"义"的标准是"仁",符合"仁"的道德规范便为"宜"。孟子将"仁""义"并举,要求人们"居仁由义"(《孟子·尽心上》)。此后,仁与义经常并用,甚至"仁义"成为道德的代称。但就"义"与"仁"的关系而言,"仁"是根本性的总德,"义"服从仁爱原则。这就使得"义"的公正性、合理性要放置在传统社会的专制体制、人伦关系和宗法血缘之中去理解。由此,传统"正义"美德不可避免包含着不能逾越尊卑、贵贱等级分位等界限的意思。

在传统社会,"义"虽包含有正确决断、裁制,采取最为适宜、恰当行为的含义,但完全是在等级制框架内的适宜。"义"的出发点应该是社会整体的"大利",专制体制下所谓"大利"却是虚幻的、不真实的,仅代表统治阶级集团的整体利益。董仲舒说:"大小不逾等,贵贱如其伦,义之正也。"(《春秋繁露·精华》)"义是对等级区分、等级权益的自觉维护和尊重。"① "正义"反复强调的"正当利益",也不过是人人按等级、按阶级所应得的利益,这种在统治阶级视为理所当然的"公平正义"掩盖着实质上残酷的阶级剥削与极大的不平等。新时代,我们需要依据中国特色社会主义价值体系的要求来坚守道义、实践正义。党的十八大明确指出,公平正义是中国特色社会主义的内在要求。我们所说的"义",是指国家和人民的根本利益。"正义"作为新时代道德体系中的内容,要求放置在政治民主、人格平等和人身自由之中去理解。新时代的社会主要矛盾已经转化为人民日益增长的美好生活的需要和不平衡不充分发展之间的矛盾。解决社会主要矛盾,推动人自由全面发展,促进社会整体进步,需要公平正义的社会制度作为根本保障。

"公正"是社会主义核心价值观社会层面的价值目标。公平正义社会的构建,离不开全体公民"正义"美德的培育。"正义"包含着"公平"、"正当"和为了国家、集体利益而不惜牺牲和英勇献身的精

---

① 张锡勤:《中国传统道德举要》,黑龙江大学出版社2009年版,第21页。

神。在新时代历史条件下,"正义"美德应该体现对社会公正的维护和追求,促进社会资源的合理分配,其核心要义是"正义奉公"。这里的"义"是"国家的利益"、"人民的利益",是坚持"以人民为中心"的"义",是增进人民福祉的"义"。习近平总书记说:"我们讲促进公平正义,就要从最广大人民根本利益出发,多从社会发展水平、从社会大局、从全体人民的角度看待和处理这个问题。"① 具体到个人而言,"正义"意味着身份地位平等基础上的"所得应得"。"公正的也就是守法的和平等的;不公正的也就是违法的和不平等的。"② 亚里士多德谈正义美德首先要求人们守法,用外在法律引导人们的正义德行。法律在阶级社会是统治阶级意志的体现,本身就与公正、正义相背离。在社会主义制度下,法律体现的是全体人民的共同意志,正义与法律并行不悖。在继承传统"正义"美德的基础上,同时借鉴亚里士多德的正义观,新时代的"正义"美德,首先要求在共同生活中尊重社会主义法律,其次要求在个体之间尊重平等人格。具体来说,就是转化为社会主义道德体系中的公平正义、办事公道、为人正派、扶贫济困、扶弱助残、奉公爱国、利群利民等品质内容。

(二)由"律己"转向"律他"

传统社会的"正义"是对道德主体提出的规范要求,体现为"律己",是利他主义道德原则的一种体现。新时代我们倡导"正义"美德,根本的道德要求是"律他",是对纯粹利己或利他的一种超越。

义利冲突之际,道德主体如何优先选择,表明不同的价值取向,同时也在人格境界高低上见分晓。儒家主张先义后利、以义为上。孔子讲"君子喻以义,小人喻于利"(《论语·里仁》),"不义而富且贵,于我如浮云"。(《论语·述而》)孟子进一步发挥孔子思想说:"杀一无罪,非仁也。非其有而取之,非义也。"(《孟子·尽心上》)

---

① 《习近平谈治国理政》,外文出版社2014年版,第96页。
② [古希腊]亚里士多德:《尼各马可伦理学》,廖申白译注,商务印书馆2003年版,第128—129页。

不应该由自己所得的东西，却取了过来，就是不义。朱熹说"义"是"行其所当行"（《朱子语类》卷六）。在这些论说中，"义"均含有"应当"、"正当"的意思，即尊重别人的所有权，不侵犯别人的利益。简言之，传统社会"正义"的要求在于"自正"，而不是"正人"。汉代董仲舒讲得十分明确："以仁安人，以义正我"，"义之法，在正我，不在正人。"（《春秋繁露·仁义法》）。仁是待人的基本原则和规范，义则是待己的基本原则和规范。在这个意义上，我们说传统"正义"是"律己"的美德。但事实上，道德不仅具有理想性、自我约束性和利人的特性，更为根本的是维护自己正当个人利益的本性。出于这个本性，"正义"就要求同时转化为一种"律他"美德，通过约束外在于己的"他"维护自身正当利益与社会正义。

这里，"律他"之"他"，一是指"制度"，二是指"他人"。近现代西方思想家把"正义"看作社会制度的首要美德。罗尔斯在他的《正义论》中明确指出，他的正义的对象是社会的基本结构——即用来分配公民的基本权利和义务、划分由社会合作产生的利益和负担的主要制度。① 借鉴西方的美德观念，我们在注重个体美德培育的同时，也不容忽视正义制度的建设问题。"正义"不仅是评价人的行为的道德标准，也是评价社会制度的一种道德标准。新时代的"正义"除了蕴含着义利冲突情景下能够做到"见得思义"，更要凸显的是"公正"与"平等"之意，而制度的保障是最为根本的。习近平在中共十八届三中全会第二次全体会议上指出，"不论处在什么发展水平上，制度都是社会公平正义的重要保证。"② 没有"正义"的制度，人的正义行为没有依托和保障，公平正义的价值目标终难实现。另一方面，在实践中，除却对社会制度、政策问题的理性主张和建议，对于官员不公正行为的检举揭发，对于消费权益的正当维护等，也是新时代正义美德的体现。虽然与普通公民的正义品德相比，作为社会公

---

① ［美］约翰·罗尔斯：《正义论》，何怀宏、何包钢、廖申白译，中国社会科学出版社1988年版，第58页。

② 《习近平谈治国理政》，外文出版社2014年版，第97页。

共权力代表者的官僚管理阶层的正义德行对于维持社会的正义局面，防止和消除社会非正义的例外有着更为重大的影响，①但包括政府官员、普通百姓在内的全体国民都能够积极培育和践行公平正义的美德，才能营造公平的社会环境，保障社会和谐稳定。"正义不属于任何人，不属于任何阵营，不属于任何政党：每个人都有义务去捍卫正义。……正义不由政党维护，而由组成政党或反对政党的个人维护。正义并不存在，只在有正义之士挺身捍卫它的时候，正义才是一种价值观。"②尽管每个人的思想、言语和行动可能都显得微不足道，但当每个人都投入到改造社会的行动中，却能够汇聚成巨大的推动力。每个人在观念的转化和行为的不断矫正中实现了自我完善，所汇聚的力量则能够实现对社会既存不完善状态的修正，并一步接一步逼近全新的社会理想构型。

（三）"正义"价值目标的转化

"正义"作为道德取向，作为在个体道德选择冲突下解决问题的正确方法无可厚非，但作为绝对的社会价值目标未免失之偏颇。

儒家的"义利观"并不一般地反对利，只是在义利冲突情况下，主张"义"优先于"利"，"以义为上"、"义然后取"（《论语·宪问》），用"义"规范求利行为。可以说，在普遍重利的现代社会，强调"正义"仍具有重要的现实意义。"义"是人的精神追求和需要，与"利"相比具有更高价值，但社会发展是以物质利益为基础的，一味强调"义"本身的崇高价值，不允许人们有任何谋利计功之心，客观上势必导致人们对促进物质利益的忽视，"富强"目标无从实现。孟子见梁惠王曰："王！何必曰利？亦有仁义而已矣"。（《孟子·梁惠王上》）他认为治国之道，利在义中，只要社会仁义道德盛行，国家富强目标自然会实现。事实上，尊道崇德的风气只会为

---

① 万俊人：《正义为何如此脆弱：悠斋静思下的哲学回眸》，经济科学出版社 2012 年版，第 11 页。

② [法]安德烈·孔特－斯蓬维尔：《小爱大德——美德浅论》，赵克非译，作家出版社 2013 年版，第 61 页。

经济的发展提供稳定有序的良好环境，就经济发展本身而言，仍需做另外的专门努力。新时代，我们承继传统"正义"思想，但不会由此走向极端化，这就要摒弃"义自然利"的片面认知。改革开放初期，国家强调效率的重要性、优先性，就是要首先考虑增加社会总财富，把"蛋糕"做大，为保障社会公平正义奠定坚实的物质基础。在实现效率的基础上，考虑如何分配的"公平"或"正义"问题。这种"正义"观念不同于传统社会，只着眼于对有限的社会财富按"义"的标准进行符合等级身份的分配，却不考虑兴利求功以增加社会财富的总量。作为社会价值目标理应包含"义"与"利"两个维度，两者相辅相成、相互促进。从治国之道而言，需要"尚德""兴利"并举，导引人们在道义的约束下谋利求功，这乃是解决义利关系的比较全面合理的思路方法。

新时代，"正义"既是我们提倡的社会美德，也是政治治理所要追求的价值目标。体现的是人们对各方面体制机制和政策规定合理性的要求、对保障人民平等参与和平等发展权利的要求，对实现改革发展成果更多更公平惠及全体人民的要求。这些要求本身就具有"律他"性质，是对正义制度的诉求，也是对他人德行的要求。总之，"正义"作为社会价值目标，仅仅只代表一个价值维度，"正义""兴利"并举才是万全之策。

三　仁爱

在中国古代，仁被列为"四德"、"五常"之首，重仁爱是中国传统道德的重要特色。"仁"的基本释义是"爱人"，这是人的最为基本的感情，也是社会存续的基本保障。仁不像忠为君德或臣德、孝为子德、信为朋友之德那样，他们的对象都是有一定的限制，且往往具有与之相对应的道德条目存在，从这个意义上说，仁则是无对的。这种"无对性"体现了仁的普遍适用性，适用于社会上任何人伦角色，并不特指向某一特定角色。卢梭认为，"只要把自爱之心扩大到爱别人，我们就可以把自爱变为美德，这种美德，在任何一个人的心中都是可以找到它的根柢的。"① 仁爱与同情心是人的普遍的感情，这是"仁爱"的质料。但在传统社会，"仁爱"的形式或说爱的规定性从属于封建宗法等级制度，爱的对象和爱的先后、情感程度、方式方法，都是需要创造性转化的着力点。

（一）道德结构体系中地位的转化

孔子真正实质性的对"仁"的规定只有三条："己所不欲，勿施于人"；"爱人"；"己欲立而立人，己欲达而达人"。简言之，爱和忠恕。在当下的陌生人社会或说公民社会，这三条规定使得"仁爱"有资格转化为道德体系的核心，成为根本的道德原则。

应该说，在仁与孝的关系上，"孝"就是覆盖于仁之上的儒家的特定的限制，这样就把本来可以当作普遍价值的命题变成了只具儒家特色的命题。从爱的情感发生的逻辑来讲，我们必然是首先爱自己最为亲近和自己最为需要的人，爱父母必定是爱的最原初的感情。但从道德原则的维度，如果把"孝"作为根本的道德原则，只能导致私心泛滥，礼法被践踏，社会陷入混乱无序。而"仁"是一个他者的视角，是由自我出发对他人的尊重和友善，是他者的在场。正如康德所说，任何时候都不应仅仅把人当作工具，而应同时当作目的。② 以"仁"为根本原则，对家庭成员而言，就是孝悌的践履；对陌生人而言，就是要团结互助、友好和善。亚里士多德就区分了"友爱"和"友善"：对熟人而言，因为有情谊就表现为"友爱"，对陌生人的尊重就表现为"友善"。友善"同友爱的区别，在于它不包含对所交往的人的感情。"③ 在社会主义核心价值观的范畴中，友善是重要的公民道德，这是在与陌生人的交往关系中处理利益冲突的重要道德原则和规范，它要求我们能平等地对待每一个人，尊重每个人的人格尊严

---

① ［法］卢梭：《爱弥儿》，李平沤译，商务印书馆2006年版，第356页。
② ［德］康德：《道德形而上学原理》，苗力田译，上海世纪出版集团2005年版，第53页。
③ ［古希腊］亚里士多德：《尼各马可伦理学》，廖申白译注，商务印书馆2003年版，第117页。

和正当权利。人类有相同的生理构造，相同的嗜好和追求，人同此心，心同此理，所以忠恕之道被各种文化广泛认同为人际交往的黄金法则。当我们谈论"仁"的时候，需要把"孝"放在括号内存而不论，有"仁"之人肯定有孝心。孝是仁在现实中的一个实例或特例，无论当今社会孝老爱亲美德如何被人们所需要，孝也不能作为仁之本。朱熹言：仁是根，恻隐是萌芽。亲亲、仁民、爱物，便是推广到枝叶处。(《朱子语类》卷六) 其实质，仁才是孝之本，孝是仁上面生长出来的片面枝叶，"仁"心是普适的，应该高于"孝"的原则。这种"孝"与"仁"地位的转化，是把孔子从政治角度谈"仁"与"孝"的关系，还原到原本的道德角度去谈。

(二) 仁爱观念的现代转化

"仁爱"观念的现代转化，就是要剔除其"爱有差等"的等级观念。"爱有差等"是一个重要的人性法则，是基于人性经验观察的结论。任何一个人，总会对自己最为亲近的人感情更为浓烈一些，爱的程度更深沉一些。具体说，爱父母必然超过爱家人，爱家人必然超过爱乡人，爱乡人必然超过爱国人，爱本国人必然超过爱他国人。这样的差别遵循着愈近而愈先、愈亲、愈厚的人性原则。也正是在这个意义上，人们质疑墨子的"兼爱"思想，人们是否能够做到"爱人之父如爱己父，爱人之子如爱己之子"。基于人性经验客观事实的观察，儒家从"事实"层面直接跃升到"应该"层面，"爱有差等"被儒家视作"仁爱"的必然规定性。当"爱有差等"用作一个道德原则，维护的就是专制等级制度，与现代社会人们追求的基于平等观念之上的平等价值相违背。"爱有差等"很容易解构"爱"的"双向义"从而发展为一种"单向义"。指向单向的道德义务，那就是下对上的爱，子对父的爱，妻对夫的爱，使处于"卑"位者处于完全牺牲自我利益的不对等的地位。中国特色社会主义进入新时代，平等、自由、公正、友善是社会主义核心价值的重要内容。"爱人"仍是我们当下社会所需要的美德品质，但爱的对象的规定性发生了转化。建立在自由平等身份上的"仁爱"美德，表现为热爱人民、关爱他人、乐于助人、团结友善、和谐相处等道德品质。

（三）对象范围的向外推衍

儒家的仁爱虽然以亲亲为本、为重，但向外推衍就具有爱一切人、爱所有物的胸怀，正所谓"亲亲而仁民，仁民而爱物"（《孟子·尽心上》）。新时代的"仁爱"美德推衍至政治领域，体现为民主制度下的重民本的美德；推衍至国际关系领域，体现为"人类命运共同体"构建下的"爱类"意识；推衍至生态环境领域，体现为"生命共同体"观念下的"生命之爱"。

首先，"仁爱"推衍至政治领域。中国古代政治理念往往以伦理观念为价值基础，因此，道德就会推衍至政治领域，贯彻体现在政治治理过程中。仁爱在政治领域的推衍就是要以仁爱之心行仁政、重民本。当今，"仁爱"思想可以转化为"以人民为中心"思想的一个重要方面。但"仁爱"思想推衍到政治治理中的"仁政"或"民本"思想，却不可与现代公民社会的"民主"简单相比附。传统的民本思想主要是对统治阶级而言，只是君臣关系对立到一定程度时的产物。孟子曰："民为贵，社稷次之，君为轻。"（《孟子·尽心下》）他肯定人民相较于国家社稷和君主的重要性，把"为人民"看作是政治活动的根本目的。但同时他又讲，"据下位而不获于上"（《孟子·离娄上》），这是对民众参与政治事务权利的否定和剥夺。习近平指出，"众人的事情由众人商量……是人民民主的真谛"①。"以人民为中心"的思想理论是对传统民本思想在社会主义政治民主制度下的继承、发展和转化，"既要满足人民在社会生活中当家作主的需要，又要满足人民在政治生活中当家作主的需要"②。继承重民本的美德，一是要求官员进一步强化为人民服务的思想意识，提高执政者的道德责任感，做到"情为民所系、权为民所用、利为民所谋"；二是以重民本的传统促进现代民主建设，改善干群关系，接受人民监督、当好

---

① 《习近平谈治国理政》（第2卷），外文出版社2017年版，第292页。
② 闫咏梅：《人的需要："以人民为中心"的逻辑出发点和实践立足点》，《新疆社会科学》2020年第3期。

人民公仆，提高执政水平。习近平指出："民主不是装饰品，不是用来做摆设的，而是要用来解决人民要解决的问题的。"① 广大干部树立重民本的意识，必然会"识民情、接地气"，保障民众的民主权利，促进服务型政府的构建和完善。

其次，"仁爱"推衍至国际关系领域。中华传统美德重视的是"关系"中的伦理，把人作为关系中的存在去界定。"关系"可以指两个人的关系，家庭中的关系，社会范围内的关系，还可以是"天下"范围内的关系。只要"关系"存在，仁爱就有它的存在价值和必要。习近平总书记的人类命运共同体思想就是对"仁爱"美德精神的弘扬、继承与发展，是在交往关系中把"仁爱"向最大作用范围的"推衍"，是符合时代精神和未来发展趋势的"推衍"。《周礼》中提出六行：孝、友、睦、姻、任、恤，体现了典型的"仁爱"由内向外"推衍"的逻辑过程。由父子关系到兄弟、到九族、到外亲、到朋友、到陌生人，层层辐射和推进。这个"推"打破了伦理道德作用范围的固定化界限，是对封闭的否定，是宽广的开放，是一种无限的可能性。"仁也者，仁乎其类者也。"（《吕氏春秋·爱类》）它使"仁爱"不再具有狭隘性、限定性和排外性，表现了超越性和包容性的特点，体现的正是中华民族"厚德载物"的宽厚精神。具体来讲，人类之爱的表达除了以人道主义的捐助方式帮助处于紧迫困境中的人，以切实促进他们的善的事业，"仁爱的人也许还应当促进不同地区和不同民族的人们之间的了解与沟通，以及促进各个民族发展适合其文化特质的健全的社会制度"②。

最后，"仁爱"推衍至生态领域。孟子讲"亲亲而仁民，仁民而爱物"（《孟子·尽心上》），亲亲、仁民、爱物是爱之差序的三个层级。唐代韩愈与孟子一脉相承，他对仁提出新的界说，即"博爱之谓仁"（《原道》）。博爱即是一种广泛的爱，不仅施爱于中国，还应施

---

① 《习近平谈治国理政》（第2卷），外文出版社2017年版，第296页。
② 廖申白：《伦理学概论》，北京师范大学出版社2009年版，第339页。

及"夷敌"甚至"禽兽"(《原人》)。张载从人和物皆具"天地之性"出发,在其《西铭》中提出"民,吾同胞;物,吾与也"的命题。在当时等级森严的阶级社会,"仁民"、"博爱"和"民吾同胞"都是阶级的道德原则的体现,无疑带有理性主义的色彩。但这些观念的提出,毕竟突破了宗族血缘关系的樊篱,其进步意义不可低估。这种"突破"具有强大穿透力,最终把"爱"的范围和界限推衍至"山川鬼神鸟兽草木也,莫不实有以亲之,以达吾一体之仁"(《王阳明全集》卷二十六,《大学问》)。爱亲人、爱同类,同时爱天地万物,这是一种超越主观主义、超越西方人类中心主义的仁爱。从传统文化中汲取思想营养,习近平总书记提出"生命共同体"的命题,体现的是人类的谦卑情怀,也是对生命存在关系的一种高度自觉意识。人类对整个生命世界都有所依赖,人需要同这个世界保持友好的关系,"是故立必俱立,知必周知,爱必兼爱,成不独成"(《正蒙·诚明》)。《庄子》说:"爱人利物之谓仁。"(《庄子·天地》)人类在"成己"同时还要"成物"。"成物"从禁止的否定意义上讲,就是使我们的生命伙伴有适合它们自己的良好状态,不要毁伤;从积极有为的肯定意义上讲,就是施加人类的影响时,无论生命物还是非生命物,要因循事物的本性来促发、成就它们。从亲亲、仁民到爱物,这种"仁爱"之情由近及远扩展到自然界创造的所有物。尽管这种感情不同友邻之爱、同胞之爱、同类之爱,而表现得越来越趋向稀薄、轻盈,但我们深切感受到了人类作为一种生命物与其他生命物、存在物的相互关联性。如果人类随便把非人的生命看作是没有价值的,那么最终将陷入认为人的生命也是没有价值的危险之中。人类的同情心、仁爱之心不仅需要拥抱人类,还需要拥抱动物。没有对所有生命的尊重和爱护,人对自己的尊重和爱护也是没有保障的。

四 孝慈

孝慈,是处理家庭内部父母与子女之间关系的道德规范。"孝"是对为人子女(尤其是子)的规范,"慈"是对为人父母者的规范。

作为历史上形成发展的孝德，时代性与局限性在所难免。但"承认古代孝中有封建愚昧的东西，并不意味着就否定孝是传统美德。孝的主导方面，孝的基本内核是精华，是人类崇高的思想感情。"① 对父母亲的爱与尊敬的思想感情是自然的、人类共通的感情，具有普遍性和永久性意义，这是孝德的质料部分；传统孝德的道德地位、践履方式、精神实质等形式的规定性，又需要契合现代生活和价值观念进行创造性转化。

（一）道德地位的转化

《孝经》载："夫孝，天之经也，地之义也，民之行也。"在整个传统道德体系中，以"孝"为核心，以孝德为"元德"。就"孝"与"仁"的关系而言，"孝为仁之本"。孝德地位的转化，即是要以仁为孝之本，把孝德还原为家庭范围内的德性。

中国古代人主要的生活空间不是在公共场所，而是在家庭或家族范围内，这就决定了中国传统伦理道德的重心在于家族伦理而不是公共生活伦理。又由于中国传统家庭在本质上是血缘共同体而不是婚姻共同体，家庭的结构重心便是父子关系，而不是夫妻关系。"孝"作为调节规范父子关系的伦理道德，便具有了重要的道德地位。"在中国传统文化价值等级中，孝是第一价值，'百善孝为先'，认为在各种美德中，孝乃是人类社会的'第一美德'"。② 《论语》开篇即言：君子务本，本立而道生。孝弟也者，其为仁之本与！（《论语·学而》）这是讲"孝"具有比"仁"更为重要的道德地位，处于道德价值序列的最高位置，"仁"服从"孝"的道德原则。经济基础决定上层建筑。尽管传统思想总是试图在情感领域对"孝"达到自我理解，但在情感内涵的背后起决定作用的仍然是家庭所具有的经济生产职能。"孝为仁之本"的历史合理性在于，传统社会的家庭承担着人自身再生产与社会经济再生产的双重职能。儿子对父亲的绝对服从，其

---

① 藏乐源：《孝的思辨》，《中华文化论坛》2004年第1期。
② 万俊人：《传统美德伦理的当代境遇与意义》，《南京大学学报》（哲学·人文科学·社会科学）2017年第3期。

实质是劳动者对管理者的绝对服从，家庭关系对经济生产关系的服从。当这种服从被理解为对养育之恩的尊重和报答之时，"孝"便变得符合亲情之天性，具有了血浓于水的坚忍。

在新时代的道德体系中，孝德被还原为家庭领域内的美德。"孝为仁之本"的理解，应该放在道德修养理论范畴中。"孝"应被看作是养成其他美德的基础，是道德修养过程中由近及远的始端。可以说，孝是一切道德的内在精神源头和基础，是"行仁""行德"之起点。"孝不仅是'德之本'，也是'教之所由生'，我们要重视孝这种始德、首德的作用"①。但当把"孝"理解为最高的道德原则，则需要进行"现象学的还原"。孝"不是一个能够应用于公共社会中的普遍原则，而只是运用于狭隘的家庭内部的情感原则。"② 还原到"孝"本身的作用范围，回归家庭伦理的地位。否则"孝"的地位被人为抬高，"孝"的消极社会作用便会发生。将产生为了"孝"什么也可为、能为的普遍社会心理，并且并不觉得有什么不妥，反倒为自己的孝德而心安理得。当行孝的道德义务凌驾于其他所有的道德义务之上，社会正义、敬业、友善、诚信等无从谈起，甚至法律制度都将被蔑视和践踏。《新时代公民道德建设实施纲要》中提出要"自觉传承中华孝道"，这是中央文件首次对传统孝道的正面肯定表达，"但仍然只是把它放在家庭道德、家教家风建设中讲的，这无疑是正确的。"③

（二）精神实质的转化

从伦理精神的维度，实现传统孝德现代转化最为重要的是"正确处理传统伦理的角色等级秩序和现代伦理的自由平等精神的关系"④，从而建立自由平等基础上的新礼治秩序。孝德的转化，不是完全摒弃传统，而是要在传统和现代之间找到连接点和融合点，实现传统精神

---

① 肖群忠：《传统孝道的传承、弘扬与超越》，《社会科学战线》2010 年第 3 期。
② 邓晓芒：《中国道德的底线》，《华中科技大学学报》（社会科学版）2014 年第 1 期。
③ 肖群忠：《民族文化自信与传统美德传承》，《道德与文明》2020 年第 1 期。
④ 肖群忠：《传统孝道的传承、弘扬与超越》，《社会科学战线》2010 年第 3 期。

与现代精神的内在统一。

孝道之所以被批判的一个重要理据就在于它压抑子辈的个性和蔑视人格平等。正因为如此,多年来我们不敢理直气壮地讲孝。事实上,随着近百年的自由启蒙,现在的代际关系之中子辈的自由平等权利得到了很大程度的发展。自由恋爱、分居独住、拥有个人私有财产、个人隐私被家长尊重、与父母平等交流甚至直呼其名等权利在现代家庭大多被实现,而这些在传统社会则是大逆不道的表现。现代平等精神与孝德的融合,是要遵循建立在身份差别基础之上的平等精神。家庭伦理关系不同于社会公民之间的关系,对待家庭内的私人事情,始终遵循着"爱"的原则,而不是平等正义原则。"不能将二者措置:用自然情感即情的逻辑处理公共事务、分配公共资源,用社会情感即理的逻辑对待私人事情。"① 认可家庭成员之间的人格价值平等,绝不意味着在家庭内要奉行"多劳多得、少劳少得"的正义原则,以付出劳动的多少来决定家庭成员花销的多少;也绝不意味着父母和子女要做完全等同的工作,得到同等的照顾和呵护。亲子关系是一种长幼关系,自然存在着差别和等级。子女幼儿时期父母精心养育,小心呵护,父母年迈时期子女怀抱报恩之心,体贴关爱、赡养供奉父母。这种建立在自然秩序上的生命互养、相互呵护才是一种家庭伦理意义上的平等和正义。尽孝"并不是不平等,并不是在父母面前低三下四,而是对父母的一种爱,一种敬,一种报答。孝敬和平等不平等风马牛不相及。"②

(三)践履方式的转化

中华传统美德体系之中,家庭美德具有其独特而丰厚的资源优势,但我们缺少对这一资源的社会学梳理和人类学阐释,只是简单地借用或利用传统儒家家庭美德的理念或原则来指摘、批评现代社会对家庭伦理关系的轻视。从社会学、人类学的角度,能够更清楚透视家

---

① 宴辉:《转型中国:伦理基础变迁及其重建》,《道德与文明》2016年第1期。
② 藏乐源:《孝的思辨》,《中华文化论坛》2004年第1期。

庭美德的道德精神之所在。就"孝"的起源来讲，它并非是圣人强加于民众的外在约束，而是民众对祖先和父母的一种自然而然的仁爱、崇敬的感情，是一种基于"性本善"的人文精神，是超越肉体的有限存在而在人生"此岸"达致不朽的实践路径，是人类道德精神的延续和传承。新时代的社会生活与传统社会相比发生了巨大的转变，但人类对父母的自然情感不会因为外在条件的变化而改变。因之，我们需要根据新时代的条件、新时代人民对美好生活的理解和期许，转变孝行的践履方式。但正如马克思所警示的，要谨防"泼洗澡水的时候连婴儿也一起泼掉"。否定、转化孝之形式规定局限性的同时，一定要保留其合理的质料内核，进行创造性的理解和诠释。

其一，"父母在不远游，游必有方"的孝观念，在很多现代人看来是必须抛弃的糟粕，因为这是对子女行动自由的限制。但深挖其间蕴含的道德精神，却发现有着极大的合理性。在传统社会由于交通与信息技术的限制，一旦子女远游，父母很难获得子女的有关信息。作为父母，对子女的牵挂之心是一种最近乎本能的自然感情。孝德很重要的内容之一就是子女能让父母免于牵挂，免于出于担心子女安危的焦虑感。现代社会，子女有远游求学的自由、赴他乡任职打工的自由、远游休闲娱乐的自由，这是现代社会赋予人们的一种自由精神在家庭伦理关系中的充分体现，也体现了孝道观念的普遍转化。但在批判"不远游"的传统观念形式的同时，不能抛弃其合理的精神内核。孝的根本精神是尊敬爱护，包括体悟"可怜天下父母心"的深情厚爱。新时代条件下，当现实空间践行孝道出现困难，变得不再现实，需要转化为虚拟空间行孝的形式，作为重要补充。"远游"时，利用现代通信技术与父母沟通和联络，一方面时常告知父母自己的现状与行迹，免除父母的牵念与担忧，以报平安方式让父母心安体安，另一方面及时了解父母的身心健康状况，帮助他们解决生活中的问题和困难，给予他们精神上的关怀和慰藉，是现代社会对孝德精神的发扬。

其二，"三年无改于父之道"也是传统孝道备受批评的靶子。孝，就其最初的含义而言并非"善事父母"的子德，而是"建立在祖先崇拜基础上的'尊祖敬宗'的宗教道德,体现着一种返本报初的道德精神和'继志述事'的历史责任感。"①"无改于父之道"是对父辈宝贵经验的传承,对父辈未竟事业的继续,有助于家族事业的承继,从而有利于整个中华文明的发展和延续。新时代历史条件下,民族文化的复兴、民族精神的重塑是中华民族复兴的题中之义。顺承"父之道",尤其从传承民间传统手艺、民间艺术,从世世代代发扬光大家族文化的角度,意义仍是十分深远的。只有年轻一代的参与和传承,才能让民间日趋衰微的皮影戏、剪纸、编织、绣花、狮子舞、塑作艺术、雕镂艺术等得以流传和存活,焕发出生命力。

其三,"不孝有三,无后为大"的观念,更为现代人所不能接受。传统农业社会,家庭发挥重要的经济生产的职能,因此,古代家庭对血统的延续异乎寻常地重视。而家庭的延续、传承都离不开家庭中的男丁。"生男婴则相贺,女婴则溺之",完全是因男女在家庭中发挥功能不同。一个没有男性子嗣的家庭,不仅意味着养老送终问题成为重大忧患,还意味着整个姓氏家族世代相传的血脉的隔断和终结,这宗罪过可大到"对不起列祖列宗"。正是在此意义上,孟子强调"不孝有三,无后为大"(《孟子·离娄上》)。当今社会,人们不再以家庭为单位进行生产劳动,生产能力的大小也不再取决于家庭人口的多少。在社会生产方式发生变革、经济发展水平极大提高,社会福利政策逐步完善的当今,不再依赖家庭生男丁养老,夫妻具有是否生育后代(尤其是男孩)的自由选择权。但当今时代,全世界都碰到了人口老龄化的难题。这就要根据今天社会的需要,对传统孝德作新的解释、新的转化。孝行不仅意味着养老送终,还意味着要承担对家庭、对社会的责任。到了一定年龄就要及时成家生子(儿女),把孩子抚养成人。且无论男女,都要承担起养老送终的义务。在"养老"和"送终"两者之中,实现由"薄养厚葬"向"厚养薄葬"的转化。新时代条件下,如何养老送终,其规定形式要创造性转化,但"成家生

---

① 肖群忠:《传统孝道的传承、弘扬与超越》,《社会科学战线》2010年第3期。

子"、"养老送终"本身却是不能抛弃的孝德本质。

另外，在汉代，为加强专制集权的政治统治，遵循"修身、齐家、治国、平天下"的逻辑思维模式，汉代社会极其重视和推崇"孝"德，"举孝廉"制度的实施，更是为百姓践行"孝"德提供了政治化和制度化的保障。民间甚至兴起"行孝"的竞赛式风气，你做得好，我要比你还要好、还要感人、还要超越。竞赛就会有比较、有高低，孝行由此走向非理性化、损己化，具有反人道主义倾向。新时代，我们提倡孝德，但不是个人获取政治资本的途径和手段。孝行要心诚，以防具有表演性质的伪善；行孝也要科学理性，以免违背人性。

新时代，社会主要矛盾发生了转型，人们的需求从"有没有"的量之需求转化为"好不好"的质之需求。面对中国两亿四千万的老龄人口，四千多万的"失能"老人①，养老问题如此突出，对传统孝德的继承也无疑成为现实的强烈需求。但不可忽视的是，"孝慈"作为伦理规范，是双向的道德权利义务规定。战国时期，甚至把"父慈"看作是首要的，"子孝"以"父慈"为前提，强调父母的道德示范作用。这充分体现了先秦时期人们对于伦理道德认知的理性化程度，对于我们今天的道德生活仍有重要的指导意义。具体来讲，传统的孝慈转化为孝老爱亲、赡养父母、孝敬父母、尊重父母、尊老爱幼、母慈子孝、尊老敬老等体现了现代表达形式的美德内容。

五 明礼

"礼"是"四德"与"五常"中的一项内容，又位居"四维"之首，在传统道德体系中处于重要地位。在西方文化中，"明礼"也被视为重要的美德。法国的哲学家安德烈·孔特-斯蓬维尔认为，

---

① 丧失生活自理能力的老人称为"失能老人"。据新华社光明网，2016 年 10 月 9 日全国老龄办、民政部、财政部在北京共同发布第四次中国城乡老年人生活状况抽样调查结果。调查结果显示，我国失能、半失能老人大致 4063 万人，占老年人口的 18.3%。

"礼貌是第一项美德,而且可能还是一切美德之源。"① 在他看来,良好的举止先于良好的行为出现,伦理道德在开始的时候只不过是礼貌。"明礼"并施以礼貌行为,是人与动物相区别的界限,对"礼"的认同与需求是人的普遍情感,这是对"礼"的转化过程中我们需要保留的合理质料。

(一)"明礼"仍有重要的道德地位

在传统道德体系之中,"礼"具有十分重要的地位。"礼"是内在德性的外化,相较于法律规范,"礼"属于主观法。用"礼"约束人们的行为,主要凭借自觉自律而非外在他律。孔子讲,"道之以政,齐之以刑,民免而无耻;道之以德,齐之以礼,有耻且格。"(《论语·为政》)由此,儒家主张"德主刑辅",利用"礼"的自律性特征提升社会治理效能。

"五常"是传统社会道德体系的重要内容,但"五常"并不是机械的堆加,而是形成一个内在互相联系、互相规定的有机体系。且在"仁义礼智信"的规范体系中,排位越在前的抽象性程度越高,越体现着基本精神与总原则,越往后排位越具体,越能直接为人们行为提供依据。"信"其实可以包含在"义"之中,把"信"从"义"中独立出来,且并列在"仁义礼智"之后,反映出倡导"信"德在当时社会的紧迫性和重要性,也可推知当时社会开始出现背信弃义的不良风气。除"信"之外,"智"与仁的距离最远,联系最松散,是保障"仁"实现的最间接的因素,但又是最为基础性的。"仁,人之安宅也;义,人之正路也。"(《孟子·离娄上》)仁同"宅",具有"内"的意象,义同"路",具有"外"的意象;仁适用于家族内的治理,义适用于家族外的治理。无论仁或说义,离开"礼"的规约,都不能成为现实。也即是说,"礼"在道德对象化过程中起着关键作用,可谓"道德仁义,非礼不成"(《礼记·曲礼》)。孟子讲,"夫

---

① [法]安德烈·孔特-斯蓬维尔:《小爱大德——美德浅论》,赵克非译,作家出版社2013年版,第7页。

义，路也；礼，门也。"(《孟子·万章下》)出门就要与外面的人打交道，与他人相处。出门之外就不是个人自处的状态，要以"礼"示人。礼作为"门"，是一个边界、一种框定，是应当如何与他人交往交际的行为根据。在"五常"的体系结构中，越排在前位的抽象德性越需要后位的具体德行去实践，经由对"礼"的遵循和实践，方可最终"成仁"、"成人"。但"礼"的精髓要义则在"仁义"，"礼"受"仁义"原则的统领。在基于宗法血缘的等级专制社会，"仁"是等差的爱，"义"是等级的义，"礼"自然是等级规范的体现。

新时代中国特色社会主义"五位一体"总体布局中，"文明"是文化建设的价值原则和目标追求。传统礼制的内容体现的是统治阶级的意志，主要维护的是统治阶级的政治权威以及社会的尊卑等级秩序。自从明清开始，以宗法经济为基础的"礼俗"便受到冲击，晚清明初的思想家更是对"礼"进行了尖锐的批判。经过时代的反思，我们重新认识到"礼"所蕴含的积极价值和现实意义。20世纪，我们提倡的讲文明、讲礼貌属于"明礼"的范畴，现今讲的"文明"与明礼也有重叠，一些礼仪专家倡导的礼仪教育也是要继承这一项。社会主义核心价值观的范畴之中，"文明"是国家层面的价值目标，它对应于与经济、政治、社会相平行的"文化"，是社会主义文化繁荣发展的价值目标。在"五位一体"的总体布局中，"美丽"虽然主要指向生态环境的建设目标，但其实质是在"富强、民主、文明、和谐"基础上的综合目标，是具体目标升华后涵盖性更强、更广含的价值目标。人文环境的美丽，国民的谈吐措辞、行为举止之美，也是美丽中国的题中要义。当今社会，人们的规范和底线意识增强，但美德意识颇为淡泊，这就非常需要仁礼彬彬的君子，需要以美德成就文明社会、建设美丽中国。《新时代公民道德建设实施纲要》中，个人品德建设的第一项内容是"爱国奉献"，第二项内容便是"明礼遵规"，可见"明礼"在新时代社会主义道德体系中仍具有重要地位。但当今倡导"明礼"，不再是为了维护少数人的特权与社会等级秩序，而是为了充分尊重所有人的平等人格，尊重每个人的独立价值，鼓励人们在日常生活中养成好品行。"礼"的形式规定，也即"礼"的精神实质、实践模式需要转化。

（二）礼之形式规定的转化

以礼教立国的旧中国，"礼"有明显的区分人之"贵贱尊卑"的意义。"礼"渗透在生活交往的各个层面、各个维度，其功能价值不仅是调整人与人的关系、维护社会稳定，更重要的是维护封建等级统治。孔子强调人的"视听言动"都要符合礼的要求和规定。荀子继承发展孔子的思想，更为重视礼的作用，他视"礼"为"人道之极"、社会治乱的根本。"血气、志意、知虑，由礼则治通"，"食饮、衣服、居处、动静，由礼则和节"，"容貌、态度、进退、趋行，由礼则雅"。（《荀子·修身篇》）是否符合"礼"制要求，成为评价人们一切行为的道德标准。甚至中国古人的服饰颜色、图案花纹影射出来的都是特权、等级和道德观念。传统"礼"的局限性即在于此。

新时代"礼"之"明分"具有新的意涵。荀子认为礼的重要的作用在于"分"，以"分"求"人生"、"事成"、"国宁"，从而致"和"。他体察到"人生而有欲"是一个基本的事实。有欲必有求，"求而无度量分界，则不能不争"（《荀子·礼论篇》），争就会起乱。"先王恶其乱，故治礼义以分之"（《荀子·礼论篇》）。荀子认为"兼足天下之道在明分"（《荀子·富国篇》）。"明分"是"礼"的重要功能。新时代"礼"之分的意涵在于：其一，人们的生活有"私人领域"和"公共领域"的区分；其二，意识到人的价值的独特性，人人有别；其三，非等级身份之分，而是年龄或身处优势、劣势之分。"明礼"体现的是社会的进步，人的文明素养的提高。

新时代"礼"之形式规定具有新的内容。首先，引导国民增强礼节、礼仪、礼貌意识，仍为必要和紧迫。"礼节"是人们在交往活动中表示致意、祝福、问候等惯用的形式。从人际交往角度讲，展现的是个人的品性修养；从国家交往角度讲，反映的是一个国家交往的基本态度。国际交流交往中，重礼节有助于建立良好的国际关系、赢得

第三章　新时代中华传统美德的现代转化

国际声誉,增强国家文化软实力,获得国际社会的认同。《新时代公民道德建设实施纲要》中明确提出要"引导中国公民在境外旅游、求学、经商、探亲中,尊重当地法律法规和文明习俗,展现中华美德"①,展示中国公民的文明素养;"礼仪"强调的是"仪表"、"仪态"、"仪式",是塑造个人或集体良好形象的重要工具。在重大节庆和重要活动中举行升降国旗、奏唱国歌仪式,规范开展入党入团入队等仪式,在特殊纪念日进行烈士公祭仪式,以及恢复开展传统的开笔礼、成人礼、婚礼、祭礼等影响深远的日常礼仪,不仅必要而且意义宏大深远。凭借庄严的"仪式感",能够赋予活动以崇高神圣的意义,使之同日常生活世界相区分。这些承载着丰富的价值内涵和文化意涵的礼仪规程,发挥着净化启迪心灵与坚定理想信念的重要作用。现代社会,礼仪种类五花八门、多种多样,服饰礼仪、电话礼仪、课堂礼仪、乘车礼仪、饭桌礼仪、电梯礼仪等举不胜举。适应现代文明的要求,在相关活动中,我们应恰当遵循礼仪的要求;"礼貌"是人们在交往中表示友好、尊重的行为准则。日常生活中与人相处彬彬有礼、礼貌谦卑,文明用语不骂人、好好说话不抬杠,亲朋聚会不低头玩手机,约定时间不迟到等,体现的都是新时代的美德品质。其次,强调"明礼"与"尊规"相结合。"礼"与"规"都是行为规范。"规"指规则、规矩,比"礼"含有更多的强制性。"明礼"需要首先做到"尊规",树立强烈的规则意识。法令与制度是最大的规矩,道德是最日常的规矩。只有人人讲规矩、守规矩,"坚持法律红线不可逾越、道德底线不可触碰"②,方能维护社会公序良俗。习近平总书记多次强调尊规则、讲规矩在党政建设和社会治理中的重要性,旨在使当今社会在"组织"起来、"活跃"起来的基础上进一步"规范"起来。"人不以规矩则废,党不以规矩则乱……规矩不能立起

---

① 《中共中央国务院印发〈新时代公民道德建设实施纲要〉》,《人民日报》2019年10月28日。

② 同上。

来、严起来,很多问题就会慢慢产生出来。"① 我们要深刻反思,总结经验教训,尤其党员干部、公众人物要率先垂范遵守政治纪律和政治规矩。

(三) 礼之实践模式的转化

形式承载着内容,行礼方式的转化也是其承载的思想观念和象征意义的一种转化。为维护封建等级秩序,古代社会的"礼"复繁、烦琐、僵化,简直无处不在,无事不在,无时不在,大至国际交往,小至饮食起居,渗透在社会生活的每个缝隙之间。尽管也因此中国获得"礼仪之邦"的美誉,但从属于封建宗法体系的"礼"在很大程度上束缚着个体的自由和个性发展,塑造了中国国民因循守旧、安分守己、不思进取的传统形象,从而整体上阻滞了中华民族创新进取能力的发挥。新时代,"明礼"体现的是人类解放基础上的文明进步的自我要求,行礼方式应该契合现代人的生活方式和价值诉求。

其一,转化烦琐、刻板的行礼模式。古代社会,礼俗的具体细微和烦琐程度之深使得人们的生活机械思想固化,缺乏创新和活力。关于居家礼仪,朱熹曾从正反两个方面进行论说,"从礼"即是循"天理",反之则是"从人欲"。"如孔子失饪不食,不时不食,割不正不食,不多食无非天理。如口腹之人,不时也食,不正也食,失饪也食,便都是人欲,便都是逆天理"。(《朱子语类》卷第三十八)朱熹虽然也认为"人情趋于简便",而"古礼如此零碎繁冗"不必"一一尽如古人之繁"。但他也曾明确表示应当如孔子一般"明礼",吃饭不准时、吃一块切得不够方正的肉、吃烹饪方法不得当的食物都违逆了礼制的要求,是"从人欲"之恶。这种远离人们生活实际的超验性、繁缛性的"礼",扼杀人的自由、束缚人的言行,简直使人们无措手脚。一方面,"礼"本身过度严苛的约束和限制,消解日常中人们的生活乐趣和情趣,同时使得人际交往变得复杂微妙,人们不得不消耗大量的精力和时间去经营人情、料理俗事,发展生

---

① 《习近平谈治国理政》(第2卷),外文出版社2017年版,第154页。

产、实现自我的时间和精力就会被挤压缩减。另一方面，过分追求礼的形式还会妨碍人的真情。明代的吕坤曾有言："废文不可为礼，文至掩真，礼之贼也，君子不尚焉。"（《呻吟语·谈道》）礼的外在形式只是为了表现一个人内在的敬让和尊重之心。人如果一味在应酬上经营、客套，礼便成为"伪礼"、"虚礼"，真情真意也就自然少了。

在当今社会，自由的价值越来越被人们所珍惜和重视，"礼"越是具体和烦琐，就越违背人性之自然，也就越容易诱发人们的抵触和反抗情绪。"礼"只有建立在"通民之欲"、"体民之情"、"顺民之性"的基础上，大大简化礼节的冗繁，才能提供给个人更多的自由时间和私人空间，满足个人文明进步的需要。以简易便行的鞠躬、握手、起立、点头、敬礼、注目等肢体行为以及隆重但并不奢华的鸣笛、献花、奏乐等文明方式表达礼节、礼仪、礼貌是新时代的行礼方式。

其二，转化愚昧、野蛮的行礼方式。中国古礼的具体规定极为烦琐，其目的在于使人"明分"而"安分"。人人遵从礼的规定，安于自己尊卑贵贱的等级地位，社会自然和谐安宁。"事实上，礼教吃人即是伦理政治化典型表现。"① 到民国初年随着礼仪改革的深入实施，鞠躬之礼代替了传统社会的跪拜、相揖、请安、拱手等旧式礼节，反映了礼节上的尊卑等级观念被平等观念所取代。再如，传统社会"衣服有制"，正朔服色，向来被视作国家根本之所系，是传统礼仪制度的重要内容。现代社会，变易服饰仅仅是一个事关个人审美爱好的问题，而不再承载额外附加的政治意涵和文化深意。又比如，对妇女而言，不再为礼教守节，不再裹脚缠足，冲破旧礼俗的网罗，读书学习，走向社会，这些反映的都是现代社会的文明进步。陈旭麓先生认为，"废除跪拜之意义不仅在于解放了两膝，而且在于跨过了野蛮与

---

① 李承贵：《德性源流——中国传统道德转型研究》，江西教育出版社2004年版，第257页。

文明之间的历史差距。"①

进入新时代，自由、平等、公正、民主这些思想观念已经深入人心，成为人们一种不言而喻的自觉意识。传承"明礼"的美德传统，并非是传统礼俗形式在现代社会的原版复制与照搬，而是要剥离掉附着在其上的政治外衣，契合现代人的价值观念，适应现代的社会生产与生活实践。《新时代公民道德建设实施纲要》中强调指出，"要紧密结合社会发展实际，广泛开展文明出行、文明交通、文明旅游、文明就餐、文明观赛等活动，引导人们自觉遵守社会交往、公共场所中的文明规范。"② 例如，随着私家车的大量增加，许多地方交通规则和交通设施的不够完善，使得行人过马路成为特别困难、十分危险的日常事务。尤其对于行动不便的老人与独立应对能力较欠缺的少年儿童，过马路就更为艰难，甚至过一条车辆如流的马路可能需要半个小时以上的时间成本。针对这种实际状况，不少城市出台"礼让行人"的交通规则，此举反映的就是新时代行礼方式的转变。"人让车是自然的行为，因为人撞不过车。车让人则是非自然的行为，因此而成为一种文明的成就。"③ 驾车者"礼让行人"蕴含着处于年龄和处境优势者对年龄和处境劣势者的关怀和关爱，体现着尊重而不是歧视、体现着平等而不是尊卑，这是新时代的文明行为和文明风范，闪耀着人本主义的光芒。

今天，我们仍然要传承贯穿在传统"明礼"思想中的恭敬谦让、文明礼貌、有节有序的精神，但在实际践行过程中，却要克服只重形式或虚文的倾向。在传承传统文化的名义下，一些地方组织或培训机构恢复一些古代的形式化礼节，戴礼帽、穿古装、行跪拜礼，是对礼之精神实质的误解和歪曲。形式只是内容和情感的载体，纯粹的形式只是空壳，其中所承载的情感内容和价值观念才是核心与精髓。在此

---

① 陈旭麓：《近代中国社会的新陈代谢》，中国人民大学出版社2012年版，第325页。
② 《中共中央国务院印发〈新时代公民道德建设实施纲要〉》，《人民日报》2019年10月28日。
③ 徐贲：《政治是每个人的副业》，东方出版社2013年版，第272页。

意义上，美德犹如内心的礼貌，礼貌仅是美德的外表，即礼貌犹如身体的美德。美德本身不能完全缺少形式，但美德是礼貌所不能完全代替的。法国伦理学家安德烈·孔特-斯蓬维尔说，"不懂礼貌的诚实人，永远胜过外表温文尔雅的流氓。"① 德国思想家本雅明也有相同的观点表述，他用形象生动的比喻告诫人们："注重交往礼节但时常撒谎的人，就像一个外衣穿着入时，但却没穿衬衣的人。"② 新时代历史条件下，剔除封建礼教的政治等级因素，秉持诚而不伪、隆而不奢的原则，坚持"双向双轨"的平等要求，承继因时变革的损益传统，对于提升新时代的道德文明程度、建设社会主义文化强国仍然具有重要意义。

六　知耻

知耻之心是人的本性之一，它根源于人的社会本性。在我国，历来先贤把"知耻"视为"立人之大节"、"治世之大端"。孔子主张"行己有耻"、"知耻近乎勇"；孟子指出"人不可以无耻"，将羞耻之心看作是"义"的发源地；《管子》中将耻与礼义廉并列为"国之四维"，将"耻"置于更为显著的地位；宋明后，有影响的思想家皆力倡知耻之德。陆九渊曾作专文警戒"人不可以无耻"，龚自珍把晚清衰颓的根本原因归结为"不知耻"，章太炎提倡建立"革命道德"的第一项便是"知耻"。由此可见，知耻具有重要的道德价值，它是人类普遍具有的一种精神需要，"渴望荣誉回避耻辱"是其质料，但以何为耻、以何为荣的形式规定却要进行现代转化。

（一）"知耻"具有重要的道德价值

知耻具有深层道德约束力，乃是增进道德的起始点。正如徐贲所

---

① ［法］安德烈·孔特-斯蓬维尔：《小爱大德——美德浅论》，赵克非译，作家出版社2013年版，第13页。
② ［德］瓦尔特·本雅明：《单行道》，王涌译，北京联合出版公司2014年版，第48页。

判定的,"一般来说,'罪恶'是基督教传统的道德观特征,而'羞耻'更能解释中国的道德观"①。美国学者鲁思·本尼迪克特认为:"真正的耻辱感文化靠外部的约束力来行善,而不像真正的罪恶感文化那样靠内心的服罪来行善。耻辱感是对他人批评的一种反应。……它要求有旁观者,至少是想像出来的旁观者。"美国社会耻辱感的道德作用正在日益增强,罪恶感不如以前强烈了,这种现象被她理解为"道德的松弛"。她评论说,"我们并不认为耻辱也能构成道德的基础,我们并不把由耻辱引起的个人剧烈的懊恼作为我们基本道德体系的原动力。"②鲁思·本尼迪克特对于耻感文化的批评集中两点:一是耻辱感引起的懊恼不能像罪恶那样通过忏悔和赎罪来减轻,无法得到宽慰;二是对不为世人所知的不端行为不会因耻辱感所烦恼,也即耻辱感文化主要是一种他律文化。鲁思·本尼迪克特只是从美国文化自身去理解"耻辱感"和"罪恶感"对民众的道德作用,可见她对"知耻"的作用评价显然有失公允,且她的理解也经不起推敲。我国北宋周敦颐说:"必有耻,则可教"。(《通书·幸》)朱熹认为,"人有耻则能有所不为"(《朱子语类》卷十三)。人首先知耻,才能行为有底线、有所不为;因有求荣誉避耻辱之心,从而保持自律、自制。"旁观者"或"想象的旁观者"是外在约束的力量,但知耻在于把外在的约束变为内在约束,成为道德主体自身的意志约束力。正如鲁思·本尼迪克特所述,这种内心的自愧无法通过忏悔和赎罪来减轻,由此反而可以产生更大、更深层的约束效力。羞耻心乃是人们养成良好品德的内在保证与监督机制,这一见解显然是深刻的。

"知耻"的道德作用在事前也在事后,具有更大的道德建设意义。与荣誉相比较,耻辱包含着更多的主观心理感受成分,它以愧疚、自责、懊恼等心理形式表现出来。也正因此,亚氏在谈论"羞耻"的篇章中首先判断"羞耻不能算作一种德性。因为,它似乎是一种感情

---

① 徐贲:《政治是每个人的副业》,东方出版社2013年版,第65页。
② [美]鲁思·本尼迪克特:《菊花与刀》,孙志伟、马小鹤、朱理胜译,九州出版社2005年版,第160页。

而不是一种品质。"① 亚氏的判定具有一定的合理性。因为如若羞耻是一种品质，它就意味着是一个人一贯的行为，也就意味着一个人常常做坏事又常常感到羞耻。"虽然无耻——即做了坏事而不觉得羞耻——是卑贱的，这也不说明如若去做坏事就会感到羞耻是德性。"② 因为一个有德性的人是不会出于意愿地做坏事情的。不同于亚氏所论述的"羞耻"（仅指行恶之后引起的一种感情），作为美德，中国古人对"知耻"有丰富而深刻的理解。知耻在中国的语境中最重要的涵义是"知耻而不为"，即正因为有对耻辱的恐惧，才约束自己不去做坏事和错事。"知耻"的作用，一是事前动机上的克制，二是事后的悔改心。"克制"能够约束贪欲和自私自利之心，从而使恶行不可能发生；"改过"更是被古人认为具有重要的道德价值。《论语》有言："君子之过也，如日月之食焉：过也，人皆见之；更也，人皆仰之"（《论语·子张》）；明代洪应明也讲"君子而改节，不及小人之自新"（《菜根谭·概论》）；俗语讲"浪子回头金不换"。凡此皆是看重人之悔过自新的价值。人们只要知错改错，就能重新被社会肯定和充分接纳。俗语讲"人无完人、金无足赤"，体现了中国人对人性现实的全面认识和深刻洞悉。倘若"犯错"而"知错改错"能被社会重新认可和宽容接纳，才不至于自暴自弃、一错再错，使恶行无限蔓延。这体现的正是中国古人在道德建设方面具有的深邃智慧和高明见识。

（二）"耻"德的时代局限性

"好荣恶辱，好利恶害，是君子小人之所同也"（《荀子·荣辱篇》）。知耻是人类普遍共通的情感，这是"知耻"所要保留的"质料"。但因羞耻心与是非、善恶、荣辱观紧密联系，在不同的文化观念和社会制度之中，"耻"的形式规定便存在差异性。例如，在日本人的道德心理中，"'流露感情'是一种耻辱，因为这会'暴露'自

---

① ［古希腊］亚里士多德：《尼各马可伦理学》，廖申白译，商务印书馆2003年版，第124页。

② 同上书，第125页。

己。"同时,"只有从容不迫地迎接死亡的危险,才是美德。小心谨慎是可耻的。"①"流露感情"和面对死亡时"小心谨慎",是日本道德文化所耻的内容。而中国古代社会,争讼打官司、寡妇改嫁和自由恋爱、地位卑贱和生活困窘皆被视作为"耻"。这是新时代需因时而变的"耻"之"形式"规定。

第一,耻于争讼、惹官司。《韩非子》有言:"争讼止,技长立,则强弱不觳力,冰炭不合形。天下莫得相伤,治之至也。"这是表述争讼与国家治理之间的关系。争讼频繁说明社会混乱无序,息争讼则体现了国家治理的大好局面。孔子也在作司寇时表述自己的观点说:"听讼,吾犹人也。必也使无讼乎!"(《论语·颜渊》)由此可见,在传统社会并不鼓励人们诉讼。争讼是贬义词,"吃官司"意味着一件羞耻的事情。主张"德主刑辅"的传统社会,法律在社会治理中发挥着补充性的辅助作用,争讼意味着教化无力、治理不善。"诸生服从其教,郡人皆化之,耻争讼。"(《明史·曹端传》)教化得当,则风俗醇美,人皆以争讼为耻。清代朱柏庐训诫、教导其子孙后代曰:"居家戒争讼,讼则终凶,处世戒多言,言多必失"(《朱子家训》)。"惹上官司"作为负向评价,长期影响着中国人的荣辱观念。大家一般对爱打官司的人也多存"敬而远之"的态度,至于"诉棍"则更是一个骂人的头衔。

第二,耻于妇女改嫁、自由恋爱。至于婚恋道德,秦汉之前,中国就有要求女子从一而终的道德规范,到秦之后,守一从一逐渐固定化,成为贞节的主要内容。到了宋代,"忠、孝、节"三种具体德性被提到本体高度而与"天理"直接统一,道德走向了极端化。程颐提出"饿死事小,失节事大"的理论,更是强化了妇女改嫁的耻辱感。对于冲破礼俗约束以及门第观念的自由恋爱,则是对讲究"父母之命,媒妁之约"的古代婚姻制度的违逆,尤其对女性而言,更是一

---

① [美]鲁思·本尼迪克特:《菊花与刀》,孙志伟、马小鹤、朱理胜译,九州出版社2005年版,第155页。

种莫大的"耻"。孟子言:"不待父母之命、媒妁之言,钻穴隙相窥,逾墙而从,则父母国人皆贱之。"(《孟子·滕文公下》)在这样的"耻"文化熏陶下,恋爱中个体的自由意志被否定,由此酿成不少爱情婚姻的悲剧。

第三,耻于低位卑贱、生活窘迫。孔子曾言:"士志于道,而耻恶衣恶食者,未足与议也。"(《论语·里仁》)"恶衣恶食"应是当时大部分人所耻的内容。荀子对儒家耻感文化做了全面深刻地阐发,他把荣辱与人的道德德性、道德义务相联系,使荣辱成为重要的伦理道德范畴。荀子区分了"义荣""势荣"、"义辱""势辱"。荀子的区分反映出当时社会上普遍流行的一种荣辱观:重"势荣"轻"义荣",重"势辱"轻"义辱"。正因"势荣"是民众普遍认同的内容,"势辱"是民众普遍羞耻的内容,作为思想引领者的荀子才着墨强调"由中出者"的"义荣""义辱"。他倡导君子要积极有为,"耻不修"、"耻不信"、"耻不能"(《荀子·非十二子篇》),以期重塑社会"荣辱观"。

进入新时代,人们平等、自由、权利意识增强,制度安排也为实现人民的基本权利提供了坚实有力的保障。在传统社会被视为羞耻的事情,在新时代甚至被鼓励和提倡。诉讼打官司是人们维护自身权益、促进社会公平正义的寻常行为;恋爱自由、婚姻自由不仅在道义上被肯定和认同,而且受国家法律保护;职业只有分工不同,而无高低贵贱之别。生活上简约质朴,而精神世界富足有趣,不仅不被嘲笑反而被当今社会大为倡导。

(三)"耻"德的现代转化

羞耻心的淡化、钝化是当今时代一个值得高度关注的社会问题。没有羞耻之心,人们的行为便没有底线和边界,做起坏事、恶事不但不会良心谴责,反倒可能理直气壮。这一点,康有为说得很清楚:"人之有所不为,皆赖有耻心。如无耻心,则无事不可为矣。"(《孟子微》卷六)新时代,仍需承继中华传统"知耻"美德。当然,由于其内容上的局限性,需要对其进行创造性转化。

倡导正确的荣辱观，关乎全社会道德水平的提高，关乎民族精神的竞争力，关乎社会主义事业的兴衰成败。作为个人，为人处事应以知耻为先、为本，为立人之大节。宋人范浚曾言："夫耻，人道之端也。"（《香溪文集·耻说》）康有为亦云："耻之一字，乃人生第一要事"（《孟子微》卷六）；作为社会主义国家，则应以教人知耻作为道德教育的首要任务。康有为断言"耻者，治教之大端"（《孟子微》卷六），这种认识是十分深刻的。羞耻心作为一道重要的道德堤防，一旦塌陷，各种丑恶必将横行于世。显然，能否激励人们知耻、重耻，是关乎治与教的一件大事。2006年3月，胡锦涛提出以"八荣八耻"[①]为具体内容的社会主义荣辱观。这是对社会主义市场经济条件下的公民基本道德规范的高度概括，旗帜鲜明地表明现代公民应该以什么为荣、以什么为耻，应该肯定做什么和坚决抵制不做什么。它赋予传统荣辱观在政治、经济、社会、人生、人际等方面新的内涵，实现了传统荣辱观向现代伦理价值的转换，树立了新的历史时期下中华民族的道德标杆。社会主义荣辱观是从传统"知耻"伦理引申而来的，是对传统荣辱观的改造、发展和超越。它的核心内容既突出体现了中华传统美德，又具有鲜明的时代特点，可称是中华传统美德现代转化的典范。

中国特色社会主义建设进入新时代，以建设社会主义文化强国为目标，仍然需要我们重视社会主义荣辱观教育。荣辱观与人生价值观上的糊涂认识，能使人们道德失落，甚至僭越法律，蚀损实现伟大中国梦的内在精神气质。深察当今社会存在的种种堕落行为，不得不说与不少人的荣辱观颠倒、错位直接相关。一部分人对于本应感到羞耻的事，却反以为荣到处炫耀，甚至当作时尚潮流津津乐道、盲目效仿。由此，国民知耻心的培养不仅不能淡化，反而要重点加强。继续

---

① 以热爱祖国为荣，以危害祖国为耻；以服务人民为荣，以背离人民为耻；以崇尚科学为荣，以愚昧无知为耻；以辛勤劳动为荣，以好逸恶劳为耻；以团结互助为荣，以损人利己为耻；以诚实守信为荣，以见利忘义为耻；以遵纪守法为荣，以违法乱纪为耻；以艰苦奋斗为荣，以骄奢淫逸为耻。

提倡并践行社会主义荣辱观的同时,也要立足新时代现代化建设实践,进一步拓展丰富其内容。比如,随着生态环境问题的突现,可以增加"以保护环境为荣,以污染破坏为耻"的内容。又比如,随着社会上无视规则、践踏规矩问题的频频出现,可以增加"以遵规守矩为荣,以任意妄行为耻"的内容。这些内容的充实更新,旨在为新时代国民确立道德底线,提高人民思想觉悟、道德水准和文明素养,促进社会主义精神文明建设。

第四章　新时代中华传统美德传承的实践进路

谈论中华传统美德的继承发展和现代转化问题，绝对不能把眼光和话题局限于观念或理论的层面。如果只讲价值和理论层面不谈实践层面，中华传统美德的继承转化就无处扎根，难免沦为无意义的空谈。"一种传统的生成与传递方式，最主要的是生活实践的方式。生活的传统才是观念传统的真实生命之所在。"① 中华传统美德的生命力需要通过人们的道德生活展示出来，这就要求我们回到人民的社会生活，探寻其实践进路。国民的教育引导、道德共同体中的实践养成以及制度的完善和保障对最终实现中华传统美德的发展转化至关重要。

第一节　加强全体国民的教育引导

"生命是道德的基础，生命待教化而成德。"② 生命的存续只是追求人生意义的物质基础，让生命得以道德性的提升才是人生的固有目的。传统美德的养成，离不开教育引导这一前提。

一　注重家庭启蒙教育

启蒙教育是一种关于人自身的人文教育，而不是单纯的专门知识

---

① 万俊人：《儒家伦理传统的现代转化向度》，《社会科学家》1999 年第 4 期。
② 詹世友：《论美德的特征及其意义》，《道德与文明》2006 年第 2 期。

的传授,旨在培养一种高尚的生活方式和人格品德。尤其在中国,自古以来就把家庭看作是社会文明教养、德行培育和文化传承的第一驿站,将家风视为民风国风的第一风向标。

(一) 以弘扬优良家风为着力点

"家风,也称'门风',是一个家庭或家族在世代累居、繁衍生息的过程中形成的较为稳定的生活作风、传统习惯和道德风貌。"① 家教家风与整个社会教育和社会风气有着密切的关联。《周易》有言:"正家而天下定矣。"(《家人·象》)习近平总书记说,"家风是社会风气的重要组成部分。"② 家庭是社会的细胞,在家庭生活中,不仅有物质生活的满足,更为重要的是家风对人的精神世界的浸润。千千万万个家庭受到良好家风的陶冶,社会好风气才有基础。

传统儒家重视"齐家",势必重视家庭教育或教养,形成了家训家戒、家规家礼、家学家传以及治家格言等反映家风文化的丰厚资源。古人深信:"人家之兴替,在义理不在富贵。"(《陆九渊集》卷十二) 只有不断行善的家庭才有好的命运和结果。"积善之家必有余庆,积不善之家必有余殃。"(《周易·坤·文言》)子子孙孙发扬良好家风是家族兴盛、延续不断的根本。在科技水平、社会化程度以及学校教育普及程度相对不高的传统社会,家风家训及长辈的身教是在代际间传承传统美德的主要方式。在现代社会,随着社会流动性增大、大家族逐渐被小家庭替代,由"大家长"承担的教化义务也逐渐被小家庭的核心成员所替代,背诵熟记家训家规也不再是教化的重要手段。同时,随着社会物质财富的增长,生存压力的增大,年轻一代觉得父母的经验已不足以应对现实的生活。这些都是家风传承过程中遇到的新挑战,但并不意味着家风建设失去了必要性。

"家风是传统美德重要的载体,蕴含着深厚的道德根基。"③ 家风

---

① 雷册渊:《小家庭时代,千年家风如何传》,《解放日报》2018年7月16日。
② 《习近平谈治国理政》(第2卷),外文出版社2017年版,第355页。
③ 陈桂蓉:《关于传统美德教育制度化的若干思考》,《思想理论教育》2014年第5期。

文化中的许多教育内容和教育方法，对至今传承弘扬中华传统美德仍有非常大的参考价值。首先，传承优良家风，弘扬中华传统美德。优良的家风是一个家庭的魂魄所在，是家庭成员共享的精神财富，它恩泽于每一个家庭成员，支撑着整个家族或家庭的进步和发展。勤俭、诚信、友善、明礼、谦让等是诸家提倡训示的重要美德。"优良的家风不仅是言传，更是身教"①，它不仅倡导一种道德精神和道德价值观念，而且强调拳拳服膺、身体力行。培育优良家风，就可能营造出传承践行中华传统美德的伦理氛围。每个家庭的核心人物都应责无旁贷地建构各具特色的家风文化，以德善立家，弘扬中华传统美德，形成家庭的凝聚力，促进社会的稳定与发展。其次，传承中有所创新转化。随着社会的发展，传统的家风要与时俱进，被赋予新的意义。站在多元开放、民主法制的时代基点上，结合现代家庭结构的变化和当代核心价值观的要求，有针对性地推动家风建设，实现中华传统美德的继承发展与现代转化，是传承中华传统美德的关键性举措。譬如，传统家风倡导的孝悌忠信、礼义廉耻要通过新的阐释，创新转化为孝老爱亲、公忠爱国、团结友善、明礼遵规等现代的表达方式，转化为对他人的友善、对国家和社会的责任。总之，注重家庭文明建设，发掘良好的家风中蕴含的道德风尚和美德传统，利用家庭教育的独特优势进行中华传统美德教育，将有助于与学校教育形成强劲合力，共同完成以文化人的教育目的。

（二）以故事叙事为主要方法

故事叙事法，就是运用讲故事或读故事的方法进行传统美德教育，即依托故事，析理其中对传统美德的崇尚和追求。故事叙事能够将生动活泼的美德形象、真挚的心灵感动和真切的道德经验融进故事性的情节中，使道德观念通过亲切可感的生动故事情节和自然形象的方式内化为儿童的价值追求。传统文化历经几千年的沉淀，流传着许

---

① 王泽应：《中华家风的核心是塑造、培育与树立正确的价值观》，《上海师范大学学报》（哲学社会科学版）2015 年第 4 期。

多脍炙人口的经典故事。这些经典故事记载和描述了我国古代人民的理想、追求、节操以及生活观念和价值观念，蕴含着重要的道德教育价值，对培育儿童的传统美德具有重要的教育意义。其一，广为流传的神话、童话、典故、英雄人物故事，蕴含丰富的传统美德精神。例如，盘古开天地就蕴含着奉献牺牲的美德精神；大禹治水因势利导蕴含着因循肯为、廉洁奉公的美德精神；女娲补天造人、后羿射日、精卫填海、愚公移山等神话故事，生动体现着中华民族勤劳勇敢、刚健有为、自强不息的美德精神。通过栩栩生动的美德故事，可以使儿童认识到中华文明的辉煌和传统文化的伟大智慧，从而逐步形成科学的历史观，培养他们的文化自信。其二，文学作品、诗词歌赋也是美德故事的主要来源。父母在日常教育中可以充分利用和挖掘文学作品的美德精神，针对孩子的性格特点，有针对性地培养其人格品性。另外，父母也可以亲身经历和日常见闻的美德故事与儿童进行交流，激发他们的美德意愿和美德情感。儿童喜欢听故事，通过故事弘扬传统美德是寓教于乐的过程。在轻松愉悦的氛围中，润物细无声地影响儿童道德观念、激发他们的美德意愿，同时为他们提供日常生活与交往中的行为规范和道德示范。

家长运用美德叙事进行传统美德教育，必须注重经典故事与现代日常生活相联系，发掘传统美德的新时代价值。第一，突破时代局限性，把握并弘扬传统美德精神。譬如，尾生之约、曾子杀猪都是有关诚信的经典故事。但对于发生在古代的故事，一定要具体分析、具体对待，突破特定时代条件的局限性。尾生的做法在生活实践中并不可取，但他恪守道德原则的精神，仍需肯定和发扬。这是他最打动人心的地方，这种情感上的感染，具有强大的感召力和影响力。曾子杀猪是古代人生活实践的反映，现代生活中养猪不再是常见的场景，对此一类故事的讲解就要有所创新，与现代人的生活实际相联系，使经典故事显现出时代气息。否则，儿童极易因故事情节的遥远，无法产生情感上的共通共鸣，而达不到教育的效果。第二，讲故事过程中注重经典故事的真实性。讲故事的人大多会掺杂一些虚构成分，使故事听起来生动有趣富有感染力。但对于来自经典文本记载的真人真事，却要注重保持其"原汁原味"的真实性。历史必然受历史真实性的约束，我们不能以今时今地的思想意识强加于古人。例如，程门立雪的故事，是反映传统文化中尊师重教的典型故事。现在大部分的故事书和儿童读物之中，都描述为杨时和游酢两人为了请教学问，站在院子的雪地中等程颐老师午觉醒来。事实上，两个学生只是为了表示对老师的尊重，在室内"侍立不去"，安静等待老师"瞑坐"醒来，而不去打扰他午休。站在雪地等待，能够强烈渲染学生求学尊师的诚心，但经不起历史和逻辑的推敲。当听者对故事的真实性怀疑，就意味着故事变成了历史的编造，也就难以发挥榜样示范作用了。第三，结合新时代生活场景，教育引导儿童传承传统美德。例如，"狼来了"的故事是要教育儿童认识到诚实守信的重要性，说谎最终只能是"自食其果"，伤害自身利益乃至危及性命。但在现代人的生活场景中，狼出没的概率几乎为零，儿童几乎不再具有对狼的恐惧心，如何让儿童认识到违背诚信的严重后果，这就需要创新转化。家长可以结合当今的生活场景有所发挥，或者补充日常见闻的诚信故事，生动具体且贴近儿童的生活实际。让儿童认识到，无论古今，诚信都是个人的立身之本，也是人类社会存在和正常运行的基础。

（三）以榜样示范为有效引导

榜样示范是传统美德教育的重要方法和途径。家长的榜样示范具有潜移默化、润物无声的特点。颜之推讲："同言而信，信其所亲。"（《颜氏家训·序致》）与其他教育主体相比较，家长的言行对孩子的影响力更大、更深远。十二岁以下的孩子，特别是幼儿的学习方式主要是模仿，这一点在日常行为养成中表现得更加突出。他们与家庭成员朝夕相处，家长是孩子情感上最为接近的人，也是孩子理智上最为信任的人，家长对传统美德的践行状况直接影响着子女的行为观念，且这个影响是长期有效、根深蒂固的。

新时代历史条件下，让传统美德在每个家庭中生根，在每份亲情中升华。一方面，家长要做传承中华传统美德的表率。要求孩子做到的，自己必须以身作则做好榜样示范，首先做到做好。譬如，如果家长能率先垂范，自觉关爱孝敬自己的父母、尊重亲戚长辈，子女在长期的家庭生活中必定受到耳濡目染，自然会感念父母的养育之恩、感念长辈的关爱之情，自觉传承中华孝道。再比如，如果家长从功利原则出发，为获得各种利益资源而常常"背信弃义"，势必传递给孩子不正确的价值观念。一旦当利益和诚信美德相冲突，孩子往往不能做出正确的道德选择。更有甚者，有些家长以当今社会"人心不古"或"诚实守信"只会吃亏等错误认知来误导子女。类似的负面教育，使得中华传统美德难以很好地承续。另一方面，新时代的历史条件下，家长要主动学习和正确理解中华传统美德的道德精髓，摒除落后的、迂腐的传统道德观念，在社会主义核心价值观的引领下弘扬中华传统美德。倡导现代家庭文明观念，秉持自由平等的现代观念，推进中华民族传统美德的发展和转化，让中华传统美德焕发出新的生命力。

二 抓好学校主渠道教育

现代社会与传统社会不同，学校教育是人们获得系统科学文化知识、完善个体道德品格的重要途径。实施中华传统美德教育，关键要抓好学校的主渠道教育。"如果传统的道德智慧、道德价值从学校道德教育中消失，不仅文化的根基得不到维系，民族的精神价值发生断裂，而且将会导致社会秩序的混乱和人的精神世界的飘零。"[1] 而要保证学校教育的文化传承、价值引导和个人塑造功能的发挥，就需要通过教育内容的恰当选择、教育方法的合理使用、教师榜样示范作用的发挥共同促进。

（一）处理好传统美德教育教学中的主要关系

首先，处理好传统文化经典教育与价值行为规范教育之间的关

---

[1] 唐爱民：《20世纪西方社会思潮与道德教育》，山东人民出版社2010年版，第92—93页。

系。传统文化经典无疑是中华传统美德的重要文本载体,要深入研究和理解传统美德,读经是必经之路,但在教育过程中并不适宜直接把这些经典文本作为当今思想道德教育的教材。《三字经》《论语》《道德经》等可以作为人文素质教育或通识教育的内容,但绝不能以此取代思想道德教育。毕竟这些经典文本是过去时代的东西,我们要以当今时代的需要作为价值标准,吸收有益的传统文化要素,注重正向的价值规范的教育。例如,《道德经》对于大多数中小学生的认知水平而言,他们还难以读懂,即使读懂了,其所包含的消极的思想基调恐怕对培养青少年积极进取的精神会造成不利的影响。《论语》虽然表达了积极入世的伦理智慧,但其中也不乏封建性的沉渣,不可不加分析甄别地一哄而上。新加坡的中学里开设有"儒家伦理"课程,但也不是简单化地让《论语》《孟子》等直接进入课堂。传统美德教育作为价值行为规范教育,需要清洗掉传统文化经典中处于主导作用的浓重的政治性因素以及消极的思想基调,重视它塑造人们向上向善、积极进取的民族精神的文化功能。

其次,处理好传统美德教育与马克思主义理论教育的关系。马克思主义理论是中国革命和社会主义建设的思想理论指导,理应在国民教育体系中占主导地位并贯彻始终。对于中国共产党以及社会主义国家的全体国民来讲,坚持以马克思主义为指导,是任何时候、任何情况下都不能动摇的根本原则。"时代在变化,社会在发展,但马克思主义基本原理依然是科学真理。"[1] 如果社会主义国家的青年学生,不懂辩证唯物主义和历史唯物主义,不清楚什么是资本主义、什么是社会主义,不掌握马克思主义最基本的原理,他们将以何种理论和方法观察我们的国家、当代社会以及当代世界?不懂马克思主义的理论和方法,对中华传统美德的精髓和价值也很难把握。[2] 但强调马克思主义理论教育的重要性,并非强调它的唯一性和排他性,并非要完全

---

[1] 《习近平谈治国理政》(第 2 卷),外文出版社 2017 年版,第 66 页。
[2] 陈先达:《马克思主义和中国传统文化》,《光明日报》2015 年 7 月 3 日。

取代中华传统美德教育。马克思主义要在思想和情感上为中国人民所接受，需植根于中国的历史和文化。马克思主义的强大力量就在于它能够与中国实际相结合，与中国传统文化相融合。"传统美德教育是我们推进马克思主义中国化进程中，彰显本国资源优势、强调民族特色、增强民族凝聚力的重要手段。"① 要保持我们青年学生的中华民族特性，使青年学生都具有一颗中国心，必须继承弘扬优秀传统文化和传统美德。"如果我们不愿意看到自己的后代除了黑头发、黄皮肤，不再具有中国人的道德、情感、习俗和艺术能力，那么我们应该从现在开始将文化传统的教育、传统道德的教育纳入学校正规教育的主渠道，使其名正言顺地进入教材和课堂。"② 没有传统文化和传统美德的涵养，我们培养不出有高度道德文明素质的有教养的中国人。可见，马克思主义理论教育与传统美德教育分别发挥着各自独特的教育功能，两者相辅相成、并行不悖、相得益彰，却不能相互取代。当前，我们要防止以任何一种教育取代另外一种教育的认识偏向和实践偏向。这就要求我们在教学过程中，一要讲清楚中华传统美德与革命道德、社会主义道德之间的传承发展关系。没有传统美德的哺育和滋养，就没有革命道德；没有革命道德对传统美德的延续和升华，传统美德就会被割裂或淹没，从而失去生命力；推进社会主义道德建设，既要传承中华传统美德，又要发扬中国革命道德。二要讲清楚中华传统美德与社会主义核心价值观的渊源关系，以实现共同服务于以文化人的时代任务。中华传统美德是滋养社会主义核心价值观的重要文化源泉，培育和弘扬核心价值观，必须立足以中华传统美德为核心的中华优秀传统文化。

最后，处理好传统美德知识教育和宣传教育的关系。就当今德育现状来讲，宣传教育工作中能充分利用各种新兴媒体和网络技术对传

---

① 陈桂蓉：《关于传统美德教育制度化的若干思考》，《思想理论教育》2014年第5期。

② 杨东平主撰：《艰难的日出——中国现代教育的20世纪》，文汇出版社2003年版，第336页。

统文化以及传统美德进行广泛地宣传，应该说，在各级各类学校也掀起了学习传统文化和弘扬传统美德的热潮，大部分学生都能认识到弘扬传统美德对建设社会主义先进文化的重要性，明晰中华传统美德与革命道德、社会主义道德存在一脉相承的关系。但目前，在我国有关传统美德的知识教育方面，仍有所欠缺。对哪些属于中华传统美德、什么是"仁义礼智信"，分别是什么意思、有哪有具体要求、相互关系如何，部分学生可能并不清楚。苏格拉底强调，"美德即知识"。如果一个人没有关于传统美德的真正知识，他便不会具有传统美德。先秦孟子也讲到，"是非之心"为"智之端"，"智"是传统道德体系中最基本的规范之一。在日常生活中传承美德传统和文明礼仪，真正无愧于"礼仪之邦"的称誉，就首先要求教师能在理论知识上讲清楚中华传统美德所包含的内容，以及核心德目的发展脉络、蕴含的义理、发展走向等。没有厚实的知识教育的根基，宣传教育只会流于形式。重宣传教育，而轻视知识教育的后果只能是受教育者对传统美德停滞在口头上的认同，而不能内化为自觉的道德需要。

（二）遵循传统美德教育的基本原则

教育的一个基本原则就是，教育的内容和方式方法都要符合受教育者的身心特点和认识能力。这个原则同样适用于传统美德教育。

第一，传统美德教育内容方面，要遵循"先行后理"的原则。纵观中国德育史，可以看出，道德教育一般遵循着先蒙后经、先行后理、先习其所当然，后习其所以然的教学规律。① 古代的蒙学属于小学，"古者八岁入小学，十五入大学"，蒙学是针对八岁至十五岁少儿的启蒙教育。小学的道德教育主要是灌输道德行为规范，重点放在日常生活的良好行为习惯的养成方面。朱熹说："古者初年入小学，只是教之以事，如礼乐射御书数，及孝悌忠信之事。"（《朱子语类》卷七）一般来说，人的智力水平的发育是随人自身年龄的增长逐步发展起来的。未成年人处于智力的形成、发展时期，他们的是非判断能

---

① 肖群忠：《伦理与传统》，人民出版社2006年版，第340页。

力、抽象逻辑思维能力在很大程度上不及成年人。如果单纯地对他们进行道德概念的说教、道德知识的讲述，他们接受起来便有难度，由此挫伤他们的学习积极性，难以调动他们的学习兴趣，教育效果自然就不尽如人意。及至大学，受教育者抽象思维能力逐渐成熟、心智发展逐渐完善，则要进一步在习其所当然的基础上，习其所以然，进行抽象思辨的理论探讨，研习其间的深刻哲理。这个阶段，如果还是一味强调大学生早就熟知的道德规范和道德原则，就会因为多次的重复教学引致大学生的厌学，导致难以引导大学生在道德自律的基础上提升道德境界和完善道德人格。总之，学生是塑造道德品性的关键时期，通过系统连贯的小学、中学到大学的传统美德教育，努力把学生培育成为一个诚实、正直、善良的人，具有契约精神、能够遵纪守法的好公民，为将来成为社会主义事业的建设者和共产主义事业的接班人奠定良好的人格基础。

第二，传统美德教育方式方法方面，要符合受教育者的身心特点。小学到高中阶段注重美育和德育相结合的方法；大学和研究生阶段注重以对话论辩形式，廓清疑虑、正本清源，增强对中华传统美德的认同感。

小学到高中阶段主要是对传统美德规范的掌握，尤其小学阶段是养成良好行为习惯的关键时期。对道德规范而言，大多是否定性或限制性的，是对人的不合理的欲求、行为的禁止和阻止，在否定中知晓肯定的行为范围，懂得哪些是合理的、应该做的。因此，传统美德教育是一种限制性的教育，带有凝重、不自由的特质。确如社会学家涂尔干所言，"道德规则是在儿童意识之外的，也就是说，它独立于儿童。""品格的最重要的因素乃是它的限制，它能控制我们的激情、欲望、习惯并使它们服从法则。"① 如何使得未成年人能够接受外在的、具有限制性的道德规范，最终实现系统的社会化过程，是中小学

---

① 转引自唐爱民《20世纪西方社会思潮与道德教育》，山东人民出版社2010年版，第99页。

道德教育的重要职责和使命。

在中国的传统文化中美善相统一，美德具有审美性的特点，一个求美之心会主动趋向于善。儒家的礼乐教化思想，就是要通过艺术的感染陶冶人的情感、完善人的心灵状态。礼的精神强调外在的秩序，乐的精神强调内在的和谐，没有和谐作为基础，礼便剩下一具没有灵魂的空躯壳。美德并非对道德条文的机械遵守，它是至性真情的流露。《乐记》言：唯乐不可以为伪。美感教育的功用就在于，使真性情的和谐流露为行为的端正。学生能够通过审美的体验产生对美的强烈追求欲，从而促发其求真向善。对审美境界的追求，才能在饱食暖衣、高官厚禄之外，别有较高尚、较纯洁的企求。孔子认为"诗、礼、乐"是教化民众的基础。"兴于诗，立于礼，成于乐。"（《论语·泰伯》）荀子在《乐论》中指出，音乐"其入人也深，其化人也速"。美德教育从美育入手，最终又回归真善美的统一境界。正是由于对中华传统美德审美性特点的深刻认知，使得中国古人非常注重文以载道、礼乐并用、善美结合的教育方法，如俗语所言"说书唱戏劝人好"。意识到"美德"所蕴含的"美"的因素，就能以"美育"为基础进行"德育"；意识到"真善美"的统一性，就能扭转错误的道德教育理念，既不把传统美德教育看作是孤立进行的过程，也不会单纯地把传统美德的教育看作是道德知识传授的过程。美德的培育过程，不可轻忽道德心理和道德情感的重要性。"审美和道德结合的方法，是夯实文化软实力的实际演绎的途径。"[①]

培育理想人格，美育和德育是不可分离的。美育是德育的基础功夫。美德教育从根本做起，就是要通过审美以怡情养性。"真善美的内在联系成为我们采取把德育与美育相结合的方式进行未成年人道德教育的根本根据。"[②] 美育兼具愉悦身心、陶冶情操、教人求真向善等功能。在审美教育过程中，具有轻松愉悦和享受的特质，通过对艺

---

① 许建良：《析论中华传统美德的本质》，《当代中国价值观研究》2016年第6期。
② 张博颖：《德育与美育结合：未成年人思想道德教育的一个重要途径》，《伦理学与德育研究》2008·2009年合卷总第4期。

术和美的事物的欣赏培养人们高尚的趣味，实现人格的升华。其一，美育与德育相结合，能够在培养学生美感过程中培育学生平衡有序的心灵状态。从心理学角度讲，人们的身心冲突与矛盾状态很容易使得内在的负面力量表现为外在的破坏力量，以不当的宣泄方式投射在他人或外部世界。深究许多青少年犯罪行为的深层心理原因，内心情感世界的矛盾冲突甚至扭曲是基本的事实。美的感受，可以缓解人们内心深处的紧张与焦虑感，舒缓不安的情绪。通过美育所达致的心灵状态，是一种深厚、和谐、灵慧的新的心灵品质，使得学生能以平和、愉悦、友善的心灵对待他人和社会，对待困境和挫折，从而生发出美德行为。其二，美育与德育相结合，就会使未成年人在享受中接受否定和禁止。王阳明认为，"大抵童子之情，乐嬉游而惮拘检"，所以，"今教童子，必使其趋向鼓舞，中心喜悦，则其进自不能已"（《传习录（中）》）。亚里士多德说："音乐的教导很适合少年的本性，青少年由于年龄关系极不情愿忍耐那些缺乏快乐的事物，而音乐在本性上就属于令人快乐的事物。"① 美育与德育相结合，这不仅有利于未成年人对外在道德规范和道德原则的接受，还能诱发他们对美德的亲和情感，使人乐于行善。其三，美育与德育相结合，可以陶冶人的道德情感。"美育者，应用美学之理论于教育，以陶养感情为目的者也。"② 美德教育决不是纯粹的理智教育，要洗刷人心，就要从陶冶道德情感做起；要求人心净化，先要求人生美化。亚里士多德说："既然音乐带来快乐的享受，而德性在于快乐和爱憎的分明，那么，必须阐明的是，没有比培养正确的判断能力、学习在良好的情操和高尚的行为之中求取快乐更要紧的事情了。"③ 美德从本质上说，关涉个人精神素质的塑造，是道德主体情感、欲望、气质达到的优秀状

---

① ［古希腊］亚里士多德：《政治学》，颜一、秦典华译，中国人民大学出版社2003年版，第277页。
② 《蔡元培全集》（卷五），中华书局1988年版，第508页。
③ ［古希腊］亚里士多德：《政治学》，颜一、秦典华译，中国人民大学出版社2003年版，第276页。

态。也就是说，美德的获得是生命中的感性部分与理智部分相互渗透、相互融合、相互化通的过程。这个过程去除了生命在未受教养状态的任性、自私的特点，具备了他者意识和他人角度，从而提升了自然的心灵状态，表现出更高的价值，这便是美德具有的强大的精神力量。最后，审美的无利害性特点，具有内在育人的功能。中国的传统观念认为，人与人、国与国的纷争源于人的贪欲，消除人的贪欲即可实现人际和谐、天下太平。爱美之心的追求，近处说可以怡情悦性，利于进德修身，远处说可以治国平天下。正如《乐记》所言："故乐行而伦清，耳聪目明，血气和平，移风易俗，天下皆宁。"这是由于审美的基本特征在于"无利害性"，对于人心便具有一种去除功利性的功能。蔡元培说："提出美育，因为美感是普遍性，可以破人我彼此的偏见；美感是超越性，可以破生死利害的顾忌，在教育上应特别注重。"[①] 著名的美学家朱光潜也充分肯定美育的德育功能，明确主张"美育为德育的基础"。美感的普遍性可以破除"我"之执见，建立他者视角，是沟通人们心灵之间的桥梁；美感的超越性可以破除世俗间功名利害的计较，追求更高的精神境界。

大学阶段的传统美德教育不再停留于道德规范的灌输，而是要从学理上讲清抽象的道德理论知识。传统美德形成过程是知、情、意、行相统一的过程，其中道德认知是前提条件。如果只注重道德情感、道德意志、道德行为因素的重要性而忽视道德认知的培养，在道德是非标准上难免使学生陷入盲目。尤其，当面临道德困境或危机，两种或几种道德规范相冲突的情景下，如何进行正确的道德选择，则需要培养学生能够正确自决的道德智慧。这就要求我们转变道德教育理念，道德教育价值取向由规范人转向发展人；道德教育方式由他人教育转向自我教育。而对话、论辩形式的运用则是实现道德教育转向的重要方式方法之一。

在中西伦理思想史上，对话形式是进行美德理论教育的主要方式

[①] 《蔡元培全集》（卷七），中华书局1989年版，第197页。

方法。作为伦理学的经典著作,先秦时期孔子的《论语》和古希腊时期柏拉图的《理想国》都是以对话的形式传递施教者和受教者之间的伦理价值观念。"理"总是越辩越明,只有在平等、民主、自由的对话和论辩中,才能使大学生很好地总结反思、周延逻辑,从而启迪智慧。如果只有教师单向的传统美德说教,学生就无法充分表达自己的个人观点或思想疑惑,他们的主体性、主动性被忽略,"我"被外在于己的道德规训完全淹没。一方面,就教育过程而言,针对大学生或研究生的传统美德教育,如果还是更多地停留在"道德规范"、"道德原则"的话语框架体系之中,更多地采用结论性的言说方式,就容易与学生真实的心灵情境产生疏离或隔膜,传统美德教育自然失去效力。一边是教育者感到苍白无力、僵化生硬,教育过程枯燥乏味、单调无趣;另一边是受教育者感到被动机械、疲乏厌倦,毫无兴致。另一方面,就教育效果而言,"'无我'的道德说教中,那些道德理想导致的是普遍的虚伪"①,这是当前大学生传统美德教育中凸显的主要问题。宣传教育、重复灌输、反复强调等等,并未真正解决大学生的道德困惑和疑虑,结果由于认同度不高造成他们道貌岸然、虚伪不实。"理论一经掌握群众,也会变成物质力量。理论只要说服人,就能掌握群众;而理论只要彻底,就能说服人。"② 没有理论上的彻底认同,传统美德教育永远是低效的。没有对学生思想状况的真实把握,传统美德理想的应然境界设计也会因过于理性抽象而变成不切实际的空中楼阁。大学生和研究生已经掌握了一定的道德理论知识,理性思维水平得到很大提高,这为运用对话或辩论形式进行传统美德教育奠定了现实的客观基础。例如,教育者可以设计一些道德困境,让大学生各抒己见进行论辩,阐明道德选择的理由以及对传统美德规范要求的理解;也可以就中华传统美德、革命道德、社会主义道德三者之间的关系,中、西、马之间的关系等展开与学生间的平等对

---

① 金生鈜:《质疑建国以来的道德教育规训》,《教育理论与实践》2001年第8期。
② 《马克思恩格斯文集》(第1卷),人民出版社2009年版,第11页。

话，理清脉络、廓清疑惑，达到以"知"导"行"、以"情"促"行"的效果。

（三）加强师德师风建设

潘光旦曾说："人的本性中最可以鼓励我们的一点，是他在好榜样的面前，能够受到感动。好榜样的由来不出三条路，一是过去的哲人贤士，二是在权位而从政的人，三是承担了师道的人。"① 言与行是教师施教的两种重要途径，古人讲"身教胜于言传"。孔子被尊称为"万世师表"，不仅因他是中国兴办私学的第一人，更因他是德高望重之师。相比"言传"，他更重视"身教"发挥的潜移默化的隐性教育作用。"吾无行而不与二三子者，是丘也。"（《论语·述而》）待人接物、出处进退都以"行"为示范和表率，不徒空言，自己做不到的事就不去要求别人。孔子甚至曾说"予欲无言"，"无言"之教便是身教。荀子也曾明确指出："夫师，以身为正仪而贵自安身也。"（《荀子·修身》）明清之际哲学家李颙，甚至把师德看作是治国之本，强调师德的重要性。他的逻辑思路是："政由于人才，人才出于学校，学校本于师儒。师儒为人才盛衰、生民安危、世道治乱之冠，故师道立则善人多，善人多则天下治。"（《二曲学案》）教师的师德影响到一批批的学生，学生将成为社会的主体成员，他们的德性体现着社会风气乃至影响国之盛衰。

中华传统美德的继承弘扬，关键在于教师的模范带头垂范和耳濡目染的熏陶。近年来，师德师风建设取得明显成效。可以说，主流是好的，但也存在一些不容忽视的问题。国家以及中央领导人对此有非常清醒的认识，出台不少规章制度②以狠抓师德师风建设。习近平总书记强调，"传道者自己首先要明道、信道。"③ 教师如果仅仅是在课

---

① 《潘光旦选集》，光明日报出版社1999年版，第365—366页。
② 例如，2019年12月教育部印发《关于加强和改进新时代师德师风建设的意见》，要求把师德师风作为评价教师队伍素质的第一标准。2019年10月28日，中共中央国务院印发《新时代公民道德建设实施纲要》中指出："引导教师以德立身、以德立学、以德施教、以德育德，做有理想信念、有道德情操、有扎实学识、有仁爱之心的好老师。"
③ 《习近平谈治国理政》（第2卷），外文出版社2017年版，第379页。

堂上把传统美德讲得头头是道,在生活与工作中却从来不去实践履行,尤其学术上欺瞒哄骗,存在不端和造假恶行,结果只能是导致学生产生严重的道德冲突和道德怀疑。教师的言行不一、言不符实,导致学生的价值观扭曲、道德人格发生分裂,甚至出现道德叛逆心理,结果无非是理论与实践相脱节、知行不能统一,传统美德的弘扬终落为空谈。由此,新时代的好老师应该严格要求自己,正人先正己,"坚持言传和身教相统一","做学生锤炼品格的引路人"。

师德建设关键要靠教师的内生涵养,靠教师对中华传统美德的自觉继承。习近平指出,所谓大师"既是学问之师,又是品行之师"[①]。教师就要既教书又育人,不仅要以学术造诣开启学生的智慧大门,更为重要的是以人格魅力引导学生的心灵。教师首先做中华传统美德的继承者和践行者,才能以自身的言行示范打动、濡化和引导学生的心灵。这就要求教师除了学习专业知识以外,要在业余时间自觉主动学习中华传统美德知识,把握优秀中华传统文化的精髓实质,在日常行为和教育教学过程中积极践行中华传统美德,做传播中华传统美德的好榜样。还可以通过"诵经典"或"读书会"的形式组织学生一起研读中华传统经典,带动更多的周围人学习热爱中华传统文化,传承中华传统美德。另外,除了教师思想上重视"内修"之外,还需各级教育部门注重完善外在的政策制度,建立健全规范的管理体系和评价体系,使师德师风建设便于执行、监督和考核。比如,把师德作为考量教师是否能够胜任岗位的首要条件,真正落实"师德一票否决制"。只要师德出现问题,再好的业务水平也断无资格继续从事教学工作。同时,把师德考评与教师最为关心的职称晋升、外出培训学习、评优评模等相挂钩,引导教师主动重视自身道德修养。再比如,通过同行评议、家长学生参评,发掘师德典型,讲好师德故事,做好对"最美教师"的宣传感召,激发每位教师教书育人的强大正能量。总之,教师的个人范例对于青年人的心灵是任何东西都不可能代替的

---

① 《习近平谈治国理政》,外文出版社2014年版,第175页。

最有用的光照。教师在传统美德方面的率先垂范具有的感召力和引动力之大，是任何其他因素无法比拟的。它缘于教师自身的人格力量，因为最为直观、最有真实感，也就对学生传承中华传统美德具有强大的激励和鼓舞作用。

三 强化社会风气隐性教育

习近平总书记指出，"夯实国内文化建设根基，一个很重要的工作就是从思想道德抓起，从社会风气抓起，从每一个人抓起。"① 相对于有计划、有系统的学校教育而言，社会熏陶虽然是一种无形的、潜隐式的教育，但它的影响力却不可轻视。儒家荀子讲"注错习俗，所以化性也"，"习俗移志，安久移质"（《荀子·儒效》），特别重视环境、习俗对人之品性养成的影响作用；宋代的苏轼更是把社会风气看作是国家的"元气"，认为国家的盛衰存亡不在富强或贫弱，而重在道德之风俗。他说："国家之所以存亡，在道德之深浅，不在乎强与弱；历数之所以长短者，在风俗之厚薄，不在乎富与贫。人主知此，则知所轻重矣。故臣愿陛下崇道而厚民俗，不愿陛下急于有功而贪富强。爱惜风俗，如护元气。"（《宋史》卷三三八）苏轼的劝谏，已经萌生出重视国家文化软实力建设的忧患意识。国家如果只单单追求有功或说富强的目标，忽略了社会道德、忽略了社会风气建设，必将大伤国之"元气"，国之所谓"富强"也必是"外强中干"，失去持续发展力。

（一）依靠个体合力营造伦理氛围

坚持辩证思维的方法，既要看到社会环境对个体道德品行的熏陶作用，又要理解社会环境最终是由每个个体合力创造的。在此意义上，马克思说每个人都是历史的剧作者，是人类自己创造了历史。

在中国传统社会中，道德规范的普遍效力被"爱有差等"的道德原则所限制。费孝通认为："一个差序格局的社会，是由无数私人关

---

① 《习近平谈治国理政》，外文出版社2014年版，第160页。

系搭成的网络。这网络的每一个结附着一种道德要素，因之，传统的道德里不另找出一个笼统性的道德观念来，所有的价值标准也不能超脱于差序的人伦而存在了。"① 在一个差序格局的社会中，由于受远近亲疏的情感干扰，似乎不存在任何普遍性的道德规范去一视同仁地要求每个人。正如费孝通先生所举的典型事例，一个人对社会上存在的贪污腐败深恶痛绝，但遇到自己父亲贪污，不但不骂，还理所当然花着贪污所得的钱。等自己贪污了，不仅不以为耻，还以"能干"二字自解。如果社会上每个人都只是一个外在的道德评价者，而不同时是一个社会的内在道德建设者；如果道德规范和法律都可以因之所施的对象和"自己"的关系不同而加以弹性伸缩和特殊例外的处理，这个社会一切的普遍道德标准、道德规范就不会发生作用。每个人都希望他人"诚实守信"，但自己却时时违背诚信；每个人都谴责社会上的失信欺骗行为，但每个人都为自己的行为寻找正当理由，借以逃脱心灵责罚。中华传统美德的现实载体无疑是现实生活中的每一个中国人。从社会公德的角度，每个人都努力成为一名好公民。从职业道德的角度，每个人都努力做一个好的建设者。良好社会风气的建设，需要每个人树立自主自觉的道德责任意识。道德环境的不尽如人意，与社会中每一个公民的道德观念、行为习惯和行为方式都密切相关。

（二）重视成年人的传统美德教育

成年人在社会中总是自觉不自觉地扮演着教育者的角色，他们的道德行为不仅影响社会群体中的同辈人，而且容易被价值观不够成熟的青少年所效法。成年人在整个人口中占着绝大多数的比例，传统美德的继承和转化最终需要体现在他们的行为方式和思想观念之中，抓好成年人的传统美德教育成为实现中华传统美德继承发展和现代转化的重要突破点。

家庭中对少年儿童的传统美德教育以及学校中对青少年的传统美德教育一直被我们所重视和强调，但成年人的美德教育却由于教育主

---

① 费孝通：《乡土中国》，人民出版社2015年版，第42页。

体的模糊甚至缺位、教育时间上不能有效保障、终身学习观念没能树立起来等原因，常常不被重视甚至完全忽略。就社会现实状况而言，成年人大多走上工作岗位，需要遵守用人单位严格的劳动纪律，对他们进行有组织、有计划、有系统的传统美德教育是不切实际的想法。解决成年人的传统美德教育问题，就要在教育形式、教育途径、教育载体上下功夫去琢磨。电影、电视、报刊上的公益广告，街道、车站、医院、社区等生活领域的宣传广告，娱乐、体育、综艺等各类视频节目，微博、微信、公众平台的运营推送等，都是对成年人进行传统美德教育的重要途径和载体。另外，各行各业的规章制度、市民公约、乡规民约等各项社会规范要充分体现传统美德精神，引导人们在共同生活中的文明行为。总之，只有充分利用成年人工作之余的零散时间，把传统美德教育渗透在人们休闲娱乐、购物消费、居家出行的方方面面，才能使成年人在不知不觉中受到传统文化和传统美德的熏陶和濡化。

（三）发挥党员干部的榜样作用

中国传统伦理思想家认为，良好道德风尚的形成，虽然人人有责，但在位者的身教作用却尤为关键。孔子言："政者正也。子帅以正，孰敢不正？"（《论语·颜渊》）只要统治者能够起到榜样示范的作用，端正自身、注重修养，天下百姓谁会不端正？"君子之德风，小人之德草，草上之风，必偃。"（《论语·颜渊》）君子作为社会的道德精英，对百姓的德行养成起着表率作用。民众以君子的言行风范为楷模，就如同细草随同风向而倾倒。道德作为一种特殊的人文价值，它的传播除了教化和意识形态宣传之外，更重要的是为人类开辟理想的生活境界。"每一个社会都必须树立自己的道德典范、人格典范，传统美德伦理的意义正在于此。"[①] 从某种意义上讲，恰恰是现代社会的道德平面化呼唤着英雄、道德精英和模范的引导。缺少"道

---

① 万俊人：《传统美德伦理的当代境遇与意义》，《南京大学学报》（哲学·人文科学·社会科学）2017年第3期。

德绅士"和"文化精英"的示范引领，人类群体就会模糊理想追求的方向，轻视文化精神上的高贵性。文化是人及其生活的根本特质，缺乏意义建构和意义调节的生活世界是动物的世界。现代社会民主和平等的要求，从政治层面反对政治贵族，但从道德层面并不等于要完全否定道德文化精英。"文化精英"所展现的正是一种富有意义的生活世界，体现着人的文化尊严，是超脱人的本能欲望而对"应然"的价值追求。

党员干部是社会上较有影响力的道德精英，他们的行为备受普通民众的关注，哪怕是一件日常小事也会被民众无限放大，从而对普通民众产生巨大影响。这部分人尤其需要认识到自己行为的典范作用，做到一言一行有利于传播传统美德精神，净化整个社会道德风气。习近平多次强调加强党员干部道德培育的重要性，他要求每一名党员干部都要坚持"德才兼备、以德为先"，"以德修身、以德立威、以德服众"，把为人民事业无私奉献作为人生的最高追求。① 在中国人民抗日战争胜利70周年纪念章颁发仪式上，习近平总书记说："一个有希望的民族不能没有英雄，一个有前途的国家不能没有先锋。"党员干部作为先锋队，应该起着表率的作用。"在中国，很多事情老百姓是仿效为官者的。作之君，作之师，官员不仅是政治的权威，而且是教化的楷模。这是传统孵育出来的社会心理。"② 孔子讲："政者，正也。子帅以正，孰敢不正？"（《论语·颜渊》）"正"是为官的本分。在中国社会，之所以特别强调"为政以德"的"官德"，就在于中国人认识到：官德能有效影响民众的道德水平，引领社会的道德风尚。"其身正，不令而行；其身不正，虽令不从。"（《论语·子路》）为官者自身行"正"做出表率，民众无须强加便自然效仿，这就达到了"正"他人的效果，这在传统社会是行之有效的教化方式。新时代的道德观以中华传统美德为道德资源，发展并转化的传统美德被民众理

---

① 习近平：《在庆祝中国共产党成立95周年大会上的讲话》，《人民日报》2016年7月2日。

② 陈旭麓：《近代中国社会的新陈代谢》，中国人民大学出版社2012年版，第110页。

解、接受并积极践履,离不开权威的大力倡率和楷模的榜样示范。

中华传统美德的继承发展和现代转化,是一项需要广大群众广泛参与的伟大事业。如果缺乏教育的引导,缺乏学校、家庭和社会的协力合作,国民对中华历史传统不能树立起正确的态度,对中华传统美德的内容或价值功能认识存在盲区或空白,这一使命将难以完成。

第二节 重视道德共同体中的实践养成

美德的本质是一种实践精神。但就我国思想道德教育现状而言,重理论宣传轻实践育人是长期存在的问题。轻视传统美德在实践中的养成教育,道德主体的实践活动被轻视,很容易出现理论与实践相脱节、道德认知与道德行为相割裂的状况。"道德不是记熟几句格言,就可以了事的,要重在实行。随时随地,抱着实验的态度。"① 传统美德教育只有同砥砺德行相结合,才能最终实现道德教育的目标。

一 实践在传统美德养成中发挥关键作用

我国先哲对道德的本质属性在于实践性,早有正确、深刻的认识。《周易》中有言:履,德之基也(《周易·系辞传下》)。近代梁启超讲"道德者,行也,而非言也"(《新民说·论私德》),明确说明了道德的本质在践行、不在虚言。马克思主义伦理学认为,道德的本质是一种实践精神。人类掌握世界有四种不同的方式,除了科学精神的、艺术精神的、宗教精神的把握,对实践精神的把握就是道德的把握。② 道德作为一种社会意识、一种思想关系,因而是一种精神;但道德不同于科学、艺术、哲学、宗教等社会意识,它的特殊性在于它直接属于人类行为实践的领域,是以指导人们行为为目的、以形成人的正确的行为方式为内容的实践精神。

---

① 《蔡元培全集》(卷三),中华书局1984年版,第476页。
② 《马克思恩格斯文集》(第8卷),人民出版社2009年版,第25页。

首先,传统美德的获得需要经由实践养成。宋明理学家陆九渊进一步发挥说:"行为德之基也。基,始也。德自行而进也,不行,则德何由而积。"(《陆九渊集》卷三十四,《语录》上)陆九渊肯定,假使离开"行","德"便不能由"积"而成,他的论述可谓更为具体与深入。要使继承弘扬传统美德的工作落到实处,不是仅靠讲讲大道理就能有效果。受教育者不仅要"学",更重要的是要"习",要靠实践躬行,要通过"习惯成自然"的养成教育。古希腊的亚里士多德区分了理智方面的美德和伦理方面的美德,认为两者的本质区别在于生成路径的不同。理智德性可以由教导生成,需要经验和时间;而伦理德性需要通过风俗习惯去养成,它并非是由"自然"在我们身上造成的。"德性在我们身上的养成既不是出于自然,也不是反乎于自然的。"① 这就是说,一个人不可能自然天生就是"勇敢"或"诚实"的人,但任何人都具有成就"勇敢"或"诚实"的潜质。这种伦理德性的潜质又不同于我们身上有自然天赋的感觉潜能(先有感觉而后才运用感觉),它的特殊性在于,先运用而后才能获得它们。当一个人熟知有关"勇敢"的美德知识,他从理论上把握和通晓了"勇敢",并不意味着他就是一个"勇敢"的人,具有"勇敢"的品质。只有在实践中经常做出勇敢的事情,才可证实是一个"勇敢"的人。在这一点上,同人们获得技艺的情形是一样的。人们需要通过建筑房屋成为建筑师,通过制作鞋子成为鞋匠,通过弹奏钢琴成为钢琴家。同理,人们通过信守承诺、办事诚信成为诚实的人;通过遇到正义挺身而出、做事勇敢成为勇敢的人;通过办事公道、做公正的事情成为公正的人。"人之为人不是被加予的,而是在生活中形成的。……人不仅仅要有优美灵魂与善美精神,更要将这种优美灵魂与善美精神付诸行动,要实践,要行动,身体力行。"② 中国的传统道德观念同样强调"知行合一"的实践精神,强调在"知"的基础上

---

① [古希腊]亚里士多德:《尼各马可伦理学》,廖申白译,商务印书馆2003年版,第36页。

② 高兆明:《伦理学理论与方法》,人民出版社2005年版,第17页。

践履力"行"。要把道德知识和道德理想最终落实到真切、实际的行动上,而不是仅仅停留在观念层面和口头上。习近平讲"实干兴邦,空谈误国"、强调"以钉钉子精神"做实各项工作,便是对中华文化"知行合一"思想的继承和发展。《大学》里讲"八德目",前四项"格物、致知、诚意、正心"属于"知"的范畴,后四项"修身、齐家、治国、平天下"属于"行"的范畴。把"知"落到实处,就要先修身,"身修"才能进一步"齐家","家齐"才能实现最终"治国"、"平天下"的抱负。美德必须经由行为实践才能养成,并最终以实践形式豁出来,讲的就是这个道理。

其次,实践活动本身的性质决定品德的性质。亚里士多德认为:"一个人的实现活动怎样,他的品质也就怎样。所以,我们应当重视实践活动的性质,因为我们是怎样的就取决于我们的实现活动的性质。从小养成这样的习惯还是那样的习惯决不是小事。正相反,它非常重要,或宁可说,它最重要。"① 这即是说,促使美德养成的原因和手段同时也是毁丧、销蚀美德的原因和手段。美德在实践中养成,也在实践中毁丧,这同技艺的情形一模一样。好的建筑师和坏的建筑师都出于建筑房屋的实践,好的竖琴手和坏的竖琴手都出于竖琴的操练活动。优秀的竖琴手出于好的操练活动,糟糕的竖琴手出于坏的操练活动。正是由于实践活动的性质不同,在人们的共同生活交往中,有的成为诚实可信的人,有的成为欺骗狡诈者;在面对危险困境时行为选择取向不同、所形成的行为习惯不同,有的成为无畏无惧的勇者,有的沦为胆怯退缩的懦夫。我们强调传统美德的养成要从"娃娃"抓起、从"小事"抓起,正是强调从幼儿时期的良好习惯养成能够塑造个人的优良道德品质。通过一次次的诚实交往活动,成为一个诚实的人;通过一次次的善意、仁爱行为,成为一个友善的人;通过一次次的节约资源、合理消费行为,成为一个具有节俭之德的人。

---

① [古希腊]亚里士多德:《尼各马可伦理学》,廖申白译,商务印书馆2003年版,第37页。

反之，在生活实践中，我们应当谨防一次次谎言失信，销蚀诚实之德；一次次粗暴冷漠，销蚀仁爱之德；一次次奢侈浪费，销蚀勤俭之德。中国古语讲"勿以善小而不为，勿以恶小而为之"，反映的就是对实践活动本身性质决定人们所形成品德好坏道理的深刻把握。

二 道德共同体是传统美德实践养成的重要场域

说到底，养成教育是一种通过实践活动养成良好品质的教育，也即"实践养成"。"所谓养成教育，是指渗透于学习、工作、生活、娱乐、管理等各种实践活动之中，通过潜移默化、自然熏陶，形成人们良好习惯和思想品德的一种教育理念和方法。简言之，养成教育就是培养人们良好习惯的教育。"① 美德的实践养成离不开道德共同体的潜移默化和自然熏陶，人们在道德共同体中获得道德身份，同时获得道德善的价值标准。

（一）道德共同体是传统美德实践养成的根基所在

传统美德伦理得以生存和生长的重要前提条件，就是依赖各种不同形式的人类共同体或说社群。离开所凭借的这些社会实体，美德伦理就失去存在的根基和生长的土壤，将成为空中楼阁或说心理想象。美德需要在共同体内学习和养成，美德也因共同体的存在才成为社会的必要。

首先，离开共同体，一个人无法识别自己的道德身份。确如麦金太尔所言："自我必须在诸如家庭、邻里、城邦、部族等共同体中并且通过它在这些共同体中的成员资格去发现它的道德身份。"② 在共同体中，人们不再是一个个孤寂、隔离、绝缘的个体，而成为有机体的一部分，成为相互关联的一部分。在共同体中，人们扮演了不同的角色和身份，而对应的就产生了相应的责任和义务。这就是共同体赋予其个体的道德身份。一方面，离开共同体，人们无法确知道德行为的"善"的标准。"如果有人切断自己与最初学徒一样恭顺地在其中

---

① 张耀灿：《思想政治教育学科建设研究》，中国人民大学出版社2017年版，第383页。
② ［美］拉斯戴尔·麦金太尔：《追寻美德》，宋继杰译，译林出版社2011年版，第280页。

学习的共同活动的联系，将自己孤立于那些在诸如此类的活动中找到其意义与目的的共同体，就会使他自己不可能找到任何外在于他自己的善。"① 实现自我卓越的追求，成就为什么样的人，需要生活于其中的共同体提供价值善的标准。另一方面，离开共同体，无法确定道德主体的道德义务和责任。美德既具有内在价值又具有外在价值，是两者的有机统一。自然地，美德的善的根据不仅在于自我卓越的追求，也在于保障共同体共同利益的需要，这就是共同体中所有成员都应承担的道德义务。"他们需要把那些有助于实现共同利益（共同善）的品质看作美德，而把那些相应的缺点看作恶。一个共同体的成员只有对善和美德有广泛一致的看法，它才能使公民之间的联合成为可能。"② 离开共同体的共同需要，美德就会成为主观的任意界定，很容易成为一厢情愿的自话自说。

其次，离开共同体，传统美德教育的成效性会降低。美德成就于道德共同体中的实践活动。美德的实践性特征使得美德的养成不仅依靠道德知识的学习，更需要日常生活实践中的锤炼和锻造。共同体中的实践活动为着共同利益的实现，这种活动的公共性质有助于美德品质的养成。古希腊亚里士多德认为："人天生是一种政治动物，在本性上而非偶然地脱离城邦的人，他要么是一位超人，要么是一个鄙夫。"③ 从"类"的意义上来讲，只有禽兽和神灵无需参与城邦的政治事务；对人而言，脱离公共政治事务就成为"棋盘中的孤子"。在古希腊，政治事务被视作是具有公共性质的共同生活，美德养成离不开城邦共同体中的实践活动。勇敢、慷慨都是亚里士多德尤为提倡的美德。勇敢是为着维护城邦利益的高尚目的，慷慨是为着城邦公共事务在财务上表现出的毫不吝惜。可以说，没有城邦共同体，就没有公

---

① ［美］拉斯戴尔·麦金太尔：《追寻美德》，宋继杰译，译林出版社2011年版，第329页。

② 杨明伟：《保守主义：一种审慎的政治哲学》，中国书籍出版社2012年版，第174页。

③ ［古希腊］亚里士多德：《政治学》，颜一、秦典华译，中国人民大学出版社2003年版，第4页。

民美德。共同生活实践中，人们学会了合作、懂得了感恩、培养了奉献精神，由此走出自我利益的狭隘性，产生了"他者"意识。20世纪80年代中后期，随着保守主义思潮对美国道德教育政策及其实践的影响，美国兴起"新品格教育运动"。作为对传统美德教育的回归，新品格教育非常强调社群之于学生品格塑造的积极意义。托马斯·利考纳呼吁："学校必须召集家长和社区成员全面参与学校的品格教育建设。"① 社群作为现代人生活的共同体，影响成员的价值观念、文化心理和行为习惯，充分发挥各种社群的协同教育作用，能有效提升学校道德教育的成效性。

（二）注重家庭共同体中传统美德的实践养成

"家庭本身是所有机构中最为初始的机构，但它却是人们加入任何一个信仰共同体的出发点。"② 以家庭日常生活中的实践养成为切入点，尤其注重礼仪、孝德的日常养成，奠定坚实的德性基础，有助于促进多种美德品质的养成。

首先，注重礼仪的实践养成。孔子曾说过，"不学礼，无以立"（《论语·季氏》）。中国传统社会，礼仪不仅是家庭教育的主要内容，也是进行童蒙教育的基本内容。清代学者李毓秀撰写的童蒙教材《弟子规》中教育蒙童，"用人物，须明求，倘不问，即为偷。借人物，及时还，人借物，有勿悭"。传统蒙学注重蒙童日常生活实践中礼仪养成的教育，在此可窥见一斑。现代教育体系中，蒙学不复存在，除了幼儿教育，家庭需要承担起礼仪养成的主要责任。日常生活的饮食起居、待人接物以及言谈举止，都有具体的礼仪规范和要求。雅斯贝尔斯把礼看作是社会存续的重要美德，是一种"生活范式"。他说，"个人只有实践社会团体的美德才能成为一个人。礼意味着所有人的不断教育，礼又是生活的范式，在整个现存的状况中产生出一种适当

---

① 转引自唐爱民《20世纪西方社会思潮与道德教育》，山东人民出版社2010年版，第81—82页。

② ［美］E. 希尔斯：《论传统》，傅铿、吕乐译，上海人民出版社1991年版，第234页。

的范围，使人以严肃的态度对待事物、信任和敬意。"① 礼仪是做人的基本要求，是一个人、一个民族或说一个国家内在道德修养的外在表现形式。中国古代素有"礼仪之邦"之称，很多传统美德都与礼仪密切相关。家庭教育实践中，需要教育未成年子女从基本的礼貌、礼仪要求做起，通过日常生活中的点滴行为，学习如何做人，如何与人相处、交往以及合作，养成尊重人、关心人、体谅人的好习惯，这将有助于促进个体美德养成，从而提高整体国民的综合素质，促进全社会文明程度的提高。

其次，注重孝德的实践养成。"孝是传统美德的核心内涵之一，蕴含了个体德性、家庭伦理及社会化政治伦理等多元价值内涵，是传统美德承扬实践的重要动力源。"② 正是"孝"所蕴含的多元价值内涵，使得孝德的培养具有重要的基础作用。我们无法想象一个连自己的父母都不爱的人，走上社会能够友善对待陌生人，更无法奢望他们做出富有牺牲精神的爱国行为。古代的孝道首先体现在日常生活礼仪和起居关怀的小事之中，"昏定晨醒"、"冬温夏清"等都是具体的体现。孔子讲"孝"，但从未从抽象的理论概念方面界定"孝是什么"，而是强调在日常生活实践中"如何去做才是孝"。例如，在家庭的日常生活中，给父母洗脚就是日常生活的道德实践。通过洗脚能使子女的心灵受到振动，使他们和父母在身体和精神上有亲密的接触，情感上得到更紧密地联结，从而在日常小事中提升道德境界和完善自我的道德人格。当社会上很多人对"给父母洗脚"的道德教育实践活动有所质疑的时候，也恰恰反映着我们"舍近求远"、"舍易求难"的不切实际的德育思想；同时反映了人们对道德说教和道德规范灌输本身的偏好和迷恋程度，忽视了道德本身具有的实践性特点。

新时代的背景下，无论社会结构如何变化，家庭仍然是我们大部

---

① ［德］雅斯贝尔斯：《什么是教育》，邹进译，生活·读书·新知三联书店1991年版，第90—91页。
② 路高学：《承扬传统美德要有实践方案——"中华传统美德的承扬实践"学术研讨会综述》，《光明日报》2016年3月14日。

分中国人的主要日常生活场域。家庭美德的要求相对于职业道德、公共道德的要求而言就是"近"和"易",针对的是身边的亲人,所做的是力所能及的小事。"于细微处见精神,于细微处见品德。小事小节是一面镜子,能够反映人品,反映作风。"① 一个人传统美德的养成,正是一件件小的善事、细微的关怀所积累沉淀的结果。家庭共同体中的美德养成,为人们走向社会、服务社会奠定了坚实的德性基础,埋下了传统美德的种子。

(三) 推进新型共同体中传统美德的实践养成

随着现代工业文明的发展,人们实践活动出现了许多新的特点,实践范围扩大、组织形式多样,同时出现了不少新型道德共同体。新时代传承发展传统美德,除了重视家庭共同体中的美德实践养成,同时需推进新型共同体中的美德实践养成。

首先,推进志愿服务团体活动中的传统美德实践养成。志愿服务是践行弘扬中华传统美德的重要途径。在中国,志愿服务团体有健全的组织机制、相对完善的制度、有效的运行方式,产生了巨大的社会影响。志愿服务事业的主体,是各级青年志愿者协会以及各级社区志愿者工作委员会。他们的志愿服务活动范围遍及贫困落后地区的帮扶、支教、法律援助、城市社会建设、环境保护、大型活动、抢险救灾、社会公益活动等领域。志愿者团体的成员结合自身的能力、专业以及特长积极帮助社会上的弱势群体,在救灾一线奋力救援,在国际国内大型活动中提供优质高效服务,积极参与城市清洁、绿色出行、低碳环保、美化家园等活动,他们以实际行动书写新时代的雷锋故事,是对仁爱互助、公平正义、爱国爱民、艰苦奋斗、自强不息等传统美德的继承和弘扬。新时代,我们要进一步推动志愿组织发展,引导人们把志愿服务作为他们的生活习惯甚至生活方式,使弘扬践行中华传统美德蔚然成风。

其次,推进自愿组织活动中的传统美德实践养成。随着我国社会

---

① 习近平:《之江新语》,浙江人民出版社2007年版,第38页。

治理体制的改革以及民众自身文明素养的提升，近些年社会上出现了许多自愿组织。自愿组织是由具有共同的个人兴趣爱好或者共同理想信念追求的社会成员所组成，它最大的特点是具有自愿性质，不存在任何外在权威的强迫，也不存在任何道德绑架现象，因此，自愿活动具有很强的自律性质，是人民群众自我教育、自我提高的生动实践。他们组织的很多活动，都具有公益性质，也都与中华传统美德的传承弘扬有关。新时代的历史条件下，我们要进一步支持和推进各级各类自愿组织的发展壮大，让更多的民众广泛参与公益性的实践活动，传承中华传统美德。比如，网络公益组织、网络慈善组织、流浪猫之家、爱心服务机构、绿色环保组织、社区义工自愿组织、明星基金会组织等。通过开展献爱心活动、义务服务老人活动、为遇到困难的同胞捐款捐物、为看病缺钱的患者免费筹款活动，就是对传统仁爱、孝老、友善美德的实践和弘扬；通过参加植树造林、绿色出行、垃圾分类的保护生态环境的活动，就是对传统贵和、勤俭等美德的实践和传承；一些自发组织以读中国传统经典为宗旨的活动，是从整体上对传统美德知识的深入学习和把握。肯定地说，传统文化之于今人，是一种不可或缺的文化熏陶。许多传统经典作品的思想情怀，无不滋养着现代人美的感知和人格塑造。特别是一些具有公益性质的国学启蒙班，以记诵经典为主要活动，拓宽了传统文化启蒙孩童心灵的渠道，有利于孩童对中华传统美德的继承和弘扬。

此外，在传承传统文化和传统美德的实践活动中，不少团体组织活动也一定程度上出现了某种偏向：一是形式化，即忽略或忽视传统美德内蕴的实质精神，而机械地"原汁原味"地学习古代的文饰礼仪，搞形式上的复古主义。一些团体组织倚重学习作揖、行礼甚至跪拜等形式化的东西，尤以穿古装"闭门"读经的组织活动最为典型。二是任意化，在不尊重传统经典文本原义的基础上对传统美德做任意曲解和发挥，或者做牵强的碎片化解释。例如，《论语》中的第一句"子曰：学而时习之，不亦乐乎？"其中的"习"常常被解读为"复习"，而实际上，这里的"习"指的是"实践"，尤其是道德实践。

肤浅的解读很难触及传统文化及其传统美德的深度和真相。三是庸俗化，以"搞笑""娱乐"心态解释传统文化和传统美德。弘扬中华传统美德是事关民族前途命运的严肃性工作，不是乱批三国式的插科打诨，也不是削足适履，尤其不能以追求其他功利目的为动机。只有在尊重原典、读懂原典的基础上，进行现代的阐释与创新发展，才能真正从中吸取古人的伦理智慧。在实践活动中，需要克服这些错误做法，谨防弘扬传统文化和传统美德的活动走了样、偏了向。

三 遵循个体道德实践养成规律

传统美德养成是知、情、意、行相统一的过程。在道德实践活动中，我们既要注重道德情感的培养、加强道德意志力和实践能力的训练，还要保障道德实践活动的延续性和长期性。质言之，对教育者而言，既要关注传统美德观念是如何在人心中生长起来的，又要关注这些观念如何能够付诸实践，如何克服实践过程可能会遇到的困难和障碍。

（一）注重道德情感体验教育

情感，是一个人在生活实践中形成的内心体验。道德情感，是人们在道德对象性活动中，基于一定的道德认识和道德情绪的体验而对道德关系、品行产生的一种爱憎或好恶的倾向性态度。① 道德主体的道德情感是道德行为的动力因素，是连接观念和行动的中间环节。"'情'作为'伦理精神'中最强劲的因子，它一旦被激发，就会以一种无可抵抗的力量激发起人类对'善'的执著。"② 也就是说，只有意愿做某事的强烈心理倾向，才是促发美德行为的原初性力量。在实践过程中，注重情感体验教育，培养道德主体正确的道德情感，是传统美德养成的关键之所在。

中西伦理学家都着墨强调情感体验在传统美德养成中的重要作

---

① 王淑芹：《大学生诚信伦理研究》，人民出版社 2012 年版，第 90 页。
② 郭卫华：《情理主义与中国道德发展的"精神危机"》，《伦理学研究》2014 年第 3 期。

用。柏拉图曾要求把《荷马史诗》中的部分内容和修辞删除掉，很重要的原因就是"悲惨"、"哀号"、"地狱"、"尸首"等词汇的使用和场景的描述，传递着一种恐惧、阴森、可怕的信息，使护卫者软弱消沉，有损于他们"勇敢"德性的养成①；亚里士多德明确指出，"道德德性与快乐和痛苦相关"，"正确地还是错误地感觉到快乐或痛苦对于行为至关重要"。②麦金太尔更为直接地说："道德教育就是一种'情感教育'"，"美德就是那些不仅按一定方式行动，而且按一定方式感觉的性好。有美德地行动并非像康德后来所认为的那样，是去违背爱好（inclination）地行动；而是根据由美德的培养所形成的爱好去行动。"③中国的先哲注重讲"中和"与"中节"之道，就是强调人的情绪情感表达要适度、恰当，当力求内心和谐和心灵的美好状态。无论是古希腊哲人主张美德养成中的"乐教"，还是古中国圣贤极其重视"礼乐教化"，均是主张通过陶冶道德情感以促进传统美德养成。道德主体在实践活动之中，必然伴随着一定的情感体验。正确的情感体验，是对应当感到快乐和满足的事情产生愉悦的心理倾向，对应当感到痛苦和鄙夷的事情产生厌恶的心理倾向。道德情感不同于偶然、浅表的道德情绪，其中沉淀了理性反思，内隐了一定的社会道德价值观念，是一种稳定的、深沉的社会性的道德情感表达。与基于亲情、友情、爱情基础上的自然道德情感不同，这种道德情感需要进行反复教化才能养成。教育者通过正确的教育引导，使道德主体对传统美德行为产生荣誉感或认同感，对失德行为产生耻辱感和正义感，是驱动人们践履传统美德的关键因素。由此，道德实践活动中，教育者应尤为重视培养人们正确的荣辱感、知耻感、认同感、正义感。

---

① ［古希腊］柏拉图：《理想国》，郭斌和、张竹明译，商务印书馆1986年版，第84页。
② ［古希腊］亚里士多德：《尼各马可伦理学》，商务印书馆2003年版，第39—41页。
③ ［美］拉斯戴尔·麦金太尔：《追寻美德》，宋继杰译，译林出版社2011年版，第189页。

（二）加强意志力和实践能力训练

道德的本质在于它的实践性。加强道德意志力和行为实践能力的训练，能够促进个体美德的养成。首先，在道德决定和践履过程中，人们经常会遭遇到自身的懒惰、保守、胆怯等消极个性品质或外部多种诱因的阻力。要战胜人性的弱点，就需要培养坚定的道德意志力。"道德意志力就是人们在道德行为过程中，为一定的道德目的而排除干扰和克服困难而厉行的心理过程。"① 道德意志力的培养重在培养道德抉择的果敢性、自制性和坚定性。缺乏道德意志力，做事情就很容易半途而废，良好的道德习惯难以养成；毛泽东曾经说过："一个人做点好事并不难，难的是一辈子做好事，不做坏事……这才是最难最难的啊！"② 坚持一辈子做好事，而不做坏事，需要道德意志力的支撑。其次，行为实践能力的高低，决定着行为结果的成效。道德主体缺乏实践能力，要么停滞在只"知"而"不行"的阶段，要么具有良善的动机却难以达到良善的行为效果。成功地做好事，而不是好心办坏事，需要提升自身的行为实践能力。道德意志力和实践能力的培养不是道德说教、坐而论道的事情，而是要在多次反复的实践活动中锻炼养成。遇到困难不气馁、不退缩，不怨天尤人，不轻易放弃是具有坚强意志力的表现；通过积累经验、掌握技术，提升自身的道德行动力，同时取得好的成效，是具有行为实践能力的体现。

传统美德的教育培养是复杂和长期的教育工程。传统美德的养成在于个人一生一世的坚守，坚持不懈、持之以恒做好事，最终才能成为品德高尚之人。没有日常中践行传统美德的点滴积累，只可能偶尔做一件好事，并不由此成为一个具有良善德性的"好人"。对一个"好人"的判断，取决于他一连串的长期稳定行为，而不是某一次的偶然行为。好的品质需要通过外在行为实践来体现，好的品质也只能在行为实践中经由习惯而养成，这是一个"由易到难"、"由近及远"

---

① 王淑芹：《大学生诚信伦理研究》，人民出版社2012年版，第101页。
② 中共中央文献研究室：《毛泽东文集》（第2卷），人民出版社1993年版，第261页。

的实践过程。"由易到难",是由较为容易完成的"小事",提升到需要付出一定道德牺牲才能完成的"大事"的过程,是日积月累的由量变到质变的进步过程;"由近及远",是由正确对待日常的事、善待身边的人做起,是由具体到抽象的升华过程。经过"由易到难"、"由近及远"的坚持和超越,形成稳定的行为习惯,达到道德自由的状态,也就完成了道德他律向道德自律的转化过程。

（三）保证实践的连续性和长期性

传统美德的养成是一个过程,具有渐进性、累积性、习染性。孔子总结自己的人生历程,至七十"从心所欲不逾矩"。古语讲,"人到七十古来稀"。如孔子这般的伟人,在七十才达到从容豁达的道德自由境界,可见,成就为一个品性高尚的人,需要历经长期的人生修为与磨砺。孔子告诉世人一个素朴的人生哲理:只有坚持不懈才能最终"成人",达到人的最终完成式。孔子讲"性相近,习相远",个人品格境界的高低不是因为人性的差异,而是由个体道德实践活动的不同所导致的结果。个人道德品质和道德境界的差距,是在长期的道德修养过程中慢慢拉开的,而不是人生一时一地幡然顿悟的结果。王安石说:"夫教化可以美风俗,虽然,必久而后至于善。"（《王文公文集》卷三十四《明州慈溪县学记》）教化可以美风俗,这是自然的,但要长期坚持才能功德圆满。行为习惯的养成是一个艰难的过程,也是一个长期的过程,决不是搞几次轰轰烈烈的活动就能富有成效。当前的许多道德教育实践活动,多数都只是昙花一现的短期行为,或说是被动应景式的一次性活动。既然美德的实践养成是一个坚持不懈的过程,需要在反复的实践中得到磨炼和升华,那么短期行为或一次性活动就无法保证参与者从中获得稳定性的品质。颜回是孔子的得意门生,孔子对其有很高的德行评价。他对颜回的肯定,就在于颜回身体力行"三月不违仁","颠沛流离"状态依然坚守。"三月"是一个持续不断的过程,通过"三月不违仁"的长期实践,才能获得相对稳定的"仁"的品质,最终成为"仁人",而不仅是偶尔能够行仁之事的人。人们是非常欢迎并乐意参与各种有意义的社会实践活动的，只是过去由于种种原因，活动开展得不够广泛、不够经常。新时代的历史条件下，广大教育者和思想政治工作者应该更新观念，积极策划组织各种道德实践活动，同时要有具体的实践方案和相应运行机制的保障，否则实践活动只徒有形式的意义，没有实质精神的传承。

克服我国思想道德教育现状中重理论教学、轻实践育人的倾向，就要特别重视道德共同体中的实践养成。一是要清醒意识到道德共同体对个人美德形成的价值观引导作用和各种社群的协同作用。二是重视实践活动在美德养成中的关键作用。高兆明老师认为，"在中国古代，'德行'同时具有美德（virtue）与美行双重含义，较之'德性'更为深刻、更注重实践性。"① 即是说，涉及内在道德品质的行为称"德之行"。君子要将形于内的"仁"践行于外，做到内外一致、"性"与"行"的统一。中国古代"德"字强调内心修养与身体力行相统一的意蕴，充分证明了"德"之实践性品性。离开实践，传统美德养成没有现实的根基，就无法从一种理想观念转化为一种现实品质；离开实践，传统美德失去呈现的载体，传统美德无所依托，其光芒就无从显现。

第三节　完善制度和机制保障

制度包括一整套的社会规范体系和运行机制，不同于一般意义上的规则、守则或习俗，它具有更大的适用性范围。"制度的基本任务就是对个人行为形成一个激励集……通过这些激励，每个人都将受到鼓舞而去从事那些对他们是良有益处的经济活动，但更重要的是这些活动对整个社会有益。"② 也就是说，社会的制度安排具有价值导向功能，塑造着国民的集体性格和道德品行。美国的第二任总统约翰·

---

① 高兆明：《伦理学理论与方法》，人民出版社2005年版，第7页。
② ［美］丹尼尔·W. 布罗姆利：《经济利益与经济制度——公共政策的理论基础》，陈郁等译，上海三联书店2012年版，中译本序第1页。

亚当斯说："美德是由完善的宪政造成的效果，而不是造就宪政的原因。而且如果能让坏蛋们相互看管（不做坏事），也没有理由不相信强盗们也能建立起共和。而且，就算是强盗，也能从他们相互争斗的经验中学会诚实。"① 从这个意义上说，一个人的美德既是他个人的，更是那个制度塑造的，而且制度应该说是更为重要一些。

一 宏观层面的制度保障

马克思认为，"既然是环境造就人，那就必须以合乎人性的方式去造就环境。既然人天生就是社会的，那他就只能在社会中发展自己的真正的天性"②。从唯物史观出发，马克思在此强调外在环境对道德品格的塑造发挥着根本性作用。要改善社会道德状况，提升个体道德水平，前提应当首先从改造社会制度做起。"制度好可以使坏人无法任意横行，制度不好可以使好人无法充分做好事，甚至会走向反面。"③ 好的制度能把坏人变为好人，坏的制度能把好人变为坏人。一种制度对做好人还是做坏人的影响是根本性的。如果不是把传统美德的教育和弘扬作为一时的权宜之计，而是作为一个长期的系统工程来抓的话，必须有完善的制度保证，否则很难奏效。

（一）完善经济制度促进道德进步

就经济与道德的内在关系而言，道德具有相对独立性、对经济发展具有反作用，但更为根本的是，经济是道德的基础，对道德发展起决定性作用。中华传统美德有效继承发展与转化的基础，在于完善的经济制度的建立。

新时代条件下，坚持发展市场经济，能为传承弘扬中华传统美德提供坚实的物质基础，益于传统美德由理想变为现实，且为其发展转化提供可能性条件。优良的经济制度，能在最大可能性范围内调动人们的生产积极性和创新能力，从而为社会提供巨大物质利益成果。物

---

① 转引自徐贲《政治是每个人的副业》，东方出版社2013年版，第12页。
② 《马克思恩格斯文集》（第1卷），人民出版社2009年版，第335页。
③ 《邓小平文选》（第2卷），人民出版社1994年版，第333页。

质利益是人们生存发展的首要条件，解决好民众的利益问题，才有前提条件追求精神文化生活，成为具有传统美德之人。毛泽东讲："要发动群众的积极性，就得关心群众的痛痒，就得真心实意地为群众谋利益。"① 新时代历史条件下，真心实意为群众谋利益，就要解决好就业问题、住房问题、养老问题、教育问题、空气质量问题、饮食安全问题等。而这一系列基本问题的解决，从根本上说，需要建立优良的经济制度。改革开放和市场经济建立释放了经济活力，为道德进步提供了坚实基础，开辟了广阔天地。虽然社会上也出现了诚信意识淡薄、艰苦奋斗精神淡化、社会责任感缺乏、互助协作观念较差等问题，但我们不能把这些与传统美德相背离的突出问题归因于市场经济制度的确立。市场经济的发展并非是传统美德丢失的主要原因，相反在市场经济体制下，自由、平等、公平、法制等观念的深入人心，更有助于传统美德在现代社会的发展和转化。当代中国要继续发展和解放生产力，要充分满足人们对美好生活的需要，必须坚持市场经济。

发展市场经济，为道德进步提供物质基础，并不能保证中华传统美德传承发展不会出现问题。这就要求通过有效的市场管理，克服市场经济的负面影响，同时进一步完善公平正义的分配制度。市场经济以货币为中介，一切交换都通过金钱，一切商品都能以金钱去衡量价值。这种观念和等价交换原则侵入道德领域，就会出现权钱交易、权色交易、权力寻租或腐败现象，尚义重义的美德传统就会遭受冲击。这是现代社会道德领域矛盾斗争的新形态、新特点，有人把原因归结为市场经济制度本身。其实，这里还存在一个制度与治理的问题，制度并不等于治理本身。"当前市场经济条件下出现的乱象，不在于实行社会主义市场经济制度，而在于治理，也就是必须有一套治理和管理市场经济的法律和道德规范。"② 缺乏依法管理市场经济的方法和能力，一味放任市场经济盲目发挥作用，必然导致市场失信、传统美

---

① 《毛泽东选集》（第1卷），人民出版社1991年版，第138—139页。
② 陈先达：《文化自信中的传统与当代》，《光明日报》2016年11月23日。

德缺失。针对这种情况,今后具体的制度改革和实施执行,必须要充分体现传统美德的规范要求,符合人们对传统美德的追求期待,实现经济目标和传统美德导向的有机统一。尤其在关系到民众根本利益的重大民生问题上,要妥善处理好各方面的利益关系,解决好发展的不平衡和不充分的问题,充分体现制度的公平正义性,引导人们形成正确的道德判断,从而自觉主动地认同并弘扬中华传统美德。

总之,市场经济制度下,随着物质文明的提升,民众摆脱了以往物质条件的限制获得更大解放,自由、平等、公平等进步观念深入民心,这些为实现中华传统美德的继承发展和现代转化提供了极大可能性。新时代的条件下,需要进一步完善市场规范管理,完善与人们现实利益密切相关的分配制度,有效促进经济制度与弘扬传统美德的良性互动,消解市场经济可能带来的负面影响,也即用人的精神解放、自由与丰富来抗拒物欲的奴役和金钱的盘剥,使人文精神的存在和商业原则的存在构成必要的平衡。[1]

(二)完善政治制度确保"德福一致"

道德与政治作为意识形态的内容,两者之间具有内在关联性。一个政治清明的国家,有助于从整体上培育全体国民的美德。毛泽东说:"只有在阶级消灭后,才能实现己所不欲,勿施于人的原则。"[2]也就是说,只有消灭阶级建立社会主义民主政治制度,才能使儒家的道德理想由"应然"转化为"实然",由理论转化为现实,由封建价值体系转化为社会主义价值体系。

政治制度安排具有塑造国民德性的重要作用。传统儒家认为道德是一个社会盛衰兴亡的决定性因素,在社会生活中具有法律、制度所无法替代的作用。尤其君主的政治品格或说德行的完善,更为社会兴衰之所系。孟子说:"君仁莫不仁,君义莫不义,君正莫不正。一正君而天下定矣。"(《孟子·离娄上》)荀子说:"君者,民之原也;原

---

[1] 赵行良:《中国文化的精神价值》,上海古籍出版社2003年版,第269页。
[2] 《毛泽东文集》(第3卷),人民出版社1996年版,第27页。

清则流清,原浊则流浊。"(《荀子·君道》) 固然清正廉洁的官员某种程度上可以缓解恶劣的政治制度本身所造成的消极后果,但却无法从根本上弥补政治制度的缺陷。相比官员的官德,优良政治制度本身的创建更为根本、更为基础,也更为至关重要。一方面,在专制制度下,"让权势阶层进行自我约束,企图以此来实现和维持不同阶层之间的相对公平合理的利益关系,终究是一个幻想"①。"在上"的权势阶层掌握着政治权力以及其他资源,而"在下"的无权力者不能有效监督制约权力,人性的贪欲就会侵蚀传统美德;另一方面,对于普通民众只教其成为恭顺、服从的顺民,具备德性的目的也仅仅是维护部分"在上"者的利益。传统美德由此变成了国家权力的附庸,变成了一种国家利用个人的手段,相对于国家所要实现的统治目的只具有次一等的意义。自然,"在上"者的道德伪善和"在下"者的道德强加,都无法真正体现传统美德精神及其自身价值,传统美德只能停留在理论的理想完善状态,甚至走向它的反面。

新时代的历史条件下,社会主义民主制度的建立使得广大人民成为国家的主人。不同于专制体制下,伦理道德的尊卑有别,"在自由民主的生活中,实含有深刻的道德意义"②。弘扬传统美德对干部官员不再是道德伪善,对于普通百姓不再是道德强加,这就为中华传统美德的发展转化提供了有力的政治制度保障。通过深化改革,进一步完善政治制度,旨在充分实现人们追求的"德福一致"。"德福一致"向来是践行传统美德的动力源,也是人们传承传统美德的信念支撑。一个公平正义的政治制度,应该让真正"有德"之人受到社会敬重、享有尊严的生活,得到应有的福报,反之亦然。如果"无德"却地位显赫、重权在握享有福报,"有德"却位卑言轻、处处吃亏遭遇恶报,中华传统美德便失却其吸引力。一个社会政治制度的安排越能充分实现"德福一致"律,人们追求传统美德的积极性就越高,社会

---

① 贾新奇:《论德治论的传统形态与现代形态》,《天津社会科学》2007年第3期。
② 韦政通:《中国思想传统的创造转化》,云南人民出版社2002年版,第287页。

道德风气就越好；反之，"德福"之间越背离，人们对传统美德的需求就越低，整个社会道德就会出现总体滑坡。亚里士多德说："最优秀的政体必然是这样一种体制，遵从它人们能够有最善良的行为和最快乐的生活。"① 一个政治民主、奖惩得当的社会能够最大程度保障"德福一致"律的充分实现，从而为人们普遍追求中华传统美德提供充足的动力源。同时，政治民主制度也为传统美德的现代转化提供根本保障和价值方向。

（三）完善法律制度鲜明道德导向

法律制度体现着一个社会的核心价值观念，并通过强制性手段纠正社会上的不良行为。《新时代公民道德建设实施纲要》中强调，"要发挥法治对道德建设的保障作用和促进作用，把道德导向贯穿法治建设的全过程"②。法律与道德作为行为规范，约束和引导着人们什么应当做、什么可以做、什么绝对不能做。二者的重要区别在于，法律具有强制性特征，道德却主要诉诸人的自觉与自律。以法律强制性为保障，能够在道德自觉无法发挥效力的状况下起到绝对约束作用，使道德履行具有双重保证，正所谓"明礼以导民，定律以绳顽"。另外，法律上的道德关怀，也能够激发人们的道德认同感，为美德践履者解除后顾之忧，保障其合法权益不受损害。

第一，立法扬善。这是以正面肯定、倡导、鼓励的形式，引导人们向上向善。"美德的教育力量来自法治和政治秩序，因为个人美德并不会自动转变为这个制度所需要的公民美德。"③

立法扬善是对中国古代社会"以法辅德"传统的继承和发展，通过"德法双用"促使道德理想转变为现实。但传统的"法"是根据皇上旨意和宗法血亲利益制定的"一人之法"、"一家之法"，难以代

---

① ［古希腊］亚里士多德：《政治学》，颜一、秦典华译，中国人民大学出版社2003年版，第230页。
② 《中共中央国务院印发〈新时代公民道德建设实施纲要〉》，《人民日报》2019年10月28日。
③ 徐贲：《政治是每个人的副业》，东方出版社2013年版，第10页。

表公意，也就不能真正促进人的自由全面发展和道德文明进步。例如，宋代《守刑律》中对女子"贞德"的法律规定，其实质是巩固落后愚昧的道德戒律，是一种缺乏人道精神和科学精神的"离德"。当今社会，社会主义法律制度体现着法之"公正"精神，由"以宗法伦理为架构准则转换成以公众民意为架构准则，通过法建立民众权利意识而达到建设道德自觉的目的"①。比如，1982年《中华人民共和国宪法》第二十四条就提出，"五爱"是每个中国公民必须遵守的基本道德规范。2018年3月11日第十三届全国人大一次会议通过《中华人民共和国宪法修正案》，倡导将社会主义核心价值观写入法律。又比如，现行宪法明确规定"成年子女有赡养扶助父母的义务"、倡导子女"常回家看看"，即是通过立法肯定"孝"的价值，以在全社会范围内弘扬"孝"德。现行《道路交通安全法》第四十七条规定车辆行驶斑马线要"礼让行人"，无疑是对传统"明礼"美德的当代弘扬。新时代历史条件下，适应改革开放和社会主义市场经济发展的要求，需要及时把实践中得到民众广泛认同和具体操作性强的传统美德转化为法律规范，推动诚实守信、见义勇为、勤劳节俭、孝老爱亲、志愿服务、保护生态等方面立法工作，充分发挥法律制度对道德建设的保障和促进作用，以法治力量凝聚人心、守护美德。

第二，立法惩恶。仅仅凭借讲道理的德育，对大多数凭感情生活的人是无效的。"我们也需要这方面的，总之，有关人的整个一生的法律。因为，多数人服从的是法律而不是逻各斯，接受的是惩罚而不是高尚的事物。"②

历史上通过立法惩恶制恶，以引导塑造美德的法律不胜枚举。例如，秦汉之后，封建统治阶级为维护等级特权和宗法关系，极力提倡"忠"、"孝"两德。《北齐律》规定"重罪十条"，不孝、不敬、不

---

① 李承贵：《德性源流——中国传统道德转型研究》，江西教育出版社2004年版，第297页。

② [古希腊]亚里士多德：《尼各马可伦理学》，廖申白译注，商务印书馆2003年版，第313页。

义都要被定罪判刑;《唐律》中将"不忠"、"不孝"定罪为"十恶"中之重罪。新时代背景下,立法惩恶就要聚焦民众最为关心的、较突出的社会道德问题。首先,要惩治政府公务人员滥用权力行为,以树清正廉洁之德。惩治腐败是新时代党的政治建设的重要任务。党员干部腐败将严重影响执政者的执政形象,降低民众对政府的信服力和信任度。反腐需依靠党员干部自我革命和自我教育,但更为起效的方式是依靠法律手段。无论我们对先验人性保有怎样的乐观判断,通过历史考察,我们都会发现:人性的经验事实却是贪婪战胜美德。在人性不可靠的事实面前,法律及其制度建设显得尤为重要、尤为关键。其次,要惩治企业经营者欺骗欺诈行为,以树诚信之德。企业作为市场经济主体,追求利润最大化是其本性。当一个企业计算其失信成本远远低于利润收益时,背信弃义就成为其"理性行为"。抑制企业的失信失德行为,仅依靠企业的高度自律和社会责任感是完全不够的,必须建立起严格的法律惩戒机制。最后,严肃惩治污蔑诋毁英雄、伤害民族感情的恶劣言行,尤其是损害国家尊严、出卖国家利益的行为,以弘扬公忠爱国之德。经济的全球化,并不等于全球政治与文化的一体化。只要民族国家继续存在,爱国主义就具有伦理上的正当性。千百年来,鼓舞中华儿女自强不息、艰苦奋斗的强大精神支柱,正是中华民族的爱国主义传统。但由于受不良思想文化侵蚀以及网络上有害信息的影响,损害国家荣誉与尊严、出卖国家利益、否定中华优秀传统文化的错误言行时有发生。"对不尊重国歌国旗国徽等国家象征与标志,对侵害英雄烈士姓名、肖像、名誉、荣誉等行为,对破坏污损爱国主义教育场所设施,对宣扬、美化侵略战争和侵略行为等依法依规进行严肃处理。依法严惩暴力恐怖、民族分裂等危害国家安全和社会稳定的犯罪行为。"[①] 通过法律惩恶,让败德违法者受到惩治、付出代价,使广大民众从中感受到公平正义,进而形成正确的道德判断,才能以礼敬自豪的态度对待中华传统美德、传承弘扬中华传统

---

① 中共中央国务院印发《新时代爱国主义教育实施纲要》,《人民日报》2019 年 11 月 13 日。

美德。

第三,立法给予美德关怀。生活中不少美德行为不仅属于道德范畴,而且经常关联牵扯到法律。立法给予美德关怀,就是要通过立法明确界定生活实践中人们感觉边界模糊的美德行为,保护美德义行者的合法权益,关心关爱美德模范,形成德者有得、好人好报的价值导向。例如,2019年2月引起网友广泛议论和高度关注的"见义勇为反被拘"事件①,并非首次针对见义勇为事件的热议。国家层面目前没有出台专门界定见义勇为的法律法规,与见义勇为最为接近的法律概念是正当防卫。正是由于缺乏法律方面的明确依据,特殊情况下很容易错断当事人的责任与对错,随之社会正能量也会被一次次"冤情"沉重打击,路见不平出手相助的美德将黯然消失。可见,制定一部独立、统一的见义勇为人员权益保障法,是改变现状的较好途径。再如,公忠爱国是中华民族传统美德。虽然我国宪法明确规定,保卫祖国、抵抗侵略是每个公民的神圣职责,但对"不爱国"的具体言行并没有明确具体细致的规定。一方面,我们大力宣传"爱国主义"思想,高度重视"爱国主义"教育;另一方面,多数民众甚至不少大学生,对"爱国"也仅是感性层面模糊理解,行政管理者更是存有很大程度上的主观性任意解释。大学生因"不当言论"受学校处分,以"爱国"名义砸毁、殴打、辱骂,这些事件之所以引发广泛热议,出现立场对立和观点分歧,说明我们迫切需要一个具体明确的法律上的依据来为人们的言论行为划清边界。什么属于"不当言论",什么是自由的"正常言论"?是否有明确标准和范围规定?什么是理性爱国的边界?出现"言论不当"或"非理性爱国",应以什么样的标准和方法进行处理?"爱国行凶"案件中,"爱国"是否可以作为"减罪理由"?是否为"爱国"做出任何事都没有错?针对这些疑问,只有加紧和完善相关立法工作,定期发布道德领域典型指导

---

① 2019年2月17日在福州工作的哈尔滨人赵宇,发出求救微博,称因听到呼救声而下楼阻止邻居施暴,其间与施暴者产生肢体冲突,后被认定为涉嫌故意伤害罪刑事拘留14天。

性司法案例，给予充分的美德关怀，才能促使人们真正从理性层面把握传统美德的精神实质，让中华文化基因更好植根于人们的思想意识和道德观念。

当然，法律在美德养成中的作用也是有限度的。在正义严明的法律制度保障下，并非人们会自然而然地自律行善。"刑罚可以防止一般邪恶的许多后果，但是刑罚不能铲除邪恶本身。"[①] 法律的强制性只涉及人的外在行为，无法深入人的内心世界或说人的动机层面，对美德养成并不起决定性作用。如果一个人没有从内心对伦理道德的根本认同，一旦有机可乘可以逃脱法律的惩治，他们依然会做出种种不良行为。"没有道德的支持，法律就不成其为社会的组成部门，而仅仅是写在官方文件上的词句，只显得空洞且与社会无关。"[②]

二 微观层面的机制配合

宏观方面的制度安排提供的是基础性的保障条件，形成促进认同与践履中华传统美德的大气候、大环境；微观层面的机制配合，是在基础保障完善前提下的有针对性的政策安排与社会设置，以共同协力促进中华传统美德的传承和弘扬。

（一）完善奖励机制激发道德热情

奖励机制是建立在人们普遍"求利"、"求名"和"避害"、"避辱"的心理事实基础上。奖励分为物质奖励和精神奖励两种形式，前者包括奖金、奖品、津贴、福利等；后者包括颁发荣誉证书、授予荣誉称号、升职升迁等。利益，尤其物质利益是人们生存的基础，也是人们行为的强大动力诱因。孔子讲"君子喻于义，小人喻于利"，即是看到了"利益"对普通民众的重要性；只有少数的文化或道德精英，能够自觉地把高尚的精神境界追求作为人生的最终追求。邓小平

---

① ［法］孟德斯鸠：《论法的精神》（上册），张雁深译，商务印书馆1959年版，第375页。
② ［英］罗杰·科特维尔：《法律社会学导论》，潘大松等译，华夏出版社1989年版，第88页。

也讲过,"不重视物质利益,对少数先进分子可以,对广大群众不行,一段时间可以,长期不行"①。日本的涩泽荣一在《论语与算盘》中主张将《论语》作为经商和立身处事的准绳,学术界有关于"道德资源"的说法,这些都预设了"利益"是人性之普遍欲求。以"利益"回报为手段能够导引、驱使人之善行,无疑物质奖励可以成为劝人向善的一种重要手段,为善行提供原始驱动力。在久而久之的实践中,行为者实现他律向自律的转变,养成一种良好的道德行为习惯,获得稳定的道德品质,这是实施奖励机制的重要逻辑根据。

历史上,先秦法家韩非最为注重奖罚手段的运用。但这种靠利益驱动、缺乏人文内涵的做法,却为部分学者所担忧和批评。他们认为,"从培养稳定的德性而言,这种方法困难不小,因为这种方法完全依赖于外在的赏罚措施,从而是完全他律的,难以转化成自律的品质。"② 其实,就个体道德品质形成规律而言,无不经历一个从"他律"到"自律"的转化过程,因为不可能一个人天生就是圣人。奖励机制是利用人们普遍"求利"本性,激励人的美德善行。但作为道德主体自身而言,却不能把外在劝善的利益作为终极"目的"去追求。道德的价值恰恰在于它的非功利性动机,如果不是出于对道德义务的敬重心,而是出于外在功利的计算,人之道德境界、道德品格永不能攀升。如若整个社会风气仅以权衡利益大小为行为选择的风向标,必然出现物质文化、享乐文化、个人主义至上的倾向,从而陷入文化大危机。物质或精神奖励是事后的一种补偿或说社会性的回报,体现的是一个社会对价值标准的选择倾向性。道德主体只有把外在的激励转化为内在的道德需要,为"道德"而"道德",而不是为着"外在利益"而"道德",才堪称具备了美德。

综上分析可知,不能把奖罚手段作为传统美德养成的唯一方法。诉诸利益激发的是一种道德热忱,但从长远的效果看,社会更需要道

---

① 《邓小平文选》(第2卷),人民出版社1994年版,第146页。
② 詹世友:《美德政治学的历史类型与现实型构》,中国社会科学出版社2015年版,第113页。

德真诚。康德就认为如果不是出于道德的真诚和纯粹的道德动机，或说不以对道德法则的敬重作为行为原动力，将会导致"伪善"。他说，"那些经验原则，不论在哪里，都不适于作道德规律的基础。……这个原则向道德提供的动机，正败坏了道德，完全摧毁它的崇高，它把伪善的动机和作恶的动机等量齐观，只教我们去仔细计量，完全抹杀了两者的特别区别。"① 单纯以利益诱惑劝善或说进行美德教育，将存在从源头上污染美德的风险。在中国夏商之后，伦理精神中的"德"字就兼具"得道"和"得到"的双重意涵。但"德"决不是"得"的工具手段，而是"得"的条件或配享"得"的前提。在这点上，康德的思想与中国伦理精神中"德"的意蕴相同。康德并不是从一般意义上反对幸福，他不否认幸福为完满的道德所必需，"但他所着重的不是幸福，而是去研究怎样才值得幸福，才配得上享受幸福"②。由此，道德教育实践中，除了诉诸利益劝善外，应同时注重以"道"立"德"、以"诚"养"德"，重视道德的文化功能。

（二）完善社会保障机制提供外在支持

首先，补偿美德义行造成的利益损失。完善的社会保障机制，可以很大程度上消除人们践行美德的后顾之忧。例如，见义勇为基金会的建立就是为了减少实施见义勇为行为造成的利益损失，维护道德主体的道德情感，让"英雄流血不流泪"。"见义勇为"是中华民族的传统美德，具有永恒价值和意义。只有敢于牺牲、不计较个人得失，才能构筑和谐友善的社会环境；只有勇于同邪恶势力、非正义行为作英勇斗争，才能净化社会风气。但在现实生活中，见义勇为常常伴随着巨大风险，个人物质利益的重大损失、身体的损害损伤甚至牺牲。尽管从个人角度讲，道德义务的履行并不以道德权利的保障为前提、动机和目标；但从社会角度讲，一个公正的社会，不应该忽视人们道

---

① ［德］伊曼努尔·康德：《道德形而上学原理》，苗力田译，上海人民出版社2005年版，第63页。

② 同上书，第7页。

德权利的客观存在。如果一个社会不能从物质上给予必要的保障或说补偿，就会极大挫伤人们的道德情感，继而挫伤践行美德的积极性。当人们普遍出于理性的权衡，认为"多一事不如少一事"，"道德冷漠"就会大量出现。事实上，无论如何界定人与人性，研究人的需要，道德需要无疑是人的基本需要，不能因为社会存在无德、缺德或恶德之人就否定人们对道德的普遍需要。当社会保障机制的建立和完善可以为人们的善行尽量减少风险和损失、消除后顾之忧，普遍的道德需要便会被充分激发，随之会出现更多果断、及时的美德义行。

其次，为美德义行提供支持性的政策条件。美德的践履和实现，一则关涉道德主体自觉自愿的内在动机，再则关涉外在客观条件的支持度。党和政府从促进美德建设的角度，制定更多具有权威性、导向性和示范性的决策，能为承继传统美德提供强大的外援力量，从而有利于美德动机向美德行为的现实转化。只有政策制度充分体现美德要求，符合人们的美德期待，实现政策目标与美德导向有机统一，才能促进政策制度与美德养成的良性互动。例如，从中国的特殊国情出发，设立"独生子女护理假"；给予独生子女弹性的带薪休假机会；从政策上鼓励社会机构养老，构建社区与民资共建的融合养老服务模式，整合机构养老和居家养老两种优势等。这些支持性的政策条件，能够有效缓解独生子女的养老压力，摆脱尽孝与尽职相冲突的两难困境，从而有助于将孝心、孝情转化为孝行，使孝老爱亲美德真正落到实处。

再次，为美德义行提供外在环境和氛围。"美的环境是美德的一个必要的外在条件。美德虽然美化环境，但一个道德行为没有美德环境的配合仍无法给人以在整体上美的愉悦的感受，外在环境和氛围等的创设和营建就成为社会机制上必须系统运思的必然环节。"① 对美德审美效果的产生，离不开美丽有序的物理环境的衬托。美化城市、乡村、街道等周围生活环境，有助于人们在愉悦宜居的环境中实践美

---

① 许建良：《析论中华传统美德的本质》，《当代中国价值观研究》2016 年第 6 期。

德、承扬美德。

总之,一国国民的行为取向和国家制度设置密切相关。公民良好道德习惯的养成是一个长期的、渐进的过程,离不开严明的规章制度。① 一方面,没有制度的强制性保障,民众往往面对"德福背离"的命运,遭遇"英雄流血又流泪"的时代悲剧,从而导致因道德信念动摇而产生道德冷漠;另一方面,没有制度的强制性约束,恶德恶行成本将极大降低,人们便放松自我道德克制而走向机会主义,不惜以败德违规行为获取自身利益的最大化。"当着人们发现败德为获利的捷径时,败德之事即如江河之就下,沛然莫之能御。这样导演下来,整个社会文化就走向癌化。"② 制度建设的意义就在于引导、塑造社会成员的美德,促使整个社会文化呈现出向上向善的积极态势。

(三) 完善教育保障机制推动传统美德"三进"

深化推进中华传统美德的承扬,需要在国民教育体系中适度增设传统美德教育的理论与实践课程,保障传统美德能够进教材、进课堂、进头脑。首先,中小学阶段需要保障多学科协作与融合,且以实践课程为主,重在良好美德习惯的养成。中小学除语文教材之外③,历史教材、地理教材中也应加大承载传统美德的传统文化内容,做到内容更全、分量更重。小学阶段,尤其可利用传统文化中的古诗词教学,挖掘阐发其中蕴含的中华传统美德。古诗词朗朗上口、节律性强,适合小学生学习和背诵。教师在知识讲解过程中,需充分挖掘其中蕴含的美德因素。"谁知盘中餐,粒粒皆辛苦"蕴含了勤劳节俭美德;"谁言寸草心,报得三春晖"表达了知恩图报孝德;"苟利国家生死以,岂因祸福避趋之"体现了公忠爱国之志;"读书不觉已春深,一寸光阴一寸金"表达了惜时好学精神;"长风破浪会有时,直

---

① 中共中央通知认真贯彻执行《公民道德建设实施纲要》,《人民日报》2001年10月25日。
② 殷海光:《中国文化的展望》,上海三联书店2002年版,第522页。
③ 2017年9月全国小学生和初中生开始使用"部编版"语文教材,传统文化篇目大幅增加,达到124篇之多。

挂云帆济沧海"反映了自强自立精神;"落红不是无情物,化作春泥更护花"蕴含了责任奉献精神。通过古诗词的学习,让学生在审美意境中受到传统美德的感染熏陶。中华传统美德的传承弘扬不单是思想品德教师的任务,其他科目教师尤其是语文老师同样担负着重要的德育责任,只有各科教师同心协力、同频共振才能提高传统美德教育的实效性。其次,高等院校课程设置中,应增设有关传统美德的伦理课程,重在促进大学生形成正确的人生观、价值观,提升个体品德修养,坚定文化自信。新中国成立,受苏联教学体制模式影响,1952年,伦理学课程在高校院系调整时曾被当作伪科学而取消。直到1960年前后,个别高等院校又重新开设伦理学课程,但随后的"文化大革命"又使正常的伦理学教学和科研工作遭到干扰。"文化大革命"结束后,伦理学课程重新进入高校,不少院校开设了"中国伦理思想史"课程,部分高校开设了"中国传统文化概论"课程,但仅涉及很少的几个专业,覆盖面十分有限。1982年,成立了思想政治教育专业,伦理学为专业学位课程。2005年改革方案之后,高校思想政治理论课程广泛开设,覆盖所有专业。中华传统美德教育是《思想品德修养和法律基础》课程的部分教学内容,为大学生广泛接受传统美德教育提供了机制保障。但如此力度分量,对满足新时代治国理政的实践需求仍显不足。当今时代,文化不仅是一个学术问题,更是一个政治问题。"对于一个民族来说,重视自己民族精神并以优秀文化传统培育自己的人民尤其是青年人,就是强化民族团结、生存、发展的精神力量。"[①] 我们要建设文化大国、文化强国,增强中国人的文化自信,提升中国人的文明素养,就需要把传统美德教育以足够分量纳入国民教育体系之中。由此,在高校课程设置中增设有关传统美德的伦理课程以及鼓励支持高校教师增开有关选修课程,势在必行。

(四)完善媒体监管机制保障传统美德正面传播

公共媒体是现代社会的产物,它极大地推动了知识、观念和信

[①] 陈先达:《文化自信是对民族生命力的自信》,《贵州民族报》2017年9月1日。

息的传播。传统社会，中华传统美德宣传教育主要依靠榜样示范和口耳相授的方式。改革开放前的平面媒体时代，报刊、书籍是宣传中华传统美德的主要平台；改革开放后，互联网、电视、手机等立体传媒迅速崛起，极大地推动了中华传统美德的传承和弘扬。互联网上的相关网站，电视频道中的有关节目，公众账号平台都是传播中华传统美德的重要载体。随着新时代的受众越来越倾向于选择立体传媒获取信息时，占领这一主阵地传播和弘扬中华传统美德就尤为关键。2015年12月25日，习近平在视察解放军报社时指出，"读者在哪里，受众在哪里，宣传报道的触角就要伸向哪里，宣传思想工作的着力点和落脚点就要放在哪里。"习近平的讲话同样适用于传统美德的教育和弘扬。人民大众选择读什么、接受什么，是人的主体性、能动性的体现，从人民喜欢和愿意接受的东西入手渗透传统美德观念，有利于收到良好的效果。

第一，有效监管"网游"开发，制度化规范其运作导向。我国网民已经超过8亿人，十九岁以下的青少年网民超过1/5，达到1.7亿人。这些被称为互联网"原住民"的群体是"网游"的主要参与者。现在许多网络游戏的开发，只片面注重它的娱乐价值，很少甚至从未考虑游戏本身传递的价值观念和价值取向所带来的社会负面影响力。针对这些现象，需要出台"网游"开发细则，以防止"网游""拿传统美德开涮"。例如，中华民族传统美德中以"偷"为耻，但网络"农场"可以光明正大"偷菜"的行为直接混淆了孩子们的道德是非评价标准。他们把网络的虚拟空间和现实的物理空间相混同，认为"偷"不是可耻的事情，家长天天"偷菜"却乐在其中，"偷"并非什么大不了的事情。尽管娱乐功能是"网游"的主要功能，但并非"网游"开发可以不顾及任何伦理道德的要求，无视中华传统美德几千年的优良传统。"网游"开发"一定要考虑正在成长的孩子们，是否有助于培养他们的是非辨别能力，心智承受能力，价值判断能力，

第四章　新时代中华传统美德传承的实践进路

价值判断标准,以及善良、怜悯和公平正义之心"①。仅从获取利润和迎合民众感官刺激出发,随随便便拿传统美德娱乐,将对我们下一代起到潜移默化的负面影响,误导他们正在逐渐形成的美德观念,传统美德的传承将变成一句喊口号式的空话。

第二,有效监管媒体人的公众传播平台,制度化规范其网络行为。作为影响力较大的公众人物,他们的行为方式、思想观念以及道德素养如何,对民众的影响广泛且直接。尤其,现今时代是一个"娱乐至死"的时代——"我们的问题不在于电视为我们展示具有娱乐性的内容,而在于所有的内容都以娱乐的方式表现出来。"② 人们不再彼此交流,而是彼此娱乐;人们不再交流思想,而是交流图像;争论问题不再是依靠观点取胜,而是依靠名人效应、中看的外表和媒体广告。娱乐成为人们生活的重要内容,大众媒体是娱乐活动的重要载体,媒体人是大众媒体舞台上的主角。首先,由于媒体人的公众传播平台受到广大民众的关注和追捧,他们的思想言论直接影响着民众的价值观念以及思维和行为方式。对中华传统文化不正确的认识分析、不严肃的调侃以及有意图的污名化,都将影响到民众对中华传统美德的接受和认同程度。再者,现实中许多青少年"追星族"对媒体明星的生活习惯、兴趣爱好、身高体重、星座属性等津津乐道且了如指掌,但对许多道德楷模、道德典范的伟大事迹、高尚行为却全然不知。基于这样的客观事实,我们有理由相信:媒体明星对中华传统美德的高度认同和积极主动践履会直接影响追星群体的道德观念、行为方式,从而影响整个社会的道德风气。但不可否认的是,不少时尚的媒体明星在长期接受西方文化观念、价值观念熏陶的同时,潜意识中把中国传统的东西全部看作是过去的、守旧的、落后的东西,从而将传统美德也视作是迂腐的道义。他们的言谈举止、行为方式更是常常表现出与中华传统美德的相背离。

---

① 犁航:《网游不能拿传统美德开涮》,《人民日报》2011 年 5 月 10 日。
② [美]尼尔·波兹曼:《娱乐至死》,章艳译,中信出版社 2015 年版,第 106 页。

解决问题要抓关键点，用力得当可以事半功倍。制度化地监督媒体人的公共言论，规范其网络行为，为青年群体树立传统美德的榜样形象，能有效带动青年人的积极效仿，从而形成尊重历史、尊重传统、尊重本民族文化的良好风气。

结　　语

新时代对中华传统美德的传承弘扬是全面复兴中华优秀文化、建设社会主义文化强国的题中之义。对待中华传统美德，我们仍然应该持有一个理性的态度、正确的立场，这是树立正确的历史观、民族观、国家观和文化观的认识基础，也是中华传统美德历史境遇带给我们的深刻反思。

一　树立对待中华传统美德的正确态度

道德文化的发展有其自身规律性。中华传统美德在古代社会形成、发展和完善，它既是阶级统治、社会治理的重要凭借，也是人之为人的确证。近代以来，在20世纪的新文化运动、"文化大革命"、西化思潮中，中华传统美德遭受猛烈的批判和冲击。改革开放后至当今的新时代，无论国家还是思想界都大力倡导弘扬中华传统美德。中华传统美德的历史境遇折射出它的继承发展命运之坎坷。深层反思，我们发现，中华传统美德是否具有时代价值，以及其在社会中的地位如何，主要取决于和谐目标在社会目标体系中的地位如何。

传统社会，德治是社会治理的主要方略。孔子讲："不患寡而患不均，不患贫而患不安。"（《论语·季氏》）荀子认为人性的贪欲使得人们之间存在纷争，纷争是一种乱的局面。"先王恶其乱也，故制礼义以分之。"（《荀子·礼论》）"礼"是传统社会的最高道德规范，甚至被视为全德之称。而"礼之用，和为贵"，礼的目的是求得社会的和谐安定。从"患不安"、"恶其乱"以及"大同"、"小康"社会的描述之中均能体会到儒者心中的理想社会。他们追求的是社会生活的井然有序、社会关系的安然和谐。由此，儒家倡导的有利于和谐目标实现的传统美德在传统社会发挥着极为重要的作用。它不仅渗透在普通民众生活的方方面面，同时约束着统治阶级的为政做官行为。在传统社会，一个没有德性的人，便没有安身立命之处。以至如今，道德声誉对于每一个中国人都是极为重要的。

到了近代社会，随着人们对传统和谐取向的社会价值目标的反思，富强取向的社会哲学观露出端倪。尤其救亡图存的志士仁人，他们认为近代社会的落后就在于中国长期陷溺于稳定和秩序，而忽略甚至牺牲了国家的富强、民族的振兴。传统美德的仁义礼智信、温良恭俭让显然主要是有利于和谐价值目标的实现。当近代以来的思想流派或政党把"富强"作为社会的理想目标追求，对传统美德的持批判态度便是自然而然的事情。

改革开放之后对生产力的极大解放，使得中国的经济得到突飞猛进的发展。但同时追求富强的社会目标过程中，人们物质生活水平得到改善，精神文化生活中出现了不少问题，由此积累起大量的社会问题。人们重新审视改革开放之后的经济发展，认识到单纯追求富强的社会价值目标不可能走得太远。"和谐"再次成为人们对社会理想追求的目标之一，"传统道德是一种以社会和谐为依归的文化构造，因而，当和谐在社会价值目标体系中的地位日趋上升时，传统道德，确切地说，经过批判、改造后的传统道德，必然在整个社会道德体系中占据越来越重要的地位，直至成为这一体系的一个重要组成部分。"①

"批判"中谨防虚无论。对传统美德的全面批判甚至否定在一定的历史条件下是必要的。当传统美德伦理观念束缚了人的自由创造力造成社会的停滞不前，重新审视传统美德的价值和功能体现的是中国人的文化自觉和道德自觉。相对于器物的"旧"、制度的"旧"，思

---

① 贾新奇、金银润：《中国传统道德与社会主义核心价值观的融会》，《陕西师范大学学报》（哲学社会科学版）2016年第3期。

想道德观念的"旧"确实是最坚固的壁垒。道德文化的惰性使得人们世代遵循着某种根深蒂固的道德观念，过着世代相承相继、求和求稳的生活。唯有人们道德价值观念的改变才可能改变人的思维模式、文化心理和行为方式。社会"富强"目标的实现需要人们具备积极进取的品质、需要开拓创新、勇于打破常规，但传统道德的"礼制"规范无处不在地压抑着人的个性发展和创造性潜能的发挥。鲁迅曾深恶痛绝地说"吃人的礼教"。礼教戕害的不是人的肉体组织，却戕害人的精神世界，极大否定了人的主体性存在。从实现人的自由而全面发展的理想人格来看，对传统美德的合理批判和否定具有一定的必要性。但当批判成为压倒性的主流观念时，很容易从"批判"的视角深挖传统道德的缺陷与不足。如果急于彻底改变人们的旧的道德观念，就更容易出现极端的全盘否定、否定一切传统的错误思潮，表现为对待传统道德问题上的一种"虚无论"。"虚无论"者从认识观念上，对传统道德不能加以科学的分解和辨识，统统把它们看作是封建的、迷信的、落后的、反动的、愚昧的，从而否定传统美德的任何功能和价值，甚至把它们看作是历史的包袱、社会主义现代化的绊脚石。事实上，传统道德文化不仅不是实现现代化的障碍，反而有助于发挥人文精神整合现代社会，抑制现代文明病的发展，克服重"物"轻"人"的弊端。现代化建设过程中，亚洲儒家文化圈的"四小龙"并不排斥东方的传统美德，而是以之作为精神支持，取得了突出的成就，这就是一个非常有力的明证。

"继承"中谨防复古论。社会历史经验表明，一个社会的发展无法割断它过去的传统。社会的变动和历史的沿革只会使传统的内容和形式有所变化，但并不会导致传统的中断，造成历史和现实的断裂。对于拥有5000年文明历史的中国而言，传统的价值更是无法估量的。自古以来，中国人崇德向善，积累了丰富的道德文化资源，尤其集中体现在儒家思想学说之中。那些极具绵延性和生命力的传统美德，不仅为传统社会发展和进步所需，也为新的时代发展所需要，是新时代社会主义思想道德产生、发展、完善的根基。自觉继承弘扬以儒家道德为核心的中华传统美德，发挥其人伦日用的化育功能，能丰富当今人们的精神世界，增强人们建设中国特色社会主义的精神力量。我国自20世纪80年代以来对中华传统美德的倡导弘扬，反映了中国人在对中华传统美德的价值功能理性反思基础上的文化自信。但对传统美德的肯定及其继承发扬并非不加分析的机械照搬或者僵化复制，更不是要用"儒学"取代马克思主义的指导地位。"继承"不是无原则地全盘接受一切，继承中有所扬弃才能有所发展；继承与肯定中华传统美德，并不是要无限夸大其价值作用，从而将其推至绝对的领导地位。认识不到传统美德的时代局限性，将肯定与继承走向极端化，就出现了"复古论"的错误思潮。"复古论"者主张道德建设的最终目标就是要恢复中国的"固有文化"，形成以中国传统文化为主体的道德体系。中华传统美德从其道德形态上而言，毕竟整体上属于封建的思想道德体系，如果将其不加改造和转化地奉为不可撼动的基本道德法则，将会严重阻碍中国特色社会主义事业的建设发展。

二 理性认识中华传统美德的功能和地位

对于中华传统美德，要抛弃其糟粕，继承民主的、人民性的、科学的道德理念。从建设性角度审视，中华传统美德蕴含丰富的思想精华，应该多从正面阐述其意义，发掘其仍有时代价值的因素。但对传统美德也应秉持实事求是的态度，而不能一味美化中华传统美德的积极影响，夸大其在新时代的道德功效。中华传统美德只有经过消化、吸收、转化之后，才能为今所用，丰富社会主义道德理论和实践。

第一，现代社会中传统美德伦理的作用不可替代。20世纪80年代，在全球化、后工业化的进程中，人们更多关注的是制度模式、社会治理体系以及全新的社会构成要素，而对人的关注似乎被遗忘了。事实上，在高度复杂性和高度不确定性的全球化、后工业化的进程中，更加深刻呼唤完整的人的回归。只有完整的人，才能够深深感受和理解人的需要。① 美德伦理永恒持久的文化生命力，就在于其呼唤人，让人复苏，在于其持守我们自身人之为人的本质，并且坚持我们的人性人道，"只要我们不想放弃对人类生活的温情和温度的期待，传统美德伦理的作用就是不可替代的"②。我们无法消解和抹杀传统美德伦理对现代社会的独特意义和价值，更无法否定美德的力量，这种力量的根本在于生命内在的精神感召。"美德"是人为自身立的法，是自己给自己下命令。正因为如此，孔子说："为仁由己，而由人乎哉？"（《论语·颜渊》）孟子也表达了同样的思想："仁者如射，射者正己而后发，发而不中，不怨胜己者，反求诸己而已矣。"（《孟子·离娄上》）道德的根据不在它处，就在道德主体自身。遇事当行不当行，根本取决于内在的自我命令。内在德性的向外展开或说外化，产生了客观的外在效应和利益，有利于人际和谐、社会稳定和国家进步。

第二，明确传统美德道德效力的有限性。在不少人看来，当今社会道德问题的凸显，在于人们遗忘或抛弃了中华传统美德。自然，这些人认为要解决当今社会道德领域中存在的问题，继承弘扬中华传统美德是最重要的、最根本的手段。但社会存在决定社会意识，人们选择什么样的道德观念和行为终究取决于现实的经济基础和人们经济活动的形式。解决道德问题的途径和手段不能仅局限于道德领域，更不是单独弘扬传统美德就可以奏效的事。分析道德问题出现的更深刻、更重要的原因，要回到客观的现实生活中去寻找根据。解决现实存在的问题，保障人们道德选择的正确方向，属于治本的范畴。解决道德问题是全方位的系统工程，我们不能就道德本身抓道德。如果高估传统美德的道德效力，就可能陷入治标不治本的误区。

第三，明确传统美德是社会主义核心价值观的支援性资源。社会主义核心价值观体现着国家、社会、公民三个层次的价值目标和追

---

① 张康之：《为了人的共生共在》，人民出版社 2016 年版，第 7 页。
② 万俊人：《传统美德伦理的当代境遇与意义》，《南京大学学报》（哲学·人文科学·社会科学）2017 年第 3 期。

求，是对新时代我们建设什么样的国家、什么样的社会以及培育什么样的公民等重大问题的深刻解答。对于我国公民而言，社会主义核心价值观为我们提供了基本的价值遵循和行为规范的底线。"爱国、敬业、诚信、友善"涵盖着社会公德、职业道德、家庭美德和个人品德等方面的基本内容，是每一个公民都应当遵守的。同时我们也应该意识到，核心价值观德目是高度凝练、高度概括的结果：一是德目非常有限，二是德目较抽象。要使这些德目充分发挥作用，就需要通过细化、展开和具体化使其内涵丰富，且具有较强的可操作性。在这方面，传统美德是重要的支援性资源。道德的产生和发展毕竟具有时代性和阶级性，传统美德经过发展和转化虽然能与社会主义核心价值观的要求相契合并为当今的现代化建设所用，但并不意味着它就是社会主义道德本身，更不意味着可以用它引导中国特色社会主义道德建设的方向和潮流。我们当今所要培育和践行的社会主义核心价值观，是以马克思主义理论为指导，立足新时代的中国，吸收和借鉴一切人类文明优秀道德成果，从而创造一种反映和服务于建设新时代中国特色社会主义实践的价值体系和思想道德体系。所以，弘扬中华传统美德，不是对过去的肯定性重复，决不能直接把传统美德的内容简单并列到社会主义道德体系之中，而是要经过否定之否定阶段对其发展和转化，重新熔铸到社会主义道德文化之中。在教育战略体系的层次设计之中，那些直接体现统治阶级或集团利益和意志的意识形态教育一定处于最高层次的地位。社会主义核心价值观作为现阶段我国主流意识形态教育的主要内容，毋庸置疑处于教育的最高层次，其他的教育内容均要从属于这一层次，中华传统美德教育也不例外。

第四，明确德治需与法治相结合。在古代社会，"德"与"刑"是治理社会的两种主要方略，且表现为"德主刑辅"。董仲舒有最为明确的论述："教，政之本也；狱，政之末也。"（《春秋繁露》）在古代传统社会，"法刑"具有消极的意义。这是由中国当时的社会体制尤其是政治制度所决定的，也就是说与君主专制的等级制度相适应。封建专制虽然主要目的是维护少数统治阶级的利益，但从客观上讲也需要考虑到民众与掌权者之间的最低限度的利益均衡。但专制制度本身剥夺了民众通过制度的形式制约掌权者执政行为的可能性，这就要从制度之外寻求制约力量以保障社会不陷入崩溃，儒家显然诉诸的制约力量就是统治者的"美德"，以使他们进行自我约束。孔子讲"教"、"为政以德"，都是在讲自我教育、自我约束。当今社会政治民主制度的建立，政治、法律、道德由相混一走向相分化，所谓德治、法治同古代社会有着很大区别。德治不像过去凌驾于法治之上，整个社会架构和社会秩序是以法治和德治相结合为基础的。在当今社会重视官员的"官德"，党员干部进行自我革命、自我修养仍具有重要的时代价值，传统美德在此方面可以提供丰厚的道德资源和政治智慧。但我们必须清醒地认识到，新时代的治官治吏也必须依靠法治，依靠制度的保障，德治与法治同频共振、相顾而行。

三 以广阔的视野看待传统美德的继承发展和现代转化问题

传统美德的继承发展和现代转化不仅是一个理论层面的问题，同时是一个实践层面的问题；传统美德的继承发展和现代转化也不仅是道德领域的问题，它的根基在于现代社会的最终建立。立足传统美德的继承发展和现代转化建设文化强国，是新时代的我们所要担负的文化使命。

第一，传统美德继承发展和现代转化的实现在于国民的认同和践履。传统美德的发展转化不仅是一个理论的问题，更是一个实践的问题。一方面，从理想状态出发，我们在理论层面提出传统美德契合当今社会价值观念的发展转化要求；另一方面，从实践层面而言，实现传统美德的最终转化落脚点仍在"人"自身，在于人的道德观念和行为方式的根本转变。传统美德不是经史子集的文字记述，而是中国人世代传承至今的价值观念、思维模式和行为方式。是否具有传统美德以及是否实现了发展转化，不是止步于理论的构建和创新，而是需要通过人们的行为选择、品德境界来展现。只有争取全体国民对中华传统美德的认同和践履，才是最终完成传统美德发展转化的伟大工程。这或许要经历一个很长的历史时期，但我们相信，随着国家和思想界的积极倡导，随着民众增强文化自觉意识从而坚定文化自信，越来越多的人能够在对中华传统美德感情认同度和价值认同度提升的基础上，自觉自律地实践履行。

第二，传统美德发展转化的根基在于现代社会的最终建立。社会存在决定社会意识，人们道德观念的发展转化有赖于现代社会的最终建立。提倡弘扬中华传统美德的目的在于发挥道德作为意识形态对民众行为的指导作用，从而实现每个人自由全面的发展。人们的道德观念来源于社会生活，有什么样的社会制度、经济基础，就有什么样的道德价值观念。中华传统美德是否能够发展转化，取决于现代社会是否能够真正建立。人是现代社会的缔造者，但同时一个社会的制度和环境发挥着教育人、培养人、塑造人的重要作用。只要传统社会的根基还根深蒂固地以惯性存在延续着，传统美德的发展转化就成为一种口头呐喊和少数社会精英的道德理想。社会制度的深化改革与中华传统美德的发展转化之间是相互促进、相互牵制，互为因果的关系。建立现代社会、完善社会制度在弘扬中华传统美德中的根基作用不可小觑。

第三，传统美德继承发展和现代转化的主旨，在于建设社会主义文化强国。每个时代都有每个时代的重大课题，其内容是由每个时代需要解决的历史问题决定的。以毛泽东为领导核心的中国共产党带领人民群众实现了中华民族大解放，解决了中国"挨打"的问题；以邓小平为领导核心的中国共产党领导人民群众实行改革开放，解决了中国"挨饿"的问题；"三个代表"重要思想的提出，解决了中国共产党的形象问题，捍卫了中国特色社会主义；科学发展观理论，旨在解决发展中的生态问题；进入新时代，习近平新时代中国特色社会主义思想要解决中国特色社会主义向何处去的问题，关键是要掌握国际话语权，解决中国"挨骂"的问题。新时代的课题任务提出了新的要求。激发全民族的文化创新创造活力,坚定文化自信,成为新时代的重要战略任务。而实现中华传统美德的继承发展和现代转化,就是为了建设社会主义文化强国,铸就新时代的中华文化新辉煌。

建设社会主义文化强国,保持民族精神的独立性,不做西方道德价值的应声虫,就要自觉传承和发展转化在我国大地上扎根的道德价值,抓好伦理精神自信这个本根。一是需要全体国民文明素质的提高,树立文明观念,争做文明公民,以中华传统美德展现我们"礼仪之邦"的好形象;二是需要当代思想家影响力的提高。在传承优秀传统文化的基础上,力求补足话语体系功力,推出高水平理论创新成果,担负当代知识分子的历史使命;三是需要教育宣传者坚持民族性,讲好中华传统美德故事。方法上,要提高讲好传统美德的本领;内容上,要精选体现民族特色的中国好故事;形式上,运用民族特色语言讲好中国传统美德故事。习近平总书记的讲话处处引经据典,可谓是传承中国传统美德的活载体。他既传播了中华传统美德的理念、价值和规范,坚定了中华民族文化自信,又为教育宣传者传承发展中华传统美德树立了典范。

总之,新时代是中国特色社会主义与资本主义比较优势的时代,是意识形态竞争和制度竞争的时代。这就要让全世界人民真正了解中国的制度、道路、理论和文化,肯定中国创造的奇迹,看到中国的优长。我们相比资本主义制度的优越性,就在于消解资本主义的野蛮性。相较于"智性"主义的西方文化,中国文化是"道德气氛特浓"的德性主义文化,我们深情地关切"人",而不是冰冷的、没有人情味的"物"。经济的发展、社会的进步最终不是为了单纯财富总量的增加,而是为了服务于人的合理需要。当下,立足于中华传统美德的继承发展和现代转化,中华民族文明(文化)强国不断发展壮大,这正是中国特色社会主义制度优越性的有力体现。

参考文献

一 经典著作及文献资料

《蔡元培全集》（卷七），中华书局1989年版。
《蔡元培全集》（卷三），中华书局1984年版。
《蔡元培全集》（卷五），中华书局1988年版。
《邓小平文选》（第1—3卷），人民出版社1993年版。
《胡锦涛文选》（第1—3卷），人民出版社2016年版。
《建国以来重要文献选编》（第十三册），中央文献出版社1996年版。
《江泽民文选》（第1—3卷），人民出版社2006年版。
《列宁选集》（第1—4卷），人民出版社2012年版。
《马克思恩格斯文集》（第1—10卷），人民出版社2009年版。
《马克思恩格斯选集》（第1—4卷），人民出版社2012年版。
《毛泽东邓小平江泽民论社会主义道德建设》，学习出版社2001年版。
《毛泽东邓小平江泽民论思想政治工作》，学习出版社2000年版。
《毛泽东文集》（第1—8卷），人民出版社1993—1999年版。
《毛泽东选集》（第1—4卷），人民出版社1991年版。
《社会主义精神文明建设文献选编》，中央文献出版社1999年版。
《习近平关于党风廉政建设和反腐败斗争论述摘编》，中央文献出版社、中国方正出版社2015年版。
《习近平关于全面建成小康社会论述摘编》，中央文献出版社2016

年版。

《习近平关于全面依法治国论述摘编》，中央文献出版社 2015 年版。

《习近平关于社会主义文化建设论述摘编》，中央文献出版社 2017 年版。

《习近平关于实现中华民族伟大复兴的中国梦论述摘编》，中央文献出版社 2013 年版。

《习近平谈治国理政》（第 2 卷），外文出版社 2017 年版。

《习近平谈治国理政》，外文出版社 2014 年版。

《习近平新时代中国特色社会主义思想三十讲》，学习出版社 2018 年版。

《习近平总书记重要讲话文章选编》，中央文献出版社、党建读物出版社 2016 年版。

《严复集》（第 2 册），中华书局 1986 年版。

《张岱年全集》，河北人民出版社 1999 年版。

北京东方道德研究所：《文化反思与文化建设》，中华工商联合出版社 1998 年版。

陈鼓应：《庄子今注今译》（上中下），中华书局 1983 年、2006 年版。

陈来：《传统与现代——人文主义的视角》，北京大学出版社 2006 年版。

陈少峰：《中国伦理学史》（上下册），北京大学出版社 1997 年版。

陈旭麓：《近代中国社会的新陈代谢》，中国人民大学出版社 2012 年版。

陈瑛：《中国传统伦理与社会主义先进文化》，中国社会科学出版社 2012 年版。

成伯清：《走出现代性》，社会科学文献出版社 2006 年版。

成中英：《伦理与美学》，中国人民大学出版社 2017 年版。

程凯华主编：《中国传统美德》，长江文艺出版社 2002 年版。

崔丽萍：《德性之用——思孟学派与亚里士多德的伦理学》，中国社会科学出版社 2016 年版。

当代大学生思想道德教育研究课题组编：《当代大学生思想道德教育的理论与方法》，北京大学出版社 2007 年版。

邓晓芒：《批判与启蒙》，崇文书局 2019 年版。

杜维明：《儒家传统与文明对话》，人民出版社 2010 年版。

杜维明：《现代精神与儒家传统》，生活·读书·新知三联书店 2013 年版。

费孝通：《乡土中国生育制度》，北京大学出版社 1998 年版。

冯天瑜等：《中国传统文化浅说》，吉林人民出版社 1998 年版。

冯友兰：《中国哲学简史》，北京大学出版社 2010 年版。

冯增俊：《当代西方学校道德教育》，人民教育出版社 1993 年版。

甘阳：《文化：中国与世界》，生活·读书·新知三联书店 1987 年版。

高兆明：《道德失范研究——基于制度正义视角》，商务印书馆 2016 年版。

高兆明：《道德文化：从传统到现代》，人民出版社 2015 年版。

高兆明：《伦理学理论与方法》，人民出版社 2005 年版。

龚爱林：《变革中的道德》，湖南教育出版社 2000 年版。

国家教育委员会组织编写：《中国传统道德》（简编本），中国人民大学出版社 1995 年版。

韩震：《社会主义核心价值观凝练研究》，北京师范大学出版社 2012 年版。

贺麟：《文化与人生》，商务印书馆 2015 年版。

侯外庐：《中国古代社会史论》，河北教育出版社 2003 年版。

黄光国：《儒家思想与东亚现代化》，台北：巨流图书公司 1988 年版。

姜林祥：《儒学价值传统与现代化》，齐鲁书社 2002 年版。

焦循：《孟子正义》，十三经清人注疏，中华书局 1987 年版。

荆惠民主编：《中国人的美德——仁义礼智信》，中国人民大学出版社

2006年版。

瞿振元、夏伟东：《中国传统道德讲义》，中国人民大学出版社1997年版。

李承贵：《德性源流——中国传统道德转型研究》，江西教育出版社2011年版。

李建国：《教化与超越：中国道德教育价值取向的历史嬗变》，中国社会科学出版社2014年版。

《梁启超选集》，上海人民出版社1984年版。

梁启超：《饮冰室合集》（第六卷），中华书局1989年版。

梁漱溟：《东西文化及其哲学》，上海世纪出版集团2006年版。

林毓生：《中国传统的创造性转化》，生活·读书·新知三联书店1988年版。

刘永佶：《中国文化现代化》，河北大学出版社1997年版。

刘智峰主编：《道德中国》，中国社会科学出版社1999年版。

罗国杰：《传统伦理与现代社会》，中国人民大学出版社2012年版。

罗国杰：《罗国杰自选集》，学习出版社2003年版。

罗国杰：《马克思主义价值观研究》，人民出版社2013年版。

罗国杰：《社会主义和谐社会核心价值体系研究》，中国人民大学出版社2012年版。

罗国杰主编：《中国伦理思想史》（上下卷），中国人民大学出版社2008年版。

罗荣渠：《从"西化"到现代化》，北京大学出版社1997年版。

马永庆、赵卫东等编著：《中国传统道德概论》，山东大学出版社2000年版。

茅于轼：《中国人的道德前景》，暨南大学出版社2008年版。

钱穆：《中国文化史导论》，九州出版社2011年版。

司马云杰：《绵延论》，陕西人民出版社2003年版。

宋希仁：《西方伦理思想史》，中国人民大学出版社2004年版。

苏舆：《春秋繁露义证》，中华书局1992年版。

孙绿江：《道德的中国与规则的日本》，中华书局2010年版。

孙中山：《三民主义》，东方出版社2014年版。

谭嗣同：《谭嗣同全集》（下册），中华书局1981年版。

汤一介：《瞩望新轴心时代——在新世纪的哲学思考》，中央编译出版社2016年版。

唐爱民：《20世纪西方社会思潮与道德教育》，山东人民出版社2010年版。

唐凯麟：《中华传统美德十二讲》，学习出版社2009年版。

万俊人：《现代性的伦理话语》，黑龙江人民出版社2002年版。

万俊人：《正义为何如此脆弱：悠斋静思下的哲学回眸》，经济科学出版社2012年版。

汪石满主编：《中国伦理道德》，安徽教育出版社2003年版。

王海明、孙英：《美德伦理学》，北京大学出版社2011年版。

王华：《美德论——传统美德与当代公民道德建设》，山东人民出版社2002年版。

王淑芹：《大学生诚信伦理研究》，人民出版社2012年版。

王先谦：《荀子集解》，新编诸子集成本，中华书局1988年版。

王晓朝：《传统道德向现代道德的转型》，黑龙江人民出版社2004年版。

王阳明：《传习录》，岳麓书社2004年版。

王正平：《中国传统道德论探微》，上海三联书店2004年版。

韦政通：《中国思想传统的创造转化》，云南人民出版社2002年版。

韦政通：《中国文化与现代生活》，中国人民大学出版社2005年版。

吴宓：《文学与人生》，清华大学出版社1993年版。

吴潜涛：《当代中国公民道德状况调查》，人民出版社2010年版。

习近平：《之江新语》，浙江人民出版社2007年版。

习近平：《决胜全面建成小康社会 夺取新时代中国特色社会主义伟大胜利——在中国共产党第十九次全国代表大会上的报告》，人民出版社2017年版。

习近平：《在纪念孔子诞辰2565周年国际学术研讨会暨国际儒学联合会第五届会员大会开幕会上的讲话》，人民出版社2014年版。

肖群忠：《伦理与传统》，人民出版社2006年版。

徐贲：《政治是每个人的副业》，东方出版社2013年版。

徐少锦、温克勤主编：《伦理百科辞典》，中国广播电视出版社1998年版。

许纪霖：《当代中国的启蒙与反启蒙》，社会科学文献出版社2011年版。

杨伯峻：《论语译注》，中华书局1980年版。

杨伯峻：《孟子译注》中华书局2005年版。

杨东平主撰：《艰难的日出——中国现代教育的20世纪》，文汇出版社2003年版。

杨明伟：《保守主义：一种审慎的政治哲学》，中国书籍出版社2012年版。

杨秀香：《仁义礼智信：伦理思想概说》，辽海出版社2001年版。

姚小玲、陈萌：《中国传统伦理思想——社会主义核心价值体系构建的文化底蕴》，人民出版社2015年版。

殷海光：《中国文化的展望》，上海三联书店2002年版。

殷海光：《中国文化的展望》，上海三联书店2009年版。

余英时：《现代儒学的回顾与展望》，广西师范大学出版社2004年版。

余英时：《中国思想传统及其现代变迁》，广西师范大学出版社2004年版。

袁伟时：《文化与中国转型》，浙江大学出版社2012年版。

詹世友：《美德政治学的历史类型与现实型构》，中国社会科学出版社2015年版。

张岱年、方克立：《中国文化概论》，北京师范大学出版社2004年版。

张岱年：《中国伦理思想研究》，江苏教育出版社2005年版。

张怀承、邓名瑛：《中国传统道德文化的现代转型与创新研究》，湖南师范大学出版社 2013 年版。

张康之：《为了人的共生共在》，人民出版社 2016 年版。

张立文：《传统学引论——中国传统文化的多维反思》，中国人民大学出版社 1987 年版。

张立文：《和合学——21 世纪文化战略的构想》，人民出版社 2016 年版。

张立文等主编：《传统文化与现代化》，中国人民大学出版社 1987 年版。

张岂之：《中华人文精神》，西北大学出版社 1997 年版。

张锡勤、柴文华主编：《中国伦理道德变迁史稿》（上、下），人民出版社 2008 年版。

张锡勤：《儒学在中国近代的命运》，人民出版社 2011 年版。

张锡勤等：《中国近现代伦理思想史》，黑龙江人民出版社 1984 年版。

张耀灿：《思想政治教育学科建设研究》，中国人民大学出版社 2017 年版。

赵吉惠：《中国传统文化导论》，江苏教育出版社 2007 年版。

赵行良：《中国文化的精神价值》，上海古籍出版社 2003 年版。

赵炎才：《晚清民初道德观念嬗变研究》，中国社会科学出版社 2015 年版。

郑家栋：《断裂中的传统》，中国社会科学出版社 2001 年版。

钟明华等：《走向开放的道德》，中山大学出版社 1994 年版。

周宪、童强主编：《现代与传统之间》，北京大学出版社 2010 年版。

朱爱军主编：《美（中华伦理范畴)》，中国社会科学出版社 2012 年版。

朱德米：《自由与秩序——西方保守主义政治思想研究》，天津人民出版社 2004 年版。

朱谦之：《老子校释》，中华书局 1984 年版。

朱熹集注：《四书集注》，岳麓书社 2004 年版。

朱贻庭主编：《中国传统伦理思想史》（增订本），华东师范大学出版社 2003 年版。

二　外文译著

［德］弗里德里希·包尔生：《伦理学体系》，何怀宏、廖申白译，中国社会科学出版社 1988 年版。

［德］康德：《道德形而上学原理》，苗力田译，上海人民出版社 2005 年版。

［德］马克斯·韦伯：《儒教与道教》，洪天富译，江苏人民出版社 2003 年版。

［德］马克斯·韦伯：《新教伦理与资本主义精神》，彭强、黄晓京译，陕西师范大学出版社 2002 年版。

［德］瓦尔特·本雅明：《单行道》，王涌译，北京联合出版公司 2014 年版。

［德］雅斯贝尔斯：《什么是教育》，邹进译，生活·读书·新知三联书店 1991 年版。

［法］安德烈·孔特-斯蓬维尔：《小爱大德——美德浅论》，赵克非等译，作家出版社 2013 年版。

［法］卢梭：《爱弥儿》，李平沤译，商务印书馆 2006 年版。

［法］孟德斯鸠：《论法的精神》，张雁深译，商务印书馆 1959 年版。

［法］夏尔·阿列克西·德·托克维尔：《论美国的民主》，董果良译，商务印书馆 1988 年版。

［古罗马］西塞罗：《论老年论友谊论责任》，徐奕春译，商务印书馆 1998 年版。

［古希腊］柏拉图：《理想国》，郭斌和、张竹明译，商务印书馆 2002 年版。

［古希腊］亚里士多德：《尼各马可伦理学》，廖申白译注，商务印书

馆 2005 年版。

［古希腊］亚里士多德：《政治学》，颜一、秦典华译，中国人民大学出版社 2003 年版。

［美］埃里希·弗洛姆：《生命之爱》，王大鹏译，国际文化出版公司 2007 年版。

［美］艾·弗洛姆：《爱的艺术》，李健明译，上海译文出版社 2011 年版。

［美］爱德华·希尔斯：《论传统》，傅铿、吕乐译，上海人民出版社 2009 年版。

［美］本杰明·史华兹：《古代中国的思想世界》，程钢译，江苏人民出版社 2008 年版。

［美］丹尼尔·W. 布罗姆利：《经济利益与经济制度——公共政策的理论基础》，陈郁等译，上海三联书店 1996 年版。

［美］丹尼尔·贝尔：《资本主义文化矛盾》，严蓓雯译，人民出版社 2010 年版。

［美］杜维明：《儒家传统与文明对话》，彭国翔编译，人民出版社 2010 年版。

［美］费正清、赖肖尔：《中国：传统与变革》，陈仲丹、盘兴明、庞朝阳译，江苏人民出版社 2012 年版。

［美］亨利·基辛格：《论中国》，胡利平等译，中信出版社 2012 年版。

［美］麦金太尔：《追寻美德》，宋继杰译，译林出版社 2003 年版。

［美］牟复礼：《中国思想之渊源》，王立刚译，北京大学出版社 2009 年版。

［美］尼尔·波兹曼：《娱乐至死》，章艳译，中信出版社 2015 年版。

［美］塞缪尔·P. 亨廷顿：《变化社会中的政治秩序》，王冠华、刘为等译，上海人民出版社 2010 年版。

［美］亚瑟·亨·史密斯：《中国人的性格》，乐爱国、张华玉译，学苑出版社 1998 年版。

［美］约翰·罗尔斯：《正义论》，何怀宏等译，中国社会科学出版社1988年版。

［美］约翰·罗尔斯：《政治自由主义》，万俊人译，译林出版社2000年版。

［日］内山完造、渡边秀方、原惣兵卫：《三只眼睛看中国》，肖孟等译，中国社会出版社1997年版。

［英］阿瑟·刘易斯：《经济增长理论》，周师铭、沈丙杰、沈伯根译，商务印书馆1996年版。

［英］安东尼·D. 史密斯：《全球化时代的民族与民族主义》，龚维斌、良警宇译，中央编译出版社2002年版。

［英］柏克：《法国革命论》，何兆武、许振洲、彭刚译，商务印书馆1998年版。

［英］彼得斯：《道德发展与道德教育》，邬冬星译，浙江教育出版社2000年版。

［英］戴维·赫尔德等：《全球大变革——全球化时代的政治、经济和文化》，杨雪冬译，社会科学文献出版社2001年版。

［英］罗杰·科特维尔：《法律社会学导论》，潘大松等译，华夏出版社1989年版。

［英］罗素：《中国问题》，秦悦译，学林出版社1996年版。

［英］塞缪尔·斯迈尔斯：《品格的力量》，李仰春译，光明日报出版社2011年版。

［英］特里·伊格尔顿：《马克思为什么是对的》，李扬等译，新星出版社2011年版。

三　学位论文

陈琦：《高校弘扬中华传统美德工作与对策研究》，西南科技大学，硕士学位论文，2018年。

方世忠：《儒家传统与现代性——杜维明新儒学思想研究》，华东师范大学，博士学位论文，2004年。

康宇：《儒家美德与当代社会》，黑龙江大学，博士学位论文，2007年。

雷震：《中国传统儒家伦理的逻辑》，黑龙江大学，博士学位论文，2011年。

李丽君：《中国传统公德的现代转换研究》，兰州大学，硕士学文论文，2018年。

刘合行：《论道德的文化价值》，南京大学，博士学位论文，2006年。

秦越存：《追寻美德之路》，黑龙江大学，博士学位论文，2006年。

师娅：《中国传统文化与社会主义核心价值观建设》，陕西师范大学，博士学位论文，2017年。

卫丽慧：《中华优秀传统道德在大学生思想政治教育中的开发研究》，浙江工商大学，硕士学位论文，2018年。

薛晓萍：《先秦儒家道德价值思想及其现代启示研究》，河北大学，博士学位论文，2010年。

杨琪：《先秦儒家俭德教育思想及其价值研究》，山东师范大学，硕士学位论文，2018年。

姚剑文：《政权、文化与社会精英——中国传统道德的维系机制及其解体与当代启示》，苏州大学，博士学位论文，2006年。

张晓昀：《中华民族传统道德的继承及其当代价值》，北京交通大学，博士学位论文，2017年。

四 期刊论文

陈桂蓉：《重视和挖掘我国优秀的传统道德资源》，《学术月刊》2015年第3期。

陈继红、王易：《中国传统文化与思想政治教育研究的论域、问题与趋向》，《思想政治教育研究》2013年第11期。

陈来：《二十世纪思想史研究中的"创造性转化"》，《中国哲学史》

2016 年第 4 期。

陈来：《古代德行伦理与早期儒家伦理学的特点》，《河北学刊》2002 年第 6 期。

陈瑛：《三纲五常的历史命运——寻求"普遍伦理"的一次中国古代尝试》，《道德与文明》1998 年第 5 期。

程志华：《后现代主义与儒学的对话》，《学术月刊》2005 年第 3 期。

崔小伟：《新时期传统美德在高校的传承与弘扬》，《唐都学刊》2018 年第 5 期。

崔宜明：《社会主义核心价值观与中华优秀传统文化的再认识》，《道德与文明》2014 年第 5 期。

代洪亮：《传统与现代的对立："新启蒙主义"对于中西文化的态度》，《济南大学学报》（社会科学版）2010 年第 2 期。

丁伟志：《活着的传统——关于传统文化现实作用的若干思考》，《道德与文明》1998 年第 1 期。

董德福、杨博：《从主文化视角看 20 世纪我国社会道德规范体系的演变与重建》，《道德与文明》2008 年第 6 期。

杜帮云：《略论社会主义道德建设中传统美德的继承问题》，《思想理论教育导刊》2008 年第 9 期。

杜鹏、姚富云：《浅析中华民族传统美德的内涵及特征》，《山东省农业管理干部学院学报》2013 年第 2 期。

段江波：《友善价值观：儒家渊源及其现代转化》，《社会科学》2015 年第 4 期。

方章东、侯惠勤：《文化整合与社会主义核心价值观》，《安徽大学学报》（哲学社会科学版）2009 年第 3 期。

甘阳：《传统、时间性与未来》，《读书》1986 年第 2 期。

龚书铎：《传统文化在近代中国演变的历史启示》，《史学集刊》1994 年第 4 期。

郭鹏坤：《"直面中国道德传统"学术研讨会综述》，《道德与文明》2014 年第 5 期。

郭齐勇：《东亚儒学核心价值观及其现代意义》，《孔子研究》2000 年第 4 期。

郭卫华：《"中华传统美德的现代转换与创新"学术研讨会综述》，《理论与现代化》2015 年第 3 期。

黄勇：《儒家伦理作为一种美德伦理——与南乐山商榷》，《华东师范大学学报》（哲学社会科学版）2018 年第 5 期。

黄钊：《新道德的建设必须大胆借鉴儒家道德遗产》，《武汉大学学报》（哲学社会科学版）1996 年第 2 期。

贾海涛：《文化软实力：概念考辨与理论探源》，《红旗文稿》2008 年第 3 期。

贾新奇：《论德治论的传统形态与现代形态》，《天津社会科学》2007 年第 3 期。

贾新奇：《论先秦儒家的勇德重塑及其社会哲学基础》，《当代中国价值观研究》2016 年第 6 期。

金生鈜：《质疑建国以来的道德教育规训》，《教育理论与实践》2001 年第 8 期。

李存山：《儒家文化的"常道"与"新命"》，《孔子研究》2016 年第 1 期。

李建华、董海军：《当代中国民众对道德文化传统理念践行状况评价的实证分析报告》，《道德与文明》2011 年第 3 期。

李建华、冯丕红：《论道德继承》，《伦理学研究》2011 年第 4 期。

李建华、冯丕红：《论孔子的道德自由》，《孔子研究》2011 年第 2 期。

李建华、冯丕红：《论中国传统道德文化理念的分疏递进》，《武陵学刊》2011 年第 4 期。

李明国、彭安玉：《中华优秀伦理文化是涵养社会主义核心价值观的重要源泉》，《求实》2015 年第 1 期。

李萍：《现代道德的传统承接：可能与实现》，《中山大学学报》（社会科学版）2004 年第 4 期。

李维武：《徐复观对中国道德精神的阐释》，《江海学刊》2002年第3期。

李毅：《坚持马克思主义指导地位牢牢把握先进文化的前进方向》，《天津社会科学》2003年第5期。

林楠：《中国道德建设的历史承接性研究——传统美德读解与转换》，《思想理论教育》2007年第2期。

刘芳：《中华优秀传统文化：社会主义核心价值观的精神滋养》，《思想理论教育》2015年第1期。

刘清平：《儒家伦理：道德理性还是血亲情理》，《中国哲学史》1999年第3期。

卢少求等：《首都大学生诚信道德建设状况调查》，《青年研究》2008年第1期。

闾小波、赖静萍：《从反封建到发扬优秀传统文化——20世纪80年代以来中国共产党的历史认知》，《学术研究》2011年第9期。

罗国杰、夏伟东：《古为今用推陈出新——论继承和弘扬中华传统美德》，《红旗文稿》2014年第7期。

罗国杰：《对传统伦理道德的批判继承问题的思考》，《高校理论战线》1994年第2期。

罗国杰：《继承发扬中华民族优良道德传统、创造出人类先进的精神文明》，《民主》1993年第7期。

罗国杰：《新中国道德建设的回顾与展望》，《齐鲁学刊》2002年第2期。

麻省理：《中华优秀传统文化及传统价值观的传承和发展——访清华大学国学研究院院长陈来教授》，《高校马克思主义理论研究》2016年第4期。

孙兰英、卢婉婷：《家风家教是培育和践行社会主义核心价值观的基础》，《思想教育研究》2014年第12期。

唐代兴：《道德与美德辨析》，《伦理学研究》2010年第1期。

唐凯麟：《传统文化三题》，《求索》2018年第3期。

唐凯麟：《继承与弘扬中华廉洁文化的优秀遗产》，《政治学研究》2014年第2期。

万光侠：《中华传统文化创造性转化创新性发展的哲学审视》，《哲学研究》2017年第9期。

万俊人：《儒家伦理传统的现代转化向度》，《社会科学家》1999年第4期。

万俊人：《世纪回眸："道德中国"的道德问题》，《天津社会科学》2001年第3期。

万俊人：《现代社会道德和理性基础论证——兼及中国现代化运作中的道德问题》，《北京大学学报》（哲学社会科学版）1996年第2期。

万俊人：《主体性哲学与美德伦理的当代复兴——读段德智教授的〈主体生成论〉》，《武汉大学学报》（人文科学版）2010年第5期。

王殿卿：《传统道德与社会现代化》，《道德与文明》1993年第5期。

王杰：《传统文化中的主体价值及其现代转换》，《中共中央党校学报》2006年第3期。

王易、白洁：《试论中华传统美德的继承与创新性发展》，《思想理论教育》2014年第5期。

王易、黄刚：《探寻中华传统美德的创造性转化》，《思想伦理教育导刊》2015年第5期。

王泽应：《伦理精神自信是文化自信的核心和根本》，《道德与文明》2011年第5期。

王泽应：《论承继中华优秀传统文化与践行社会主义核心价值观》，《伦理学研究》2015年第1期。

王泽应：《中华传统美德通论》，《南通大学学报》2005年第3期。

吴潜涛、杨峻岭：《中国传统耻感思想及其启示》，《思想教育研究》2010年第7期。

武东生：《现代新儒家伦理道德思想述评》，《南开学报》1994年第1期。

肖琴：《中华传统美德对社会主义核心价值观的涵养作用》，《湖湘论坛》2015 年第 5 期。

肖群忠：《传统道德资源与现代日常生活》，《甘肃社会科学》2004 年第 4 期。

肖群忠：《传统孝道的传承、弘扬与超越》，《社会科学战线》2010 年第 3 期。

谢军：《传统美德在新中国的传承弘扬——兼谈道德的发展与建设》，《伦理学研究》1986 年第 4 期。

许建良：《感恩是承扬中华传统美德实践的内在驱动力》，《哲学研究》2016 年第 3 期。

许建良：《析论中华传统美德的本质》，《当代中国价值观研究》2016 年第 6 期。

颜毓洁：《中华传统美德的内涵及特征》，《松辽学刊》（社会科学版）1996 年第 3 期。

宴辉：《转型中国：伦理基础变迁及其重建》，《道德与文明》2016 年第 1 期。

余文好：《中华传统美德与现代化关系的历史论证及启示》，《太原理工大学学报》2016 年第 5 期。

袁贵仁：《关于价值与文化问题》，《河北学刊》2005 年第 1 期。

臧乐源：《略论道德的阶级性和共同性》，《文史哲》1980 年第 6 期。

翟振业：《评 80 年代以来对中国传统文化现代化的思考》，《吴中学刊》（社会科学版）1995 年第 2 期。

詹世友：《论美德的特征及其意义》，《道德与文明》2006 年第 2 期。

詹万生：《论毛泽东对传统道德的批判继承思想》，《中国青年政治学院学报》1995 年第 1 期。

詹万生：《试论中华民族传统美德教育》，《首都师范大学学报》（社会科学版）1995 年第 2 期。

张博颖：《关于继承和发展中华传统美德的思考——学习习近平关于中华传统美德的相关重要论述》，《毛泽东邓小平理论研究》2017

年第9期。

张博颖：《中华传统美德对于当代公民道德建设的意义》，《吉首大学学报》（社会科学版）2006年第1期。

张岱年：《论道德的阶级性与继承性》，《社会科学》1986年第2期。

张岱年：《儒家"仁义"观念的演变》，《衡阳师专学报》（社会科学版）1987年第4期。

张立文：《中华伦理范畴与中华伦理精神的价值和理性》，《齐鲁学刊》2008年第2期。

张岂之：《科学地对待传统文化》，《求是杂志》1995年第11期。

张同基：《对弘扬民族传统美德的理论思考》，《宁夏社会科学》2002年第4期。

张伟：《中华传统美德整体性研究三十年述评》，《伦理学研究》2018年第1期。

张晓昀：《大学生对传统美德认同和践行状况的调查研究》，《北京教育·德育》2016年第12期。

赵林：《"国学热"的文化反思》，《中国社会科学》2009年第3期。

赵炎才：《中国传统忠德基本特征历史透视》，《山东大学学报》（哲学社会科学版）2013年第4期。

中国政研会、中宣部政研所课题组：《弘扬以仁义礼智信为主要内容的中华民族传统美德》，《思想政治工作研究》2007年第6期。

周辉：《马克思主义道德观与中国传统道德观的"合"与"分"》，《学术论坛》2013年第7期。

朱伯崑：《谈传统道德的两重性》，《群言》1995年第7期。

朱贻庭：《"源原之辨"与传统的继承和发展——关于继承和发展优秀传统文化的方法论思考》，《道德与文明》2014年第5期。

五 外文著作

Alasdair MacIntyre, *After Virtue: A Study of Moral Thoery*, London: University of Nortre Dame Press，1981.

Aristotle，*The Nicomachean Ethics*，translated by J. E. C. Welldon，New York：Prometheus Books，1987.

David Gauthier，*Morals by Agreement*，New York：Oxford University Preee，1986.

Paula Grosse，*Confucian Ethics*，Singapore：Curriculun Development Institute of Singapore，1985 – 1986.

Tu Wei-ming，*Confucian Ethics Today*：*The Singapore Challenge*，Singapore：Curriculun Development Institute of Singapore，1984.

六　报纸类

《纪念五四运动100周年大会在京隆重举行》，《人民日报》2019年5月4日。

陈来：《中华优秀文化的传承和发展》，《光明日报》2017年3月20日。

陈先达：《马克思主义和中国传统文化》，《光明日报》2015年7月3日。

陈先达：《文化自信是对民族生命力的自信》，《贵州民族报》2017年9月1日。

郭齐勇：《德性是有力量的》，《北京日报》2013年9月9日。

黄坤明：《坚持马克思主义在意识形态领域指导地位的根本制度》，《人民日报》2019年11月20日。

雷册渊：《小家庭时代，千年家风如何传》，《解放日报》2018年7月16日。

犁航：《网游不能拿传统美德开涮》，《人民日报》2011年5月10日。

李伟波：《中华美德现代转化与传承——北京东方道德研究所成立二十周年座谈纪要》，《光明日报》2015年1月5日。

路高学：《承扬传统美德要有实践方案——"中华传统美德的承扬实

践"学术研讨会综述》,《光明日报》2016年3月14日。

罗国杰:《论勤俭与自强》,《中国教育报》2001年12月10日。

万俊人:《道德的力量》,《光明日报》2013年12月19日。

习近平:《在布鲁日欧洲学院的演讲》,《人民日报》2014年4月2日。

习近平:《在庆祝中国共产党成立95周年大会上的讲话》,《人民日报》2016年7月2日。

《习近平给"郭明义爱心团队"回信勉励他们以实际行动书写新时代的雷锋故事》,《人民日报》2014年3月5日。

肖群忠:《中华传统美德的时代价值》,《天津日报》2015年6月1(10)。

《新时代爱国主义教育实施纲要》,《人民日报》2019年11月13日。

《新时代公民道德建设实施纲要》,《人民日报》2019年10月28日。

《中国共产党第十九届中央纪律检查委员会第三次全体会议公报》,《人民日报》2019年1月14日。